名师成长书系

思政导行，匠心打造

新质匠心型班主任的基本功修炼

谢璧妆◎主编

哈尔滨工程大学出版社
Harbin Engineering University Press

图书在版编目（CIP）数据

思政导行，匠心打造：新质“匠心型”班主任的基本功修炼 / 谢璧妆主编 . -- 哈尔滨 : 哈尔滨工程大学出版社 , 2025. 1. -- ISBN 978-7-5661-4626-7

Ⅰ . G451.6

中国国家版本馆 CIP 数据核字第 2025M2X173 号

思政导行，匠心打造：新质“匠心型”班主任的基本功修炼

SIZHENG DAOXING，JIANGXIN DAZAO：XINZHI“JIANGXINXING”BANZHUREN DE JIBENGONG XIULIAN

选题策划 王　丹

责任编辑 王丽华

封面设计 智诚源创

出版发行 哈尔滨工程大学出版社

社　　址 哈尔滨市南岗区南通大街145号

邮政编码 150001

发行电话 0451-82519328

传　　真 0451-82519699

经　　销 新华书店

印　　刷 武汉颜沫印刷有限公司

开　　本 710 mm × 1000 mm　1/16

印　　张 18.25

字　　数 288千字

版　　次 2025年1月第1版

印　　次 2025年1月第1次印刷

书　　号 ISBN 978-7-5661-4626-7

定　　价 98.00元

http://www. hrbeupress. com

E-mail: heupress@hrbeu. edu. cn

编委会名单

主　编：谢壁妆

编　委：邱泽瀚　林健彬　陈妙伶　吴桂丽

PREFACE

前　言

教育是国之大计、党之大计。班主任作为学生成长路上的“重要引路人”，肩负着培根铸魂、启智润心的神圣使命。在新时代背景下，随着社会思潮多元激荡、信息技术迅猛发展、青少年成长环境深刻变革，班主任工作面临着前所未有的机遇与挑战。如何以思想政治教育为引领、以匠心精神为内核，锻造一支兼具政治高度、教育温度与专业深度的班主任队伍，是落实“立德树人”根本任务的关键课题。

本书以“思政导航，匠心打造”为主题，聚焦新时代班主任的核心素养与能力提升，提出“新质匠心型班主任”这一概念。所谓“新质”，是立足时代之变、教育之需，强调班主任需具备与时俱进的创新思维、跨学科整合能力以及对青少年思想动态的敏锐洞察；所谓“匠心”，则指向班主任工作中精益求精的育人态度、因材施教的专业智慧以及终身学习的发展韧劲。二者的融合，既是对传统班主任角色的传承，更是对新时代教育使命的创造性回应。

全书围绕“政治素养筑基——以思政视角带班，育人理念革新——构建师生成长共同体，班级文化创生——打造有灵魂、有温度的班级活动，多元资源融合——用好思政课及社会实践教育基地”，让思政教育“活”起来。本书融合了前沿教育理论、鲜活案例分析以及可操作的工具方法，既有对政策精神的深度应用，也有对一线班主任真实困境的破解之道。我们希望通过这本书，能够帮助班主任在琐碎日常中凝练教育智慧，在时代浪潮中坚守育人初心，真正成为学生为学、为事、为人的“大先生”。

教育需要情怀，更需要专业。愿每一位翻开此书的班主任，都能在“匠心修炼”的旅程中，找到属于自己的育人星光，照亮更多学生的成长之路。

谢壁妆

2025 年 1 月

CONTENTS

目　录

第一章

“匠心式”班级管理：带班有方略，育人有方法

题记：

从普通到优秀，从优秀到卓越，匠心型班主任，不仅需要有顶层规划的能力，更需要有系统梳理、提炼创新的素养！

带班方略是指班主任为达到班级的发展目标，结合实际的班情学情，遵循教育规律与学生身心发展规律，在全面开展班级共同体建设、师生成长发展过程中，制订的班级工作的方法与策略。撰写“带班育人方略”是班主任的一项重要基本功，是对自身班主任专业素养的一次全面检验，是对自身带班水平的一次整体梳理和提升，是班主任带班工作从经验积淀走向理念提炼、从随心尝试上升为科学育人的突破，是班主任从普通走向优秀、从优秀走向卓越的成长之路。

承红棉精神，育时代少年

——“红棉学堂”带班方略

潮安区枫溪镇枫溪小学　谢平发

每年的三月份，红棉花绽放在潮州的大街小巷，随处可见。宋代诗人杨万里有诗云：“却是南中春色别，满城都是木棉花。”在枫溪小学，就有两棵挺拔粗壮的红棉树，每每于教学楼上仰望红棉树上竞相开放着的一朵朵一簇簇像羽毛一样的木棉花，感觉那花像一团团熊熊的火在燃烧。木棉花不仅具有美丽的外观，还具有深刻的内涵。在少先队员的眼中，木棉花是英雄之花，象征着红色精神，这种精神代表着勇敢、团结、坚韧、奋斗的品质，这正是少先队员应该传承和发扬的精神品格。

一、育人理念

2020 年 5 月 31 日，习近平总书记寄语广大少年儿童：希望广大少年儿童刻苦学习知识，坚定理想信念，磨练坚强意志，锻炼强健体魄，为实现中华民族伟大复兴的中国梦时刻准备着。红棉精神代表的勇敢、团结、坚韧、奋斗的品质与习近平总书记对少年儿童的谆谆教诲相契合。同时，红棉精神也契合我校“悦文化”理念——悦己、悦人、悦事、悦志。针对本班实际，我以红棉精神为导向，将“承红棉精神，育时代少年”带班育人理念引入班级管理。

二、班情分析

全班共 45 人，其中男生 22 人，女生 23 人，年龄集中在十一二岁。我通过全员普访的方式了解到，班里大部分同学家庭和睦，家长也比较关注学生，但有一部分单亲家庭的家长对孩子的关心不够。家长和教师之间的沟通和合作良好，家长基本能配合教师完成上级单位、学校布置的各项工作。在学习方面，大部分学生学习认真，但有些孩子没有奋斗目标，找不到学习的方向。在精神面貌方面，班级整体精神面貌较好，学生之间互相帮助，团结友爱。但男孩子之间的嬉戏打闹现象时有发生，一些学生的自制力也比较差，当遇到问题时存在畏难逃避、能拖就拖的现象。一部分学生自主担当能力差，不敢主动承担班级工作。同时，有一名心理障碍学生，融合教育待提升。

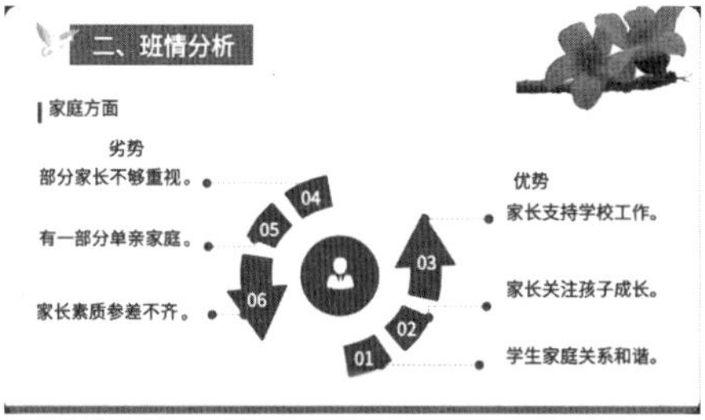

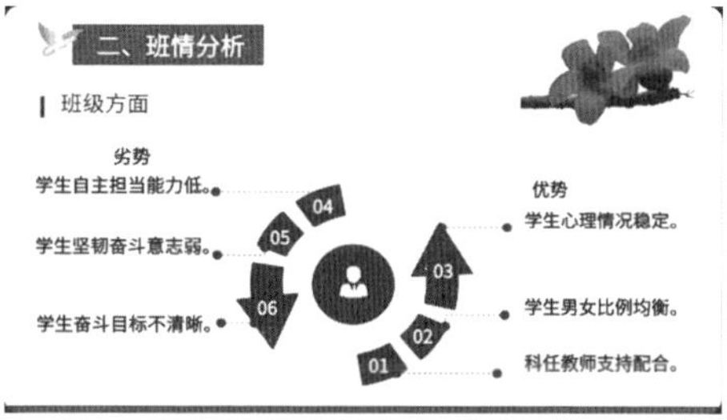

三、班级发展目标

（一）整体目标

校园的红棉陪伴着孩子们度过了小学阶段的春华秋实，火红的红棉花与少先队员身上的红领巾交相辉映，红棉花深受孩子们的喜爱。于是，我与孩子们共同商讨，用红棉作为班级的文化符号，以"红棉学堂"作为班级名号，培养具有红色基因，"四方五育"并举的新时代好少年。红棉花象征着勇敢、团结、坚韧、奋斗，将其作为学生成长的四个方向，契合我校"悦文化"理念——悦己、悦人、悦事、悦志。红棉花的五个花瓣，象征着少先队员德、智、体、美、劳"五育"并举的目标。

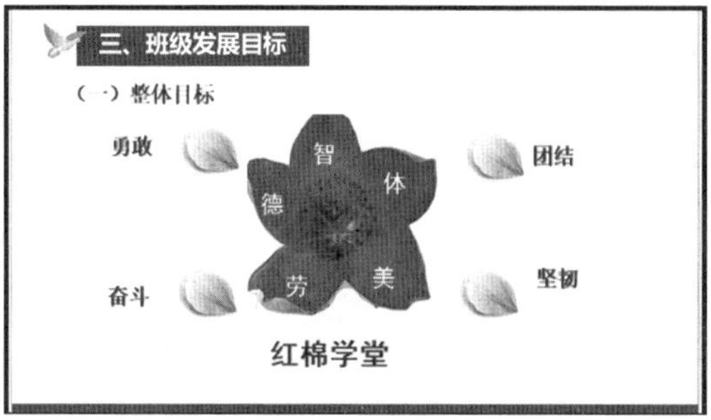

（二）阶段目标

遵循红棉生长的规律，将其内化为班级成长途径。以培根沃土育棉苗、开枝散叶促棉长、繁花似锦享棉实三个阶段循环渐进地推动班级整体建设，打造一个智慧与德育共同发展的成长共同体。

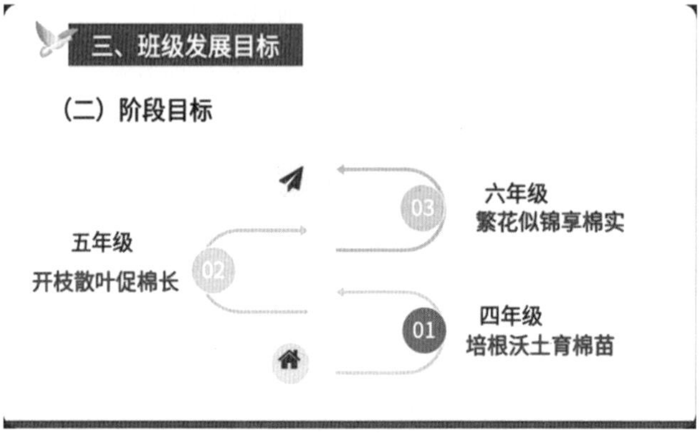

1. 培根沃土育棉苗（四年级）

（1）“四方”

勇敢：学生需要勇敢地面对挑战和困难，例如在学习中遇到困难时勇敢地尝试解决问题，勇敢地表达自己的观点和想法。

团结：在这一阶段，学生们开始学会关注别人的情感和需求，并且愿意尝试帮助他人，建立起良好的互动关系。

坚韧：学生需要坚韧地克服困难，例如在学习中遇到挑战时，要有耐心和毅力，不放弃、不气馁，努力应对挑战。

奋斗：学生需要奋发努力学习，努力掌握知识和技能，认真听课，积极完成作业，刻苦学习，提高自己的学习成绩。

（2）“五育”

德：培养诚实守信、友善互助、热爱祖国和校园的良好品质与行为习惯。

智：提高各学科的学习能力，掌握基本的学习方法和策略。

体：强化身体素质和基本的运动技能，培养自信心和合作意识。

美：提高审美水平，培养欣赏美和创造美的兴趣与能力。

劳：逐渐开始自己整理物品，掌握基本生活技能。

2. 开枝散叶促棉长（五年级）

（1）"四方"

勇敢：学生需要敢于面对变化和新事物，例如敢于尝试新活动，敢于与陌生人交流和合作。

团结：学生们开始积极地与他人交流、协商和共同制订计划，共同完成任务和解决问题。

坚韧：学生需要坚韧地面对失败，例如当在考试或竞赛中失败时，要坚韧地接受并反思自己的不足，从中吸取经验和教训，不放弃追求成功的信念。

奋斗：学生需要奋发拼搏，积极参加各种活动，不断挑战自己。

（2）"五育"

德：进一步培养自主、自律、自信、自强的良好品质和行为习惯。

智：提高思维能力和创新精神，掌握多种学科的学习方法和策略。

体：进一步发展个人身体素质和多种运动技能，提高竞技水平，增强团队合作意识。

美：培养独立思考、自由表达、具有创造性的审美能力。

劳：掌握独立生活技能，形成勇于探索、敢于尝试、有创造性的劳动态度。

3. 繁花似锦享棉实（六年级）

（1）"四方"

勇敢：学生需要敢于承担责任、扮演领导角色，例如敢于担任班级干部或组织活动的负责人，敢于发挥自己的领导才能。

团结：在合作的基础上，学生们开始形成团队意识。在这一阶段，学生们不仅仅是合作，而是形成了一种团结一致的精神，共同追求成功的目标。

坚韧：学生需要坚韧地追求梦想，例如对未来有自己的规划和目标，要坚韧地付出努力和汗水，为实现自己的梦想而奋斗，不放弃追求目标的信念。

奋斗：学生需要奋发进取，积极发掘自己的潜能，不断追求进步和成长，积极参与公益活动等，在不断探索中实现自身的价值。

（2）"五育"

德：进一步培养社会责任感、公民意识、法律意识，成为有担当、尊重他人、有良好行为规范的新时代少先队员。

智：培养独立思考、有批判性思维、能够解决问题的能力，提高跨学科综合能力。

体：掌握多种运动技能，发展个人体育特长，增强团队合作力。

美：培养审美意识和创造力，掌握各类艺术形式的基本技能，形成积极向上、有创新、有创造力的艺术品味和表达能力。

劳：进一步发展劳动技能，学会合理安排时间、自我管理，养成乐于劳动、善于劳动的习惯。

四、实践做法

结合学校的“悦文化”理念，以“四方五育”引领实践，以“文化、制度、活动、共育”搭建活动平台。

（一）建设“红棉学堂”显文化

班级文化建设中，以红棉精神所代表的红色精神为魂，弘扬革命传统、先辈们的英雄事迹和社会主义文化，辅以团结、勇敢、坚韧、奋斗的品质培养，激发班级的凝聚力和向心力，推动班级文化的健康发展。

1. 优化“红棉学堂”环境布置

在班级环境布置方面，让学生在视觉、听觉、触觉等方面随时随地感受红色文化。按照文化自信的要求，结合学校“悦文化”的理念，本班具体做法如下：

（1）传承红色传统。学习革命历史和红色文化，了解革命先烈的事迹和精神，激发学生对革命历史和传统文化的认同感和自豪感，进而推动班级文化的创新和发展。如班级可设置各式红色主题的黑板报（如“学习二十大，永远跟党走”“我与祖国共成长”等），开辟红色专栏，粘贴红色诗词小报，布置少先队队旗，设置班级成长木棉树等。

（2）宣传社会主义文化。在教室中央挂上五星红旗，在教室内张贴社会主义核心价值观，在教室图书角摆放具有社会主义文化特色的物品，如红色经典书籍、文化艺术品和纪念品等，以此传播社会主义文化和发扬革命传统。通过布置符合社会主义核心价值观的装饰和内容，可以潜移默化地影响学生们的思想和行为，促进班级社会主义文化的发展。每天早读时班主任都要求学生背诵社会主义核心价值观、学校“三风一训”。

（3）倡导文明礼仪。通过制定班级规范、悬挂《中小学生行为规范》等方式，加强对学生的道德教育，提高学生的文明素质和礼仪意识，营造良好的班级文化氛围，促进班级和谐发展，努力为学生创造一个充满传统文化、社会主义文化气息的班级环境。

2. 设计“红棉学堂”标识物

在班级标识物设计方面，我和学生一起制定、选定了以“红棉学堂”为班级名称，以“团结、勇敢、坚韧、奋斗”为班级口号，以“课堂要听讲、作业准时交、举止要文明、卫生保持好、纪律要遵守、按时不迟到”为班级公约，以红棉为班徽的班级独特标志。

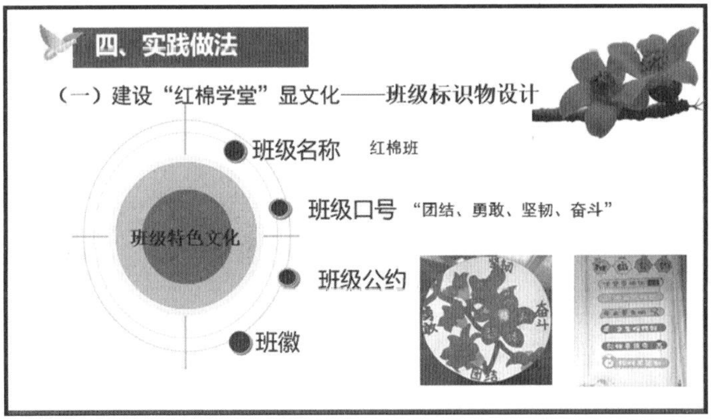

（二）建立“红棉学堂”管理制

良好的班级管理制度能提高班级管理的效能，让班级有序、向上发展。

1. 共定班级管理制度

我和孩子们共同讨论制定了班规，通力合作制定了劳动分工表。通过民主选举的方式选举了班级主要的班干部。在学习上实行组长负责制（语、数、英三科小组长以及班级大组长由各科任老师根据学生的表现，分别选定。争取让更多的同学能够成为组长，以培养其能力）。在纪律上实行值日生制度（采用双值生制，其中一名同学为固定值日生，另一名值日生由全班所有同学轮流担任。让每一名同学都有机会参与班级管理）。

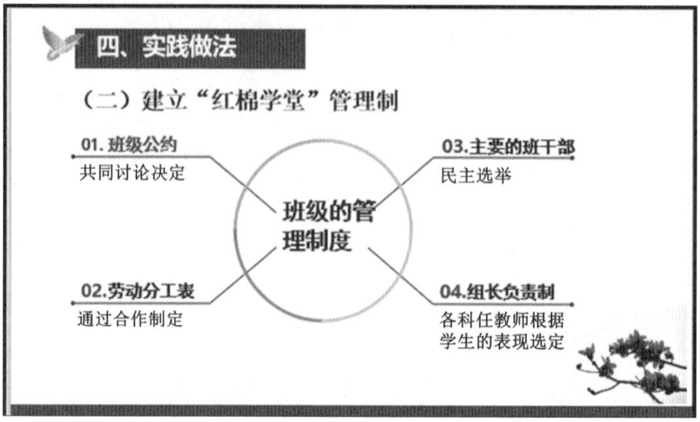

2. 严抓制度落实

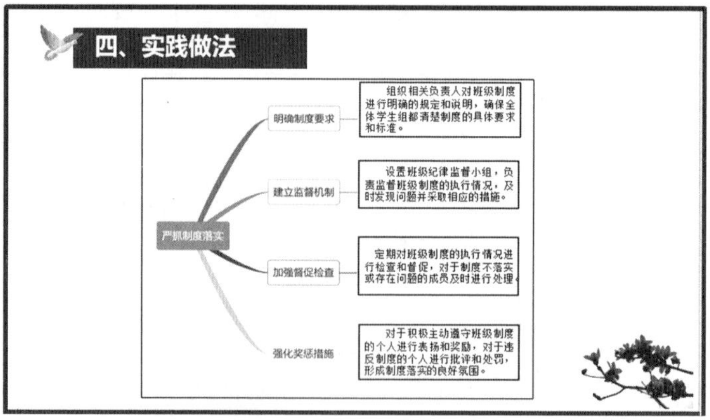

3. 创建班级特色争章活动

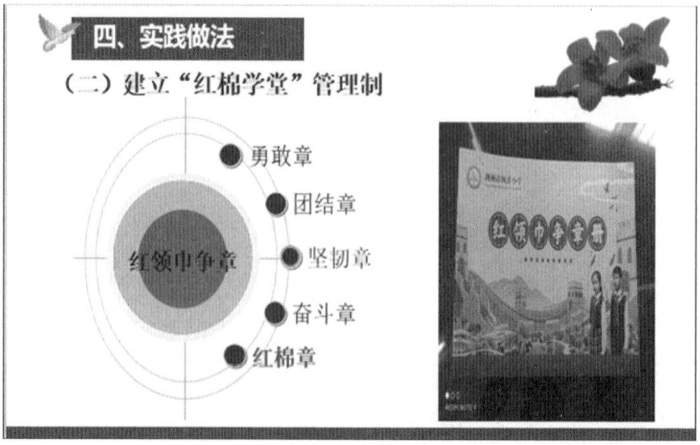

结合班级"四方"理念和学校的"红领巾争章"活动，我班创设了团结章、勇敢章、坚韧章、奋斗章，并制定争章制度，具体要求如下。团结章：帮助同学、为班级服务、在校园做好事、协助老师工作等，每完成一次登记在册，累计二十次可获得团结章；勇敢章：课堂上主动举手回答问题，主动向老师反馈班级存在的问题等，每完成一次登记在册，累计二十次可获得团结章；坚韧章：积极参加校运会、科技艺术节，经语文、数学、英语三科小组长连续十次检查作业，认为完成得认真，每完成一次登记在册，累计五次可获得坚韧章；奋斗章：语文、数学、英语三科考试总成绩取得班级前十名或成绩进步前十名，或完成自己制定的小目标等，可登记在册，累计十次可获得奋斗章；红棉章：一个学期中获得团结章、勇敢章、坚韧章、奋斗章四个章的，可获得红棉章。班主任要求孩子们根据争章制度努力争章。争章活动能对学生进行具体的、多元的、全面的反馈与评价。

（三）打造"红棉学堂"系列化活动

立足本班实际，结合学校大队委的活动布置要求，班主任要求学生积极参与各项活动，以促进学生德、智、体、美、劳五育全面发展。

在德育方面，班主任应做好以下工作。

第一，召开各种形式的主题班会。采用观看视频、教师讲解、学生分享等多种活动形式，从制度规范、习惯养成、品德培养、价值观树立、心理健康与安全意识形成等方面，促进学生之间的交流互动，培养他们的自我意识、团队意识和社会责任感，进而提高整体素质。

第二，结合节假日，开展各项教育活动，如结合清明节，开展"缅怀革命先烈　传承红色精神"清明祭祀英烈活动与网上祭扫活动。

第三，结合班情开展各项主题活动，例如，举办红棉英雄故事会、红棉花开诗词朗诵会，组织跳蚤市场义卖活动，积极参与学校每周流动红旗竞争。

在智育方面，班主任与科任老师携手合作，在主要学科上开展学法指导活动，开展课外阅读分享课、小组辩论赛等，以促进学生的智育发展。

在体育方面，班主任要求学生课间走出教室，进行简单的课间活动；积极参与每周的大课间活动；参加学校的体育节。在体育节中，我班包揽了两大团体项目冠军，并获得团体总分一等奖。

在美育方面，班主任鼓励学生积极参加学校的科技艺术节，鼓励学生将自己的书法、绘画作品带来班里分享。班主任还组织各项艺术作品比赛，学生在校歌合唱比赛中荣获二等奖。

在劳育方面，班主任鼓励学生参加科学实践基地的劳动实践。在植树节，组织学生参加植树活动；在劳动节，组织“我为家里做家务”活动；在母亲节，组织“我为妈妈做一道菜”活动，培养学生的动手能力。

（四）家校共育建设“红棉学堂”

通过组建“班级家委会”，召开家长会、线上家长会、部分家长见面会，利用电话、微信、QQ、家访等多种沟通方式，班主任积极与家长联系，统一育人思想和思路。另外，拓宽家校共育途径，组织开展家长护学活动和各项亲子活动，如亲子共研学、家长进课堂等。同时，家长也积极为班级提供各种支持和帮助，如参与班级文化建设、为学生活动提供物质和经济支持（如在爱心跳蚤市场义卖活动中提供爱心义卖品，在六一儿童节中为孩子们提供小礼物等）。

五、特色和成效

（一）特色

（1）以红色精神为魂，弘扬红色思想，促进学生“四方”“五育”全面发展。

（2）坚持学生立场，尊重学生个体发展要求，探索学生在生活中主动成长的德育教育。遵循学生身心发展规律，搭建学生自我发展的平台。

（3）立足班级，形成以具体活动为抓手的育人系统。学生在活动中主动学习，不断明确和发现自身优势。

（4）评价体系多元化，对学生展开全面评价。以“四方”“五育”促进学生德、智、体、美、劳全面发展。

（二）成就

1. 班级建设成效

经过两年多的班集体建设，红棉班已经成为一个团结友爱、奋发向上的班级。多次获得学校授予的"流动红旗"；在学校组织的各项艺体活动中都取得了好成绩。

2. 学生成长成效

学生的德、智、体、美、劳得到全面发展，在团结同学、勇敢面对挫折、坚韧不拔、努力奋斗等方面也取得了长足进步。吴娴烨被评为区优秀少先队员；李晓曼获得2022年潮州市青少年科技创新大赛科学幻想绘画比赛三等奖，2022年潮州市小学生"奋进新征程　喜迎党的二十大"助残扶残主题绘画比赛二等奖。

3. 家长认可成效

家长鼓励孩子积极参与班级的各项德育活动，活动效果得到了家长的认可。

4. 教师提升成效

在不断提升育人能力的同时，教师个人专业素养也不断精进。

作为一名一线教师兼班主任，在枫溪小学这片教育的沃土上，我矢志不移地坚守三尺讲台，全心全意为学生，始终不忘立德树人的初心，牢记为党育人、为国育才的使命，勇于担当作为，砥砺前行，在与学生共成长、共进步的过程中，继续为我挚爱的教育事业奋斗终身！

践行翠竹精神　培育自强少年

——“翠竹园”成长记

潮安区龙湖镇阁二小学　陈慕洁　潮安区东凤镇东一小学　林健彬

一、育人理念

党的二十大报告强调，“推进文化自信自强，铸就社会主义文化新辉煌”。传承和弘扬中华优秀传统文化既是增强文化自信、建设社会主义文化强国的应然之义，也是全面建设社会主义现代化国家、推进实现中华民族伟大复兴的实践前提。

竹文化是中国传统文化中的一种重要文化形态，它是以竹子为对象，以坚韧质朴、勤劳自强等为核心价值观的一种文化。阁洲村是有名的竹编之乡，以前，几乎家家户户都从事竹器编织工作，学生从小耳濡目染，对竹子特别熟悉。基于此，我引导学生深入了解竹子，品味竹子精神，学做竹子一样的人，提出“践行翠竹精神，培育自强少年”的育人理念。遵循教育教学规律，遵循学生身心发展特点，遵循人类社会进步发展法则，尊重学生人格，扎根农村，依托农村教育资源，结合农村生活背景，积极传承和践行社会主义核心价值观，培养学生健全的人格、良好的行为习惯与道德判断力和分析处理问题的能力，从而塑造学生自信、自尊、自强的性格，培养学生爱国、爱乡、爱家、爱人的品质。

二、班情分析

S优势：“翠竹园”的孩子全部来自农村，性情洒脱、单纯质朴，性格活泼天真。他们的世界观、人生观、价值观正在初步构建，可塑性非常强。他们的人际法则简单，对人友善，乐于助人，心思单纯。

W 劣势：学生见识面比较狭窄，不自信，容易怯场。在学习上缺乏奋斗目标，自制力比较差，学习成绩一般。看待问题片面单一，处理问题时缺乏方法、技巧，情绪管理能力差，容易激动。

O 机遇：家长对学校教育工作较支持，对孩子期望值较高。

T 挑战：大部分学生的家庭经济条件一般；父母学历和知识水平都不高，平时忙于工作，缺乏对孩子的有效管教和成长指导。

三、班级发展目标

根据学生的特点和发展诉求，结合我校“惟勤惟德，向上向善”校训精神，我确立了以下班级发展目标：

1. 咬定青山

以竹林之游，建设一个团结奋进、互助友爱，富有凝聚力、向心力的班级。

2. 立根破岩

以破竹之势，打造一个携手合作、和谐共育的家校合育共同体。

3. 千磨万击

以松筠之节，培养“会做人、能做事、勤学习的新时代好少年”。

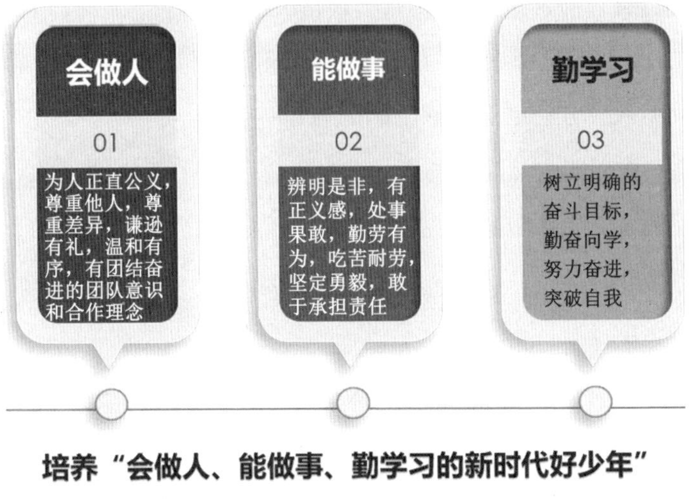

四、实践做法

（一）成长有规划

四年级：牢牢扎根	五年级：拔节生长	六年级：茂然成林
立规矩，养习惯	创活动，启心智	搭平台，展魅力

（二）班级有气质

1. 养翠竹之气——精神引领

（1）精心布置，以文化人

作为一所注重文化环境建设的学校，“翠竹园”班级也不例外。在这里，我们注重营造一个整洁有序、充满诗意和生活情趣的班级环境，让每个孩子都能感受到学习的乐趣和成长的喜悦。

在“翠竹园”，我将竹文化融入班级环境中。每个角落都可以看到与竹相关的元素，比如用小竹子编织而成的手工艺品、挂在墙上的竹编挂件等。这些元素不仅美观大方，更能让孩子们了解和感受到中国传统文化中对于自然之美的崇尚。

在每个季节或者特殊节日，我们会调整物品摆放位置或者更换装饰品，让孩子们能够感受到时间流转所带来的变化。

作为一个有特色和个性化风格的班级，“翠竹园”也需要一个特色突出且具有代表性的班级名片。因此，在设计上我选择了具有浓郁中国风味道并且富含象征意义的“翠竹”作为主题，并配以优美流畅而富有动感的线条。这样不仅可以提高班级凝聚力和认同感，同时也能够让人们对“翠竹园”的印象更加深刻。

（2）建立模式，自主管理

在班级管理全过程，我始终致力于建立班级自主管理模式，引导学生用科学的方法自主管理：班级小组化，小组分工化，轮岗责任制，做到每人有事做，每事有人做，每月轮着做。这种管理模式能够锻炼学生的综合能力，培养其责任担当意识。

（3）严格要求，提高素养

凡事预则立，不预则废。在班级管理中，我特别重视班级文化建设和制度规范，带领学生制定班级公约，引导学生自主管理，建立团队秩序。我用积分评比、班级议事会、周末颁奖等形式严格监督落实制度执行，从规范穿戴、列队出操、读书阅报、待人接物、课堂纪律、作业完成等方面，规范学生行为习惯，培养学生的团队意识，提升学生的学习效率，提高学生的综合素养。

（4）主题教育，正面导向

开展“传承红色革命精神”“珍爱生命，远离毒品”“孩子们，世界因你而美丽”“做一个真实的人”“致敬劳动者”“沉默的父爱”等主题班会，引导学生保持积极乐观向上的心态，学会正面思考、心怀感恩。

（5）读万卷书，汲取力量

借力乡村图书馆、学校图书室开展读书活动，每周借书换书，交流读书感受，撰写读书笔记，分享读书心得。充分利用学校资源，引导学生读书看报，开展时事畅谈辩论会，突破地域限制，开阔眼界，提升学生的思想境界，引导“读万卷书，行万里路”的生活方向。

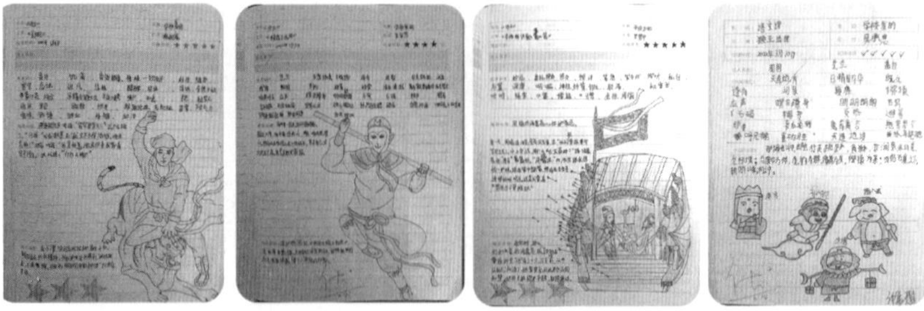

2. 培翠竹之根——价值肯定

自信是取得成功的先决条件。农村的孩子见识面比较狭窄，眼界不够开阔，总有一种羞涩、腼腆感，不敢表现自我。我深知他们身上有多少可贵之处，所以不断引导学生发现自身的闪光点，肯定自己的价值和能力，对自己充满信心。

我从实际出发，开展特色课程——手工课。手工课的内容包括：做树叶画、制作风筝、针绣、勾花、捏泥人、做竹扇子、绘陶瓷杯……课上孩子们不断秀出自己的才能，发挥创意。我积极主动安排课程内容和制订计划，发现每个人身上的闪光点，班级里充满赞美的声音。通过这个平台，孩子们看到了自己的闪光点，发现了自我价值。

从被动接受到主动参与，从不知所措到面面俱到，从怯于表现到勇于表现，孩子们在课上收获快乐、肯定自我、体验成功，展示了农村少年的心灵手巧和家庭担当。

我结合农村学校特点，综合资源，大力开展劳动课程。每周的劳动课，是孩子们释放天性、展示自我的舞台：锄草、修整花圃、打扫教室、整理图书、清理水道、铺整运动场……在劳动中培养学生吃苦耐劳的品质，也让学生明白劳动是生活的一部分，凡事要自力更生，遇到问题要积极面对和解决。孩子们在劳动中获得生活经验，学会团队合作，培养做事能力，为今后独立自强的生活打下坚实的基础。

3. 铸翠竹之魂——知行合一

立足班级发展目标，我创设了许多班级活动，让孩子们在活动中将会做人、能做事、勤学习，坚韧奋发精神内化于心、外化于行，做到知行合一、固本培元。

（1）德育入心——以“德”为本。班级成立红领巾服务队，队员由各小组轮流组建，服务人群、建设内容均由同学们自主讨论确定。在学校各项活动：跳蚤市场主持活动、大课间维持秩序、一年级新生入队指导、社区卫生清洁……都有我班红领巾服务队员的身影。

每年三月，我班定期参加学校大队部组织的爱心跳蚤市场活动。我积极做好同学们的思想工作，引导正确的价值取向，发扬奉献有为精神，和同学们一起策划活动，筹划准备，积极参与，认真总结。在活动中不断肯定同学们的奉献精神和智慧，让爱的种子在孩子们的心中萌芽、生根、成长，让孩子们从小做一个正直友爱、甘于付出的人。

（2）智育启慧——以“智”育人。生活的小河是一点一滴的美好共同汇聚，生活的乐曲是一字一音符的共同谱写，生活的画是一笔一画共同的绘就。生活的美是我们的创造，需要我们用心经营、感受，并记录下来。我向来倡导学生用笔记录平凡的岁月，班级的优秀作文集和学生自己的小文集便应运而生了。我们定期将孩子们的优秀作文编订成册，拍照分享到班级和家长交流群里，让家长见证孩子的成长，也拉进了孩子与家长的距离，增强了孩子的自信，进而增加了他们学习的动力。

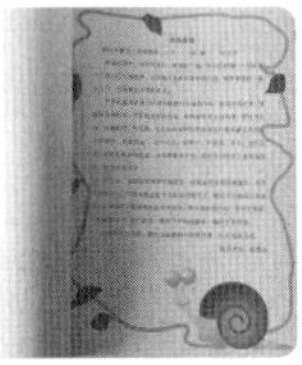

（3）体育健体——以“体”强身。身体是革命的本钱，健康的体魄能让我们走得更远、更好。在班级建设中，我不断鼓励、严格要求同学们积极参加体育锻炼，每天的大课间和体育课尽可能地让所有同学参与其中。同时不定期地组织和其他年级的各类运动竞赛，既有效地激励同学们参与锻炼，塑造健康的体魄，同时也在竞赛中凝聚班集体，建设一个团结奋进、不怕输、不怕败、顽强拼搏的601班。

（4）美育润心——以“美”塑心。班级中由许梓派、许雯炀、许梓淇比较擅长绘画的同学组成绘画指导小组，负责组织人员参与黑板报绘制，指导全班同学绘制各种主题的手抄报，并择优参加各类比赛。这充分发挥了同学们的聪明才智和特长，也在班级中营造友爱互助的良好氛围。

（5）劳育自立——以“劳”立行。习近平总书记指出：人民创造历史，劳动开创未来。劳动锻炼在学生成长成才中发挥着重要作用，通过开展劳动锻炼，学生可以逐步培养良好的卫生习惯、提升劳动生活能力、展现勤劳独立的精神风貌。

同学们积极参与活动，探寻精神之高远，品味童年之真趣，育人与成长相统一。

4. 守翠竹之正——面向未来

通过走访，我了解到班级大部分学生的家庭经济条件一般，父母学历和知识水平都不高，平时忙于工作，缺乏对孩子的有效管教和成长指导。从接手班级开始，我便多次以家访、电访、微信交流、请家长到学校座谈、召开家长会等形式与家长沟通交流，加深对学生的全面了解，清楚家长诉求，取得家长对学校教育教学工作的大力支持。通过家校共同努力，我构建了和谐的家校共育模式，促进学生的全方位发展。

五、特色与成效

（一）育人特色

育人特色

- **因地制宜**：坚持社会主义核心价值观的指导，遵循新时代立德树人的科学内涵和教育规律，坚持以生为本，践行“惟勤惟德，向上向善”的校训精神，扎根农村、依托农村，从农村学校实际出发，实事求是，综合利用现有教育资源，大力发掘龙湖古寨尊师重教文化、鹳巢乡红色革命优良传统文化、阁洲村手工艺文化、潮汕乡土文化等助力学生成长
- **因势利导**：充分利用农村学校现有教育资源，开展丰富多彩的德育活动，通过环境育人、活动育人、课程育人、实践育人等紧扣育人目标，让学生在体验和熏陶中逐步将翠竹自强精神融入价值体系建设中。同时，学生在特色活动中主动学习，自我明确和发掘自身优势，增强自信
- **因材施教**：通过深入了解，对学生展开全方位综合评价，实现因材施教、塑造独立健康人格、避免单一发展模式，兼顾学生个性情感需要，从多维度肯定学生价值，助力学生实现精彩人生

（二）育人成效

班级建设成效	在师生共同努力下，我班逐渐形成教师主导、学生自主管理模式，班风正，学风良。在班级活动中，全班同学理念一致，团结互助，相互包容，成为一个有凝聚力、有向心力的集体。曾多次荣获学校“文明班”荣誉称号；在校性黑板报评比中，我班多次荣获第一名	
学生建设成效	在一年的时间里，同学们的德、智、体、美、劳得到全面发展，勇于尝试，敢于探索，乐于分享，越来越自信开朗，待人接物落落大方，处事较为沉着稳重。对于自己的未来有明晰的方向和目标，学习更积极主动，生活更独立自强。许佳颖同学荣获潮安区中小学“劳动小能手”金牌，许芝洁同学的文章《我们胜了》在潮安区征文比赛中荣获一等奖，许润泽、许开榛、许欣烨、许雯炀等同学皆在龙湖镇作文比赛中荣获嘉奖，多位同学荣获红领巾勋章……	

续表

教师提升成效	在带班育人过程中，我不断提升育人能力，总结符合自身的教学特点，形成自己的育人方略。参加潮州市中小学名班主任林健彬工作室，成为工作室成员；撰写的文章《耕耘现在》在潮州市“我的博物馆之旅”征文活动中荣获社会组优秀奖；参加首届潮安区中小学班主任专业能力大赛荣获特等奖；参与2023年度潮州市中小学德育科研课题《基于“以劳育人”理念的家校社共育小学劳动教育班本课程开发与实践研究》专题研究，将育人理念运用于更广阔的领域，发挥辐射带动作用	
家长认可成效	家长支持并积极参与班级各项德育活动，在家长调查问卷中，我班广受家长好评。许多家长到学校反馈，这一年，学生在家务劳动、学习、发展兴趣爱好、孝敬长辈、自律等方面都有明显进步，思想更加成熟，更明理懂事	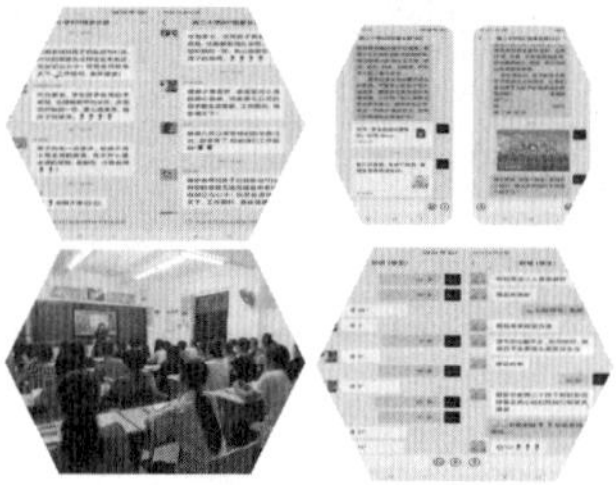

成功的教育就是努力让人一点一点地变得更好、更优秀，这也是我的目标和努力的方向。在教育教学的路上，我将不断探索，用爱和智慧与学生共同成长、共同进步。辽阔的乡村，将是孩子们健康成长的广阔天地。

悦志逐梦　向阳成长

——610“悦志班”带班育人方略

潮州市潮安区枫溪镇枫溪小学　陈妙伶

一、育人理念

根据习近平总书记提出的“培根铸魂，启智润心”的育人方针，以及习近平在中国少年先锋队第七次全国代表大会，寄语全国各族少年儿童从小学习做人、从小学习立志、从小学习创造，强调童年是人的一生中最宝贵的时期，在这个时期就要注意树立正确的人生目标，培养好思想、好品行、好习惯，结合我校“悦耕悦长 追求品质”悦理念及本班实际，我以“培根铸魂”为导向，将“悦志逐梦，向阳成长”育人主张引入班级管理，坚持“五育”并举，与六大育人途径相结合，培养德、智、体、美、劳全面发展的时代新人。

二、班情分析

（一）学生的基本情况

该班一共有学生 45 人，其中男生 21 人，女生 24 人。包括省外户籍学生 2 人，省内外地市学生 5 人，独生子女学生 4 人，单亲家庭学生 2 人，留守儿童学生 1 人。学生整体活泼好动，有一定的进取心。大部分学生有自己的爱好，小部分学生有自己的特长。整体学习基础良好，在全年级 11 个平行班中学习成绩居中。在礼仪、纪律、卫生方面，上一学年在校的每周量化评比中，总是与流动红旗失之交臂。学生希望可以和同学们一起友好、快乐地度过小学的最后一学年，各方面能力有提升，学习有进步，能考上重点初中。

（二）分析评估

1. 学生群体特点

（1）有上进心，但意志不坚。

（2）有活力、好动，但自律、自制力弱。

（3）善于表现自我，但互助协作能力弱。

2. 家长群体特点

（1）支持学校工作，关注孩子成长。

（2）重视度不够，缺乏科学教育方法。

3. 班级存在问题

（1）凝聚力不强。

（2）两极分化严重。

（3）自主能力不足，习惯良莠不齐

（4）青春悸动，心理脆弱。

4. 重点关注的工作领域、重点解决的问题

（1）思想方面。学生思想政治意识淡薄，班级集体凝聚力不强，需加强思政教育，弘扬集体主义精神，增强班级凝聚力和集体荣誉感，厚植家国情怀。

（2）行为方面。学生的自律、自制力弱，互助团结协作能力弱，需要提高学生自我管理能力，培养良好习惯，加强人际交往教育。

（3）身心方面。大部分学生怕苦畏难，懒于运动，身体素质不高，抗挫力弱，意志不坚，有一定的学习焦虑感。青春期成长迷茫感萌动，需要加强体育教育、青春期心理健康教育，以强身健体，磨砺意志。

（4）理想方面。学生学习生活目标不明确，学习主动性不强，需要加强理想教育，帮助其学会立志，规划未来。

三、发展目标

根据习近平总书记提出的“培根铸魂，启智润心”的育人方针，依据班情，结合学校“悦己、悦人、悦事、悦志”的悦文化，制定如下发展目标。

<table>
<tr><td>班级建设目标</td><td colspan="5">平等民主　和谐自主　守正创新　团结向上</td></tr>
<tr><td>学生培养目标</td><td colspan="5">刻苦学习，树立理想，砥砺品格，增长本领，努力实现德、智、体、美、劳全面发展</td></tr>
<tr><td rowspan="2">班级阶段目标</td><td>第一学期</td><td colspan="4">立德赋能　悦志筑基</td></tr>
<tr><td>第二学期</td><td colspan="4">修身储能　悦志逐梦</td></tr>
<tr><td rowspan="3">学生阶段目标</td><td>年级</td><td>悦己</td><td>悦人</td><td>悦事</td><td>悦志</td></tr>
<tr><td>六年级第一学期</td><td>积极向上
自知自尊
自觉自律</td><td>文明礼貌
团结友爱
热爱集体</td><td>热爱生活
乐于实践
敢于担当</td><td>树立理想
刻苦学习
踔厉奋发</td></tr>
<tr><td>六年级第二学期</td><td>豁达乐观
自主自立
自信自强</td><td>互助互赏
关心集体
乐于奉献</td><td>善于实践
勇于创新
开拓进取</td><td>坚定信念
认真钻研
勇毅前行</td></tr>
</table>

四、实践做法

针对班级学生情况，结合育人理念和建设日标，我以“培根铸魂”为教育主体任务，分两阶段进行建设：第一阶段为“立德赋能　悦志筑基”，第二阶段为“修身储能　悦志逐梦”。每一阶段，将课程、文化、活动、实践、管理、协同六大育人途径相结合，力争“悦己、悦人、悦事、悦志”四方推进，“德、智、体、美、劳”五育并举。

1. 课程悦育

①思政铸魂；②班会引领；③专题教育；④心理建设。

2. 文化悦育

①精神文化强熏陶；②环境文化润心田；③制度文化促悦行。

3. 活动悦育

①节庆日、纪念日导向悦育；②主题活动导向悦育。

4. 实践悦育

①基地实践；②家务实践；③演练实践；④观摩实践。

5. 管理悦育

①制度管理促前行；②自主管理增才干；③助力管理助成长。

6. 协同悦育

①家校协力；②社区联动。

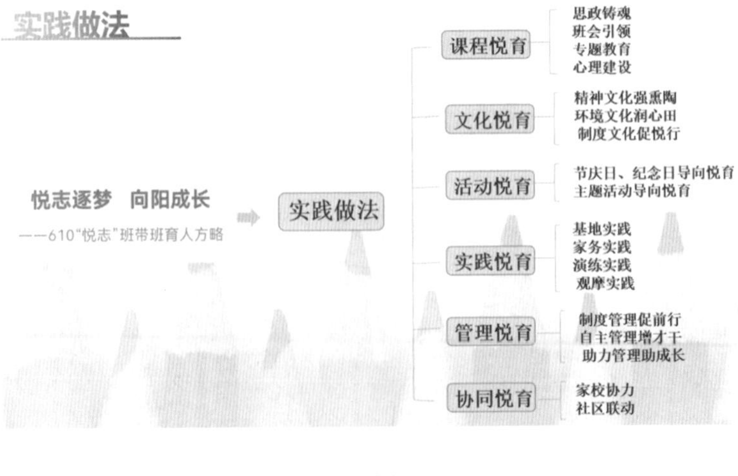

具体活动安排如下。

第一学期——立德赋能　悦志筑基						
育人手段	课程悦育	文化悦育	活动悦育	实践悦育	管理悦育	协同悦育
立德	①加强道德与法治课程的学习；②开展"道德品质"系列主题班会	精神文化熏陶：①阅读《弟子规》系列故事、"中华优秀传统文化"丛书；②设计班徽、班级口号	组织开展国庆节、重阳节、教师节等节日的教育活动，厚植家国情怀，学会尊师重教、尊老爱幼	开展"爱心跳蚤"实践体验活动	学习《中小学日常行为规范》《中小学守则》、校纪校规，制定班规、班级公约，自觉规范行为	组织"小手拉大手，文明齐步走"活动
赋能	开展综合实践活动课	环境文化润心田——各期黑板报的出版	①手抄报制作比赛；②红色故事我来讲	①组织"科学种植实践基地"劳动实践活动；②组织疏散演练	①定期进行班干部培训，赋管理之能；②选一技能训练，每日打卡	①家长进课堂——陶艺制作；②社区联动——悦耕田园
悦志	①开设理想教育专题课；②开展"中国梦 我的梦""喜迎二十大，争做好少年"等主题班会	通过设置格言墙、志向树以激昂志气	结合我校"体育节"，开展系列活动，磨炼学生意志	观摩"枫溪陶瓷生产线"，并进行陶瓷制作实践体验	①"积跬步至千里"学习积卡赛；②设立"一帮一"学习帮扶管理制	"学长成长志"，名校学长进课堂，宣讲初中生活，分享学习方法、成长故事
筑基	开设青春期心理健康教育课	开设展示栏，以提高自信心，激发上进心	开展各项学科竞赛活动、征文比赛活动	开展"雏鹰争章"系列实践活动	①制定小组量化管理方案，每月评比先进组；②加强"培优辅差"	联动家长，开展"亲子角色互换"体验活动

续表

第二学期——修身储能　悦志逐梦						
育人手段	课程悦育	文化悦育	活动悦育	实践悦育	管理悦育	协同悦育
修身	①加强“道德与法治”课程的学习； ②开设环境教育、法制教育等专题课	精神文化熏陶——阅读《名人名传》系列故事，勉志励志	举行“缅怀先烈，做时代新人”活动	开展“爱绿护绿，我在行动”实践体验活动	对班规、班级公约进一步完善、修订；实行“我的行为，我负责”制	社区联动：开展“我是小小志愿者”志愿者服务
储能	开设抗挫心理健康教育专题课	①开展“诗韵颂中华”活动，品读诗歌、创作诗歌； ②各期黑板报的出版，传递正能量	结合我校“科技文化艺术节”，开展各项科技艺术创作与才艺展示活动	①开展“家务活，我来干”活动； ②开展防火灭火演练活动	实行“我的班级，我建设”制；分设安全纪律、卫生监督、礼仪常规、综合服务、学习发展五部门	市红十字救援大队进课堂——防溺水
悦志	开展“我与祖国共成长”“听党话　跟党走”等主题班会	①“点亮心灯”，黑板右上角，每天由学生写上一句格言； ②开设“悦耕悦长”成长墙	①举行“小升初”学习动员大会； ②举行励志故事会	参观“科技航天展”，开展小科技创作	①组内实行传帮带的层级师徒制； ②实行“体锻打卡”制，强健身体，磨炼意志	邀请优秀家长分享自己“逐梦圆梦”故事
逐梦	开展“逐梦”系列主题班会	①开设“逐梦树”活动； ②出版班刊、班报，凝练班级文化	①读书节系列活动——制作书签、制作好书推荐卡、课本剧表演； ②举办毕业联欢会	举办“自主学习方法”交流会	①举行“我的梦想，我努力”活动，制订“逐梦计划”； ②开展“你追我赶”竞争活动	开展红色革命亲子研学，了解革命前辈的逐梦路

五、特色和成效

1. 评价多元化促发展

创建横向以“五育”融合为考察主体的评价内容，纵向以全员参与为考核评委的多元评价体系。

（1）横向评价：以悦己、悦人、悦事、悦志为维度，以德育、智育、体育、美育、劳动教育等五育融合为评价主体。

（2）纵向评价：学生自评、同伴互评、老师点评、家长参评、社会认评、期末综评。

评价多元化，让评价渗透到每一天、每一方面，辐射到每一人。纵横立体评价，助力学生多样化培养，为党育人、为国育才。

2. 学生核心素养多维提升

贯彻落实“培根铸魂，启智润心”的育人方针，立足于培养德、智、体、美、劳全面发展的时代好少年，从课程融入、文化熏陶、活动导向、实践体验、规范管理、协同联动育人等途径，逐步提升学生品德、身心、学习、创新、审美、生活等素养。五育并举，使学生的综合能力呈螺旋式上升。

3. 班级文化治理多元创新

以悦文化为载体，打造班级特色，浸润学生心灵，让学生学会做人（悦己、悦人），学会做事（悦事、悦志）。凝聚班级力量，提升育人质量，使班级学生共荣共长。

经过一年的努力，悦志班已经成为一个平等民主、和谐自主、守正创新、团结向上的优秀班集体；多次获得学校的“流动红旗”，期末被学校评为文明班。

向阳生长　满园芬芳

——“向日葵班”带班育人方略

潮州市潮安区枫溪镇枫溪小学　吴淡玉

一、育人理念

“青青园中葵，朝露待日晞。”向日葵向阳而生，它的寓意是积极向上、阳光活力、坚定执着、勇敢顽强。我把所带的210班比作一座葵园，我校的“悦”教育理念就是太阳，班里的每一个学生就是一朵向日葵，向日葵在阳光的照耀下，以美好的姿态，迎接每一天的到来，在葵园中筑梦、逐梦、圆梦。因此我的育人理念是“心存美好，向阳而生，勇往直前，一路芬芳”。

二、班情分析

班级一般情况	基本概况	本班共有学生45名，其中男生24名，女生21名
	班风班貌	大部分学生能遵守学校的规章制度，积极参加各项活动，礼貌待人，班级的学习氛围浓，但集体发展意识不足
学生基本情况	道德水平	大部分学生道德素质良好，开朗活泼，自信大方，但合作精神和人际交往能力需进一步提升
	身心状况	大部分学生身心健康，有个别学生内心脆弱、敏感
	学习基础	大部分学生学习习惯良好，接受能力较好，但想象力、创新意识不足
	兴趣爱好	兴趣较为广泛，多数学生喜欢书法、画画、唱歌、跳舞
家庭基本情况	家长情况	多数家长只有高中学历，在本地从事自由职业。家庭比较和睦，目前没有单亲家庭
	教育理念	普遍都能关注孩子的成长，但部分家长由于工作原因，缺少有效陪伴；部分家长因教育理念问题，无法科学引导孩子
	家校配合	家长普遍支持学校和老师的工作，但主动性与积极性还有待提高

三、班级发展目标

总体目标	建设"积极向上，阳光活力，合作创新，和悦发展"的"向日葵"特色班级
阶段目标	前期目标：涵养良好习惯，激发成长内驱力
	中期目标：拓宽多维途径，提升综合素质
	长期目标：张扬个性发展，共创班级成就

四、实践做法

（一）葵园筑梦悦芬芳——在温馨教室环境中凝聚发展共识

1. 精神符号，凝聚发展共识

（1）环境布置，打造有爱教室

结合班级名片，我与学生们以向日葵为主元素，将教室装扮成葵园，打造"会说话"的文化墙：小组风采展示墙、书韵飘香分享墙、夸夸墙、许愿墙等，把教室的每一面墙都变成营造文化氛围的阵地，发挥文化的引领作用。

（2）特色文化，建造成长乐园

班级取名"向日葵班"，向家长和学生征集班徽设计和班歌创作。班级的口号：精彩绽放，快乐成长！班训：同心共悦，聚力前行！"像向日葵一样精彩绽放，像阳光一样耀眼！做最美的自己"是老师寄语。口号、班训、老师寄语由各小组认领，小组合作设计绘制并布展，培养学生的合作能力和创新意识，实现共同价值愿景。

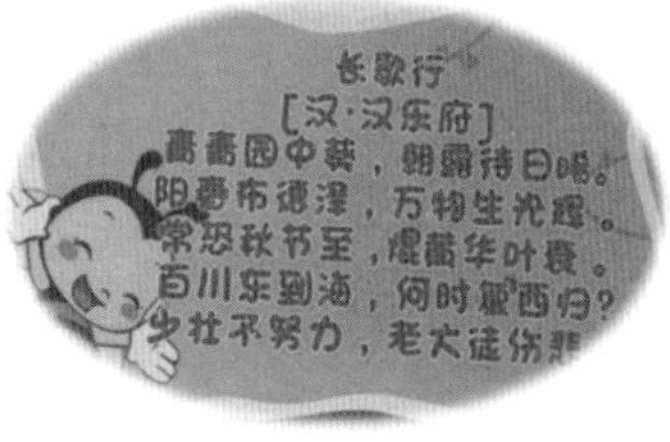

2. 心灵密码，践行成长职责

（1）组建班委，榜样示范

以打造有责任感、有能力、有担当的"三有"班委会为建设目标，鼓励学生根据自己的意愿及能力竞选班干部。在班委成立后，组织班干部会议，对其进行业务培训及指导。利用班会课，班干部对上周班级事务进行总结，其他同学对其工作满意度进行投票，以此提升班干部为班级服务的意识及能力，助力班级发展榜样力量。

（2）定岗定责，自主管理

将班务细化，设置成若干个岗位。学习方面的岗位有课前领读员、背诵检查员等；劳动方面的岗位有绿植养护员、门窗清洁员等；纪律方面的岗位有路队引导员、课间监督员等；生活方面的岗位有小报收发员、电器管理员等。每个学生根据自身的兴趣和能力申请一个岗位。每个岗位均制定明确的职责和奖惩制度，将“人、岗、责”明确界定，强化学生的责任意识，让每一位学生都成为班级的有心人、小主人。

（3）制度矩阵，聚力前行

根据《中小学德育工作指南》中提出的“学段目标”和《中小学生日常行为规范》，结合本校一日常规要求和本班实际，制定出“向日葵班”《班规班约》《奖惩制度》《积分细则》。学生对照执行，做到有规可循，有章可依。每周一小结，每月一总结，使学生们能及时反思和解决自身问题。每个月召开一次“向日葵班”表彰大会，学生们可以根据积分兑换心愿卡，以此鼓励他们达成“个人成长小目标”的积极性，为实现班级发展大目标奠定坚实的基础。

（二）葵园逐梦育芬芳——在多维班级活动中夯实核心素养

以“在活动中触发心动，在心动中落实行动”为原则，开展班级活动。“德智体美劳”五育融合，以德育引领、智育发展、体育提升、美育丰富、劳育强固核心素养。

1. 德育润“葵”

开展丰富的“红色文化教育”活动，激活学生在体验教育实践活动中的“红色基因”。通过红色基地研学、朝读经典、党史知识大讲堂、英雄故事会、主题教育班会等多种形式，学生可以在实践中感受、在活动中体验红色精神。

2. 智育养“葵”

借助班级文化建设，通过学科学习与知识拓展，学生在建构跨学科知识融合下得到全面发展，从多元化的学习项目中得到心智提升，从学科知识拓展到更加广阔的思维进阶当中，成为热爱学习、勤于探究、善于思考的人。

3. 体育强“葵”

将学生的体能成长列入行事历之中，有计划、有部署地针对学生个性差异和年龄特征，设计趣味体育竞赛，如：摸石过河、赶小猪等。通过体能锻炼和体育践行，使学生养成热爱运动、关注健康的生活习惯。

4. 美育悦“葵”

借助创办班报《向日葵小报》的契机，启发学生群策群力，以小组为单位，开启多元化的审美教育，开拓学生的美育视野，鼓励学生发挥个性优势，提供精神美育和物质美育并行的成长空间。

5. 劳育固“葵”

根据学生的年龄段特点，开展各项劳动技能竞赛，如家务劳动我能行等，让他们从中感受到劳动的乐趣，切实培育学生热爱劳动的情感，提高劳动的技能，获得健康、全面发展。

（三）葵园圆梦享芬芳——在家校协同合育中链接精彩未来

苏霍姆林斯基说过：“最完美的教育模式是‘学校 - 家庭’教育，学校和家庭是一对教育者。”实施有效的家校合作管理，发挥家校育人的巨大能量，协同育人，共生共长。

1. 多渠道联结真情

结合“互联网 +”的模式，利用微信群、班级优化大师等实施家校互动，及时了解学生在家、在校表现；通过家校联系卡、电访、家访等方式，传递信息交流意见。

2. 找契机促进交流

每学期的家长会、每月的家长护学队等都是交流的契机。家长会开展前，提前让家长写下对孩子的教育期望及教育困惑。家长会上，通过交流、互相学习教育方法，相继引导家长树立正确的教育观。每月护学队结束后，与家长个别交流，共商教育方法。

3. 办活动构建桥梁

搭建活动平台，构建沟通桥梁。吸纳热爱班级公益的家长志愿者加入“向日葵帮帮团”，与班主任商议、策划、组织班级活动。通过家长进课堂、亲子义卖、亲子研学等活动，让家长有效陪伴孩子。家校齐心协力，让每位学生都有出彩的机会，助力学生在“葵园”圆梦。

在家校共同努力下，“向日葵班”被评为区级“先进少先队”，校级“文明班”，在校歌合唱比赛中获得一等奖……

五、特色成效

1. 追求慢的教育艺术

人人参与的班级环境布置，需要班主任有足够的耐心，慢慢等待每个孩子的“布展”到位；人人上岗的班级自主管理，需要班主任有足够的宽容，慢慢期待管理的有序发展……

2. 聚焦动的成长体验

“在活动中触发心动，在心动中落实行动”是我带班方略的另一特色。“德智体美劳”五育融合在班级的各项活动中得以实现，在多维多彩、有趣有效的班级活动中，学生的核心素养得到夯实。

3. 实现聚的团队品质

班级的团队品质仅仅用了一个学期就得到了质的提升，从各科老师的反馈中，看到了同学们学习的专注；从家长的口中，听到了对彼此小孩的夸赞；从一项项活动中，看到了“向日葵”们向阳生长；从一张张奖状中，闻到了满园的芬芳！

“闪闪红星”放光彩

——“红星班”带班育人方略

潮州市潮安区庵埠镇凤岐小学　杨应槟

“红星班”的班级建设以校园红色教育基地为根本，谨记为党育人、为国育才的教育使命，用烈士“许甦魂精神”引领学生成长，致力打造一个坚定理想信念、发扬艰苦奋斗精神，以红色文化为主、多元文化为辅的红色班级。

一、育人理念

“长夜里红星闪闪驱黑暗、寒冬里红星闪闪迎春来、斗争中红星闪闪指方向、征途上红星闪闪把路开……”像歌曲所唱那样，班名以“红星”之喻，引领学生铸就正确价值观，积极拥抱生活，传递温暖之光；将红色文化深植班级建设之中，深挖资源宝藏，举办多彩活动，丰沃红色教育内涵，延展红色教育边界。

二、班情分析

“红星班”现在为五年级，预备班级建设时间为 3 年，共有学生 46 人，其中女生 26 人、男生 20 人。在四年级，学生已经完成前期培养，根据前期摸排调研的数据情况反馈，班级建设条件分析如下：

建班优势	建班劣势
①师生关系和谐	①个别学生规则意识不足
②家校关系融洽	②学生自我管理能力差
③学生单纯善良，团结友爱	③学生容易受到外界影响，需要正确引导
④学生学习态度端正，常规习惯基本养成	④学生学习实践创新能力弱

三、班级目标

在带班育人的过程中，我以彰显小队个性、打造红色中队特色为总目标，为孩子们打造斗志昂扬的班集体和班级文化，开拓出属于本班的管理特色，让孩子们在温馨的班级中慢慢成长。

总育人目标		培养具有红色精神、爱国情怀、社会责任感和团队合作精神的学生
班级建设目标		创建一个充满红色文化氛围、团结友爱、积极向上的“红星班”
学生发展目标		提升学生的综合素质，培养其创新能力和实践能力
班级阶段目标	四年级	确立主题，开启红色之旅：确立班级红色文化主题，开展初步的红色文化活动
	五年级	深化教育，培养红色精神：在初步活动的基础上，深化红色文化教育，培养学生的红色精神
	六年级	形成特色，打造优秀班级：通过一系列活动，形成独特的班级红色文化，成为学校的优秀班级
学生阶段目标	四年级	了解红色文化基础知识，培养爱国情感
	五年级	深入学习红色历史，树立正确的价值观
	六年级	践行红色精神，为社会做出贡献

四、实践做法

（一）管理有章法

1. 构建班级文化——学榜样力量，树良好班风

班级精神乃班级发展之核心理念，亦为班级之灵魂，可凝聚人心、鼓舞士气、激发斗志。习近平总书记强调：“对一切为党、为国家、为人民作出奉献和牺牲的英雄模范人物，我们都要发扬他们的精神，从他们身上汲取奋发的力量。”教师立足校园红色文化带班施教，带领学生系统学习当地革命英雄事迹，汲取红色精神，将团结、互助、不抛弃、不放弃奉为班级核心理念，主动向红色英雄、红色团队学习。于班风建设，倡导团结友爱、互助协作，鼓励学生彼此关心、互相支持；于学风培养，强调勤奋努力、积极进取，引导学生养成良好学习习惯，提升学习成效；于班级公约，明确纪律要求，培养学生规则意识，共建有序班级。以红色精神引领，班风、学风、班级公约

协同助力，班级发展方能行稳致远。

2. 构建小队文化——帮扶互助，做红色好少年

班级的管理应该是由学生"当家做主"，教师的任务是协助他们自主管理，在自主管理的过程中，培养学生的能力。革命年代，最广为传颂的除了中华儿女不屈不挠的意志和精神外，还有革命队伍的团结与互助，正如《团结就是力量》这首歌所咏的，团队精神是集体进步的保证。班级小队以正、副队长为主导，正队长管理班里任务的上传下达，保证班主任的教育能够落到实处；副队长则关注队员身心发展，及时汇报队员心理动态，帮助小队以积极心态昂首向前。小队是给学生一个正向的小团体，让他们无论在学习上还是在生活上都能互相帮助，共同进步。

3. 构建个人文化——植根英雄情节，破土凌云节节高

以英雄为榜样，塑造人生理想。班级针对学生进行革命传统教育、时事及史实教育，紧紧抓住具有革命意义的纪念日开展相应活动，同时利用学校设置的红领巾特色奖章——先锋章，明确争章内容：了解不同时期、不同行业的先锋人物故事，并进行宣讲；寻找身边的榜样，主动向他们学习；将学到的先锋精神或品质落实到自己的学习和生活之中。学生们用自己的行动，争获先锋章。

（二）活动有成长

班级每一次以红色文化为主题开展的相关活动，都为孩子提供了学习革命先烈、实现人生理想的机会，孩子在一次次的活动中获得成长。

1. 以多样活动续红色血脉

传承红色基因，根植爱国种子，把自己的人生同民族的命运紧密联系在一起，立足本职、拼搏奋斗、创新创造。我们开展了系红领巾竞赛、国旗知识竞答等趣味活动；利用班队会的时间开展"四史"教育，通过班级红领巾讲解员的宣传，让党的百年奋斗故事走进学生的心中；鼓励小队自发学习雷锋等榜样人物的先进事迹，为祖国发展繁荣而不懈奋斗；绘制手抄报、开展少先队宣讲活动、亲子观看爱国影视片、参观国防教育基地……一系列的红色活动，助力学生将理想信念入脑入心，帮助学生扣好人生第一粒扣子。

2. 用红色文本展书香班级

在一些重大假日、纪念日时可以举办主题班会。借助新媒体技术，将图片、音频、视频等红色资源进行整合，使红色知识变得鲜活，让学习红色文化变得更有吸引力。班级设立图书角，开辟红色书籍角，配备的书籍有《没有共产党就没有新中国》《钢铁是怎样炼成的》《青春之歌》《红岩》《雷锋的故事》等，同时开展“传颂经典诗文，培育文明少年”“畅游书的海洋”等读书活动，让学生推荐好书，然后举行读书日活动。

3. 注红色文化，扬家校互动

为了让家长了解学校的教育理念，班主任可以鼓励学生与父母实地走访、了解潮州红色文化，并将这段旅程及收获以多种形式记录下来。还可以建议亲子共同阅读一部红色经典，一起观看一部红色影片等活动，亲身感受革命前辈们的人生，有助于孩子对红色历史有更直观的感受和理解。在这个过程中，家长会坦然面对在活动中孩子吃苦的情况，他们会明白温室里是培养不出生命力强的花朵，只有经历过风雨才能变成铿锵玫瑰。在这些活动可以培养学生树立起勇往直前、艰苦奋斗的革命信念，激励学生奋发向前，从而推动家庭红色教育成为一种良性循环。

4. 以红色故事践革命精神

红色故事教学的开展，由浅及深，以情动人，以小事例折射大道理，用小我引申出大我，以红色故事的温度更好地触发学生了解许甦魂这样的英烈，他们具有威武不屈、百死不悔的意志。班级号召学生参与到校园宣讲活动中，有的学生将潮州红色故事带到国旗下和班会课上；有的学生走进家庭和社区，讲述潮州红色故事，让革命英雄事迹浸润每一个人的心田；有的学生录制“红领巾说党史”“红领巾说红故事”等视频进行展示、宣讲，突破空间与时间的局限，将线上与线下活动进行有机结合，让红色基因的传承不再局限于传统教学方式，使更多的学生参与进来，从而扩大了影响范围。

五、育人成效和特色

结合红色文化进行班级科学管理，营造了良好的班风班貌。课堂上，学生乐学善思，享受知识的欢愉；生活中，学生热情友善，彰显了团队的和谐；活动时，学生团结合作，争先创优不甘落后。

（一）特色

1. 红色育德，塑高尚人格

学生能受到红色文化的熏陶，提升自身的道德素养，养成良好的品德和行为习惯。

2. 传承红基因，激发奋斗魂

激励学生传承红色基因，使其在学习和生活中保持积极向上的态度，努力奋斗，克服困难。

3. 燃红色文化，扬爱国情怀

点燃学生的爱国热情，使其增强对祖国的热爱和忠诚，培养民族自豪感。

4. 弘扬红精神，培养责任感

让学生明白责任的重要性，使其积极参与班级和社会事务，成为有担当的人。

5. 浸润红色风，促全面发展

使学生在各个方面都能得到全面发展，不仅在学业上有所进步，还在德、智、体、美、劳等方面得到提升。

（二）成效

1. 班级建设成效

“红星班”先后荣获区镇级文明班集体等荣誉，并逐渐成长为一个充满活力、蓬勃向上的班集体。

2. 学生成才成效

学生主动追寻红色足迹，体会英雄人物的精神。班主任引导学生以英雄人物为榜样，班上许多同学积极加入学校“红色小讲解员”小组，成为宣传红色文化的主力军。

3. 家长认可成效

在学校每年的家长调查问卷中，“红星班”都广受家长好评，很多家长反馈学生通过近两年“红星班”的教育，无论在学业上还是在品德上，都有了长足的进步。

4. 教师提升成效

教师在不断提升育人能力的同时，还不断精进个人专业素养。班主任曾先后获得潮州市中小学班主任专业能力大赛一等奖，成为广东省名班主任谢壁妆工作室的学员，为新生班主任赋能。

六、结语

“红星班”坚定地以红色文化为引领，使红色基因深深植入学生心间，让学生在红色文化的滋养下蓬勃成长。经红色文化的教育，学生们深切领会到革命先辈的崇高风范与伟大精神，知晓现今幸福生活的来之不易。在未来的征途上，我们将持续传承红色基因，令学生们始终铭记革命传统，勇挑和践行时代赋予的重担与使命。我们深信，在红色文化的指引下，学生们必将成为有理想、有道德、有文化、守纪律的社会主义建设者与接班人，为实现中华民族的伟大复兴而奋力拼搏！

向阳盛放　逐光前行

——“向日葵班”带班育人方略

饶平县东山镇中心小学　张　阳
饶平县师范学校附属小学　杨志炫

一、育人理念

习近平总书记指出，要全面贯彻党的教育方针，落实立德树人的根本任务，培养德智体美劳全面发展的社会主义建设者和接班人。在此基础上，我形成了自己的带班育人理念：让生命充满阳光，让每一个孩子都心怀阳光、自信成长！努力让每一个孩子在温暖、阳光的成长共同体中，成为自信、向上的少年。

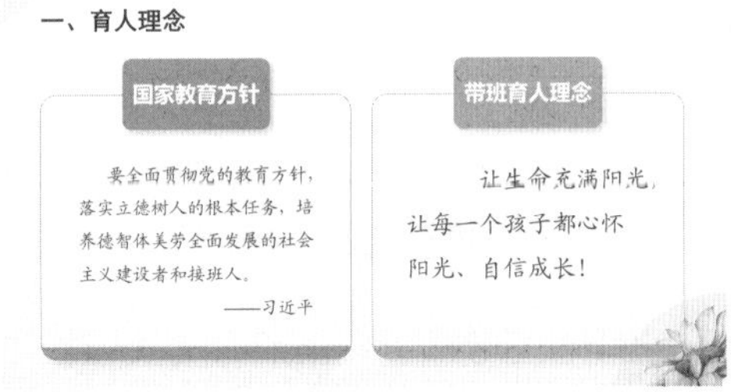

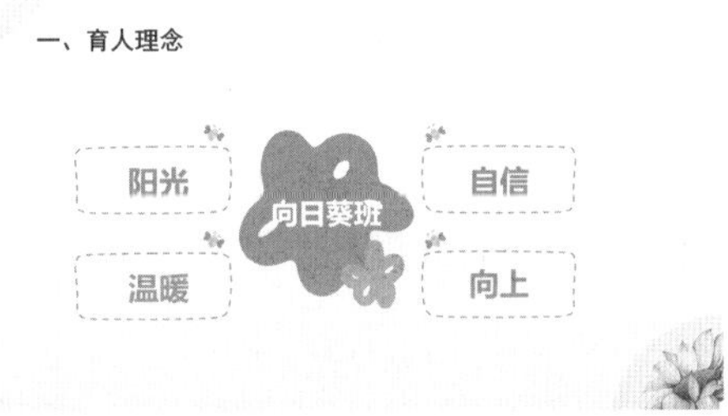

二、班情分析

我班由 42 名学生组成，其中男生 18 名，女生 24 名。女生人数居多。

根据我平时的观察，山区孩子大多比较朴实内敛、乖巧懂事。

为了进一步了解整个班级的情况，我分别从生理与心理、习惯与情感、家庭与生活、兴趣与特长四个板块开展了细致的调查，并进行了具体的分析，得出了以下结论。

优势：好奇心强，动手能力强，独立性较好。

劣势：习惯管理能力弱，自我效能感不足，家庭教育主体责任难以体现。

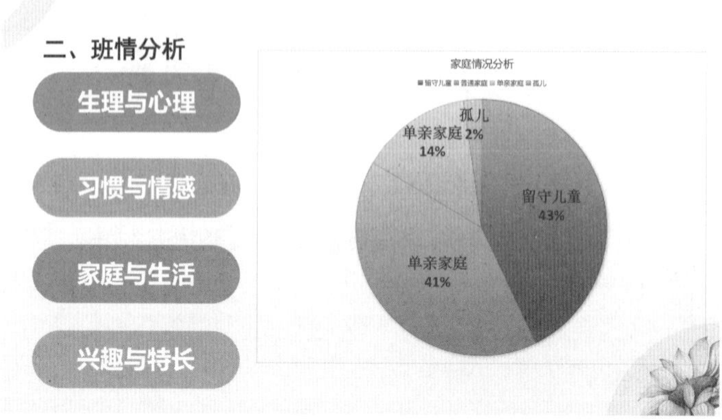

三、建设目标

结合以上结论，我设计了班级的发展规划。

由于我接手的是六年级的一个班级，班级风貌和学生特点基本定型，所以期望能在我和孩子们的共同努力下，凝聚班级之魂，塑造学生优良品格。

四、实践做法

育人措施不在多，而在实效性强。我从“班级文化、开展活动、家校协同”这三个方面设计了我的带班育人策略，以达成建设目标。

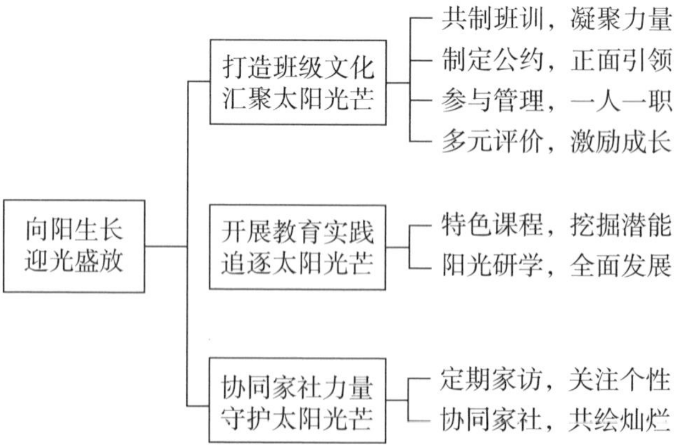

策略一：打造班级文化，汇聚太阳光芒

目的：增强班级凝聚力和学生归属感，营造家的温暖氛围，让每朵向日葵都知道——我是集体中不可或缺的一部分。

1. 共制班训，凝聚力量

中队名称	向日葵中队
中队名称的含义	向阳生长，迎光盛放
班歌	《芽》
班训	温暖有爱，阳光自信

利用一二节班会课，教师与学生共同制定班训。

2. 制定公约，正面引领

教师与学生一起制定阳光公约，共同遵守。

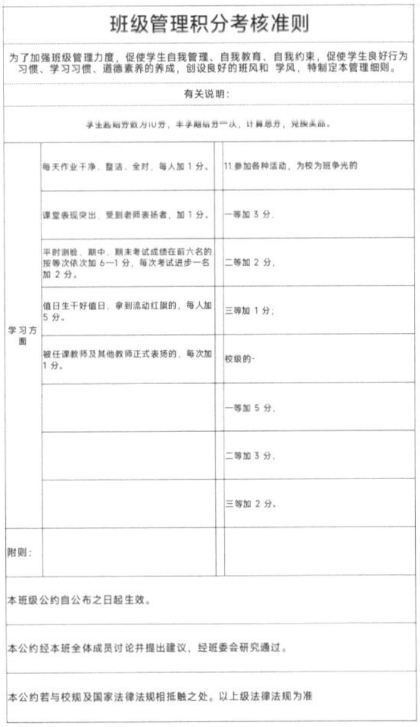

班级管理积分考核准则

为了加强班级管理力度，促使学生自我管理、自我教育、自我约束，促使学生良好行为习惯、学习习惯、道德素养的养成，创设良好的班风和 学风，特制定本管理细则。

有关说明：

学生起始分数为10分，本学期结分一次，计算总分，兑换奖品。

学习方面	每天作业干净、整洁、全对，每人加 1 分。	11.参加各种活动，为校为班争光的
	课堂表现突出，受到老师表扬者，加 1 分。	一等加 3 分，
	平时测验、期中、期末考试成绩在前六名的按等次依次加 6—1 分，每次考试进步一名加 2 分。	二等加 2 分，
	值日生干好值日，拿到流动红旗的，每人加 5 分。	三等加 1 分；
	被任课教师及其他教师正式表扬的，每次加 1 分。	校级的-
		一等加 5 分，
		二等加 3 分，
		三等加 2 分。
附则：		

本班级公约自公布之日起生效。

本公约经本班全体成员讨论并提出建议，经班委会研究通过。

本公约若与校规及国家法律法规相抵触之处。以上级法律法规为准

树立正面引领：没有“不准……否则扣分”的指责，只有“应该……才正确”的帮助。

3. 参与管理，一人一职

设立一人一岗制，班级管理共参与，每个孩子都是班级小主人。

4. 多元评价，激励成长

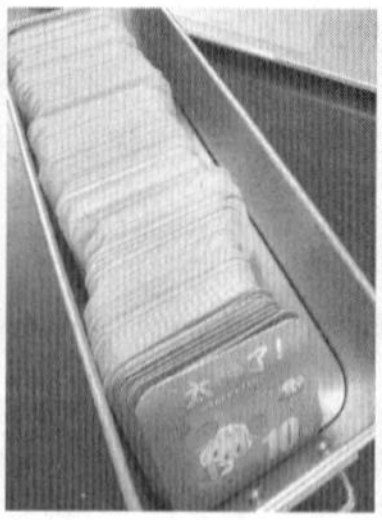

印章收集、积分奖励、积分兑换、票选“我最喜欢的班干部”等方式，可激励孩子阳光成长。

策略二：开展教育实践，追逐太阳光芒

目的：开展教育实践，让班级学生发挥优势、改善弱势，让每一朵向日葵都能自信绽放。

1. 特色课程，挖掘潜能

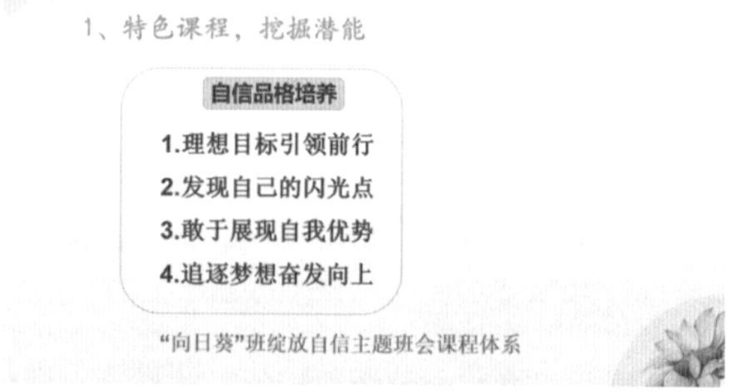

教育是以课程为载体的，在充分了解班级情况后，我设计了“向日葵”班绽放自信主题班会课程体系。我通过“理想目标引领前行”“发现自己的闪光点”“敢于展现自我优势”“追逐梦想奋发向上”四大主题，逐步培养学生树立自信品格。

2. 阳光研学，全面发展

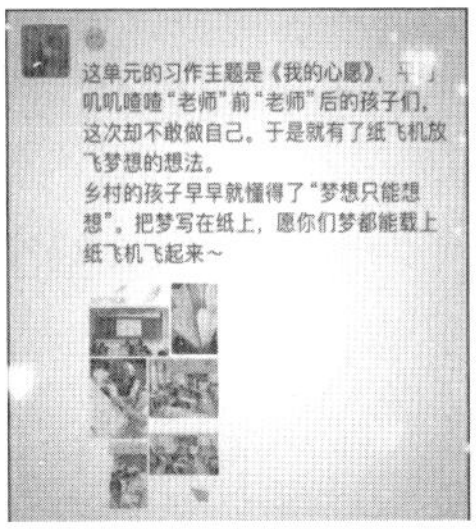

我通过开展多方面活动，使学生的各个方面能力得到提升和展示。“跳蚤市场”“种下一个阳光”“非遗传承：学习布马舞”“放飞梦想”……一朵朵向日葵自信绽放。

策略三：协同家社力量，守护太阳光芒

目的：山区学校的学生大多为留守儿童和来自特殊家庭，大部分孩子由爷爷奶奶照顾，缺少父母陪伴。推进家校社协同育人，才能更好地为孩子们创造一个健康和谐的成长环境，守护每一朵向日葵向阳盛放。

1. 定期家访，关注个性

通过电话访问和上门访问相结合的方式，我深入学生家庭，切实了解学生的成长环境，有利于调整辅导策略，促进学生个性发展。

2. 协同家社，共绘灿烂

充分挖掘社区资源。邀请社会专业人员走进校园开展消防安全、应急救援、

名家书法、名著阅读等知识讲座，让孩子们了解更多在学校学不到的知识。

五、特色与成效

我觉得本人整个带班育人最大的特色和亮点在于——大家好才是真的好！

1. 班级发光

如今的班级团结向上，42 朵向日葵紧紧凝聚在一起。

孩子们养成了良好的运动习惯。在运动会上，运动员在赛场上拼搏，其他孩子自发形成啦啦队、后援团，为了一个目标而共同努力。

孩子们养成了良好的行为习惯，一次次“文明标兵班”是对孩子们同心协力、共管班级的肯定。

2. 学生发光

孩子们自我效能感增强，小小向日葵们敢于展现自我，在不同的活动中向着光热自由盛放。

3. 家长发光

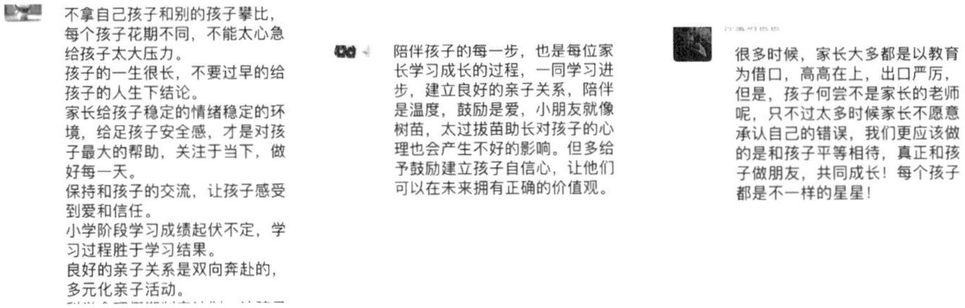

家长们积极配合、支持学校和班级工作，更加关注孩子、重视教育。

漫漫带班育人路，愿我们都能与阳光同行，一路高歌，共谱幸福自信人生的美好篇章！最后，以我一直以来的教育理念来结束本次分享：“时间有种静默的力量，让少年抽薹梦想开花。”

第二章

“匠心式”育人心路：我和孩子们的故事

题记：

用故事记录我们教育中的喜怒哀乐，用故事记录我们的成长！

从很多班主任那里，我们总能听到许许多多感人的教育故事，这些故事渗透着班主任们的喜怒哀乐，不仅记录着班主任们的教育生涯，也记录着班主任们的成长足迹。这些教育故事，具有强烈的感染力与教育意义，其背后隐含着一个个深刻的教育理念，体现着班主任的教育智慧、教育技巧。实际上，叙事的过程是人们重新整理自己经验的过程，也是一个自我反思的过程，在这一过程中，教师潜意识中的某种教育观念便会凸显出来，教师的许多问题会得到审视，从而构建出新的自我。

更新观念，打破重构，成就学生，成长自我，这就是我们撰写教育故事的价值所在！

猜猜我有多爱你

潮安区枫溪镇枫溪小学　谢壁妆

“谁说不能承受，生命中的感动，我们拥抱过……”郑秀文的《不能承受的感动》，一直是我喜欢的。生命中有许多的感动，或来自情人间细水长流的付出，或来自朋友间无须多言的互助，或来自父母子女间深沉厚重的互爱，而对一个老师来说，这种感动，是来自课堂上与学生之间一些细小的互动、关爱，甚至是一些冲突……

某家长会来临之际，恰好临近母亲节，我寻思着，何不利用这个契机，给孩子们来一次感恩教育呢！

于是课前，我渲染了“孩子们，家长会跟母亲节都快到了，大家有什么话想让谢老师代跟家长传达的吗？”按照惯例，很多学生都会有所表示。往往，动情的留言、温馨的礼物，总会成为家长会一个温情的亮点！我期待地看着孩子们，这时，学生小立与小北给我扔了一个重磅炸弹！

“老师，我想……我想留……遗言！”小立说。“对对，我也想留遗言！”小北跟着说。“留什么？”我愕然地问。“他们说，遗言！”全班哈哈大笑。

“什么？遗言？”我一番好意，换来学生如此玩笑？是针对我吧？

我的脸慢慢冷了下来，冷冷地看着小立和小北。小立和小北是班里的“富二代”，受父母宠溺，对其期望值不高，两位“小爷”过的是和尚撞钟的日子！只是言谈举止之间，阴阳怪气，透露的是游戏一样的态度。他们的感恩意识淡薄，我因为忙，便也没有重视，心想：“是可忍孰不可忍，谢老师何时受过此等蔑视！今天，我真得好好教训他们一顿！”

我企图通过目光传达我的愤怒，我准备狠狠地批评他们，给他们一点颜色瞧瞧！这时，小立小声地说：“哼，想见他们一面都难，想说句话都难，可有可无！”“就是。”小北也小声地说。全班同学都安静了……

小立的话像给我泼了一盆冷水，我突然想到了“冰山原理”，也许，我所看到的现象只是冰山一角，对于深层次原因，我却未曾关注！据同学们说，小立与小北的父母给了他们安逸的生活，却缺乏陪伴，也难怪他们会……我慢慢地平复心情，心想：“问题产生的根源并不一定在于孩子，也许我该利用一些资源或改变一些方式，来引领孩子正确认识自己内心的想法，和他们一起面对问题。”

我对孩子们说：“先上课吧，谢老师再跟大家玩个游戏！”听到游戏，孩子们的眼睛都亮了！

当距第二节数学课下课还有 15 分钟时，我们便开始了一场微型活动，我创设了一个虚拟场景，活动情景如下：

活动一：请学生们写出生命当中最重要的五种东西（或人），其中要包含你和父母。

学生纷纷给出了答案：有父母、有财富、有豪车、有自己、有宠物、有朋友……

活动二：虚拟活动场景。

我说：“假设现在即将世界末日，你开着一条船逃向诺亚方舟，这时，危险来临，你必须丢掉一种！”孩子们笑嘻嘻地划掉答案。“接下来，丢掉一种，再丢掉一种……”慢慢地，孩子们越来越沉默、慎重！活动结束，孩子们眼眶红了，悄悄地抹着眼泪。

“你留下了谁？”我连着提问了 8 个孩子，毫无疑问，他们留下的都是父母！

小 A 说：“当剩下我和父母时，我毫不犹豫地划掉自己，留下父母。父母在，爱就在！”

小 B 说：“无论与父母有多大的矛盾与冲突，父母和孩子之间的爱仍是无可替代的！我爱我的爸爸妈妈！”

小 C 说：“我想起父母对我的爱护与照顾，他们慢慢老了，一直为我们奔波操劳，我要好好保护他们。”

小立说：“我……留下的是父母，虽然他们经常忙忙忙，没有时间陪我，我想什么他们也不知道，有时，我想跟他们说说话，也见不到他们，但现在我知道了，我爱我的爸爸妈妈，我想保护他们！”

……

孩子们抹着眼泪，小立和小北默默地低下了头，我看到他们俩在最后关头，毫不犹豫留下的也是父母！

温情的一幕幕，我们回忆着、感动着，也思索着如何回馈！

下课铃响了，孩子们仍不肯下课，我又说：“孩子们，五月，是回馈母爱的日子，但回馈母爱，不应只在五月！无论平时与父母有多大的冲突与矛盾，父母与孩子都是充满温情互爱的！而爱，是要落在行动上的，你们做好准备了吗？”孩子们齐齐地鼓起了掌！

课的最后，我写下了这次活动的主题——猜猜我有多爱你？

过后，我又与小立和小北的父母进行了联系，告知情况，并提出共同关注两个孩子，建议他们增加亲子活动时间，多陪伴孩子。渐渐地，小立与小北不再阴阳怪气了。

事件得到处理后，我对整个事件的发生、发展与处理过程进行了反思，收获有许多。猜猜我有多爱你？父母与孩子之间的爱无法丈量，只是，由于日常生活的冲突、矛盾，我们经常只看到怨恨，而忘记了自己深深爱着对方；为师者，当面对孩子的某些“毁三观”的回应时，或许我们不应急着去回应、批评、冷嘲热讽，而应该静心去洞察孩子言语背后隐藏的原因，帮助孩子对症下药，方能引导其走出误区；挖掘多方资源，重视家庭教育指导，形成家校合力，才能使教育起到事半功倍的效果；同时，引领成长的方式不应千篇一律、中规中矩，要抓住契机，通过活动、体验、感悟，触动心灵、引发共鸣，也许能收获令我们意想不到的感动！

猜猜我有多爱你？

“600分”和“加十分”的故事

潮州市教育研究与教师发展中心　邱泽瀚

“中职学段都有什么类型的学生？”

“后进生，没有进步空间那种。”

“皮，特别皮。”

“动手能力还可以，读书就别提了。”

“三分钟热度，好动，坐不住。”

“对读书没有兴趣。”

“没有人生目标。”

……

相信这是社会上部分人对中职生的理解。哪怕是对中职生抱有希望的人，也可能很难将“中职生”和“资优生”联系在一起。我以前也是这么认为的，直到我遇到了她……

【故事描述】

2011级会计5班，是我从教担任班主任的第一个班级。和很多新班主任一样，开学初的杂事已将我完全淹没，直到开学两周后，我才有时间坐下来看看自己班学生的资料。“咦，居然还有个中考成绩600分的？这分数可以考上不错的高中，怎么会来我们学校？”这位小谢同学引起了我的注意。我发现小谢和其他同学很不一样：下课经常一个人在走廊发呆，从来不和同学们打闹；在专业课上显得无精打采，反倒是对语数外特别认真。对于这么“反常”的同学，我决定找她谈谈。

“呜……”

没想到我们的第一次谈话，就是在一场哭泣中开始和结束的。小谢什么都不肯说，就是哭。从学生那里突破不了，我就从家长那里突破。“老师啊，其实我是不想让她读书的……”小谢的妈妈在电话里说。原来小谢的爸爸在小谢的哥哥考上大学那年去世了，家里只能靠妈妈打工维持生计。小谢和她弟弟今年参加中考，但家里只能承担一个人的学费，所以姐弟俩约定，谁考得好，谁就可以继续读书。懂事的小谢在中考发挥“失常”了。“女儿和我说职校不用学费，她自己赚生活费，求我让她去职校学个技术。”小谢妈妈的话震撼了我，我决定再和小谢谈一次。

“你为什么想来读职校呢？”“老师，我不想没书读，我不想这么小就出去打工。”小谢和我说自从来到学校以后，她一方面还憧憬高中的学习生活，觉得自己中考成绩好，和其他同学不一样，希望能在文化课上证明自己不输给普高的同学；另一方面对未来充满迷茫，不知道读职校有什么用，加上以前的同学、朋友、亲戚对中职的评论，觉得自己“大材小用”，没有未来。天哪，我在小谢迷茫而又充满泪水的眼神中仿佛看到了我自己。2011 年，第二次没有考进高校任教的我，拿着全日制研究生文凭，来到职校成为一名心理老师。由于考试时研究生可以加十分，所以我的昵称就是“加十分”。亲戚朋友和同事们都很好奇又替我惋惜：一个研究生居然来中职学校当老师！我自己也充满了自卑和懊悔，平时也不愿意和同事有太多交流，生怕别人说起我的学历，工作起来也没有动力。这不就是和小谢一样嘛！恰好我今年教“职业规划”这门课，我必须要帮帮小谢，也帮帮我自己。“其实，老师也和你有类似的经历……”

接下来的日子里，我开始了解中职学校的相关政策和学生未来发展方向，了解到中职生除了直接就业外，还可以参加高职高考“3+ 证书”升读大学；了解到中职生可以通过考取各类技能证书来提升自己的专业水平和就业竞争力等。我也积极和小谢家里沟通，向小谢妈妈介绍和解释中职学校的特色和学生出路等情况，希望她能继续支持和鼓励小谢读下去。小谢也慢慢调整心态，转变自己对中职学校的看法和偏见，为自己制定了“专业技能学习—考证书—先就业—再提高学历”的人生规划。在日常积极学习文化课和专业课的同时，她还积极参加假期的社会实践。在这个过程中，我自己也得到了转变，认识到在中职学校这个教育一线，也可以发挥我心理学的专业知识，也有机会和渠道在学术研究与教育教学中提升自己，同样可以实现自己的人生价值。我们一起找到了自己的人生目标和实现途径。

2014 年，持有英语、计算机、会计三份证书的小谢同学，以年度“市优秀学生”的身份拿到了人生第一份 offer——当地一家知名企业财务实习生的录取通知；我也因在多个省市“德育课程教学大赛”“班主任专业能力大赛”中取得优秀成绩和教育教学课题被立项而被列为市级名班主任培养对象，开始走上“从工作到职业、从职业到专业”的德育教育之路。经常有人说老师是学生的引导者和摆渡人，我想说，这个过程受益的不止学生和家长，更多的是老师。

时至今日，我依旧怀念那段时光，怀念那段我和学生一起转变、规划、成长的时光。谢谢你，小谢同学。

仁爱之心，我们应该都有之

——我和孩子们的故事

潮安区枫溪镇枫溪小学　陈妙伶

下课铃声刚响不久，几个学生火急火燎地来到我的办公室，说：“老师，老师，小秀哭了！”“老师，小秀她一走过来，小泽、小宇他们几个人‘哇’的一声就窜开了！还边窜边大呼小叫……”这时又有几个女生急匆匆地来报：“老师，小秀哭得眼睛疼，她要回家！”该怎么处理呢？显然上次对这几个爱欺负、排斥小秀的男同学的批评教育效果甚微。对于班里同学欺负小秀的事常有发生，我应该时不时地给全班“喷喷药”。再次批评教育？再次全班“喷药杀菌”或“高压强制”？小秀平时的那些行为确实让人难以接受。如果未能让孩子们从心理上接纳小秀的话，这样的事恐怕常会发生？我想对他们的教育还是从“心”开始。我打定了主意，通知了小秀的家长先接她回家。小秀不在场，接下来的事就好办多了。

同理心赢共情

第二节课刚好是我的课，我决定趁机和孩子们好好聊聊天。“同学们，我发现我们班好些同学不怎么喜欢小秀，而且有的好像还有点排斥她，这是为什么呢？”一语激起千层浪，孩子们纷纷说出小秀的各种缺点。我趁热打铁又追问：那同学是怎么排斥、欺负小秀的？”孩子们又争先恐后地把班里各种排斥、欺负小秀的现象指出来。“小秀的行为确实让我们不喜欢，但能因为我们不喜欢，就这样排斥她、欺负她吗？”“不能！”“小秀会很难过的，就像今天，她哭了。”我顺势引导，“我们大家这样排斥她、欺负她，她多可怜啊！五指有长短，我们一班这么多人，总有一些人在某方面比较后进，或者有某些缺点。我们应该有仁爱之心，对这些同学，我们可以给他们改过的机会。

即使我们没办法做到帮助她进步，但我们最起码要做到不排斥、不欺负。"接着我又说，"在老师的众多学生中，有一个叫黄彤的，她令我印象尤为深刻。当时，班里有一个学生叫小仪，也像小秀一样受很多同学排斥。但黄彤很善良，看小仪可怜，不但自愿跟她做同桌，下课和同学玩的时候也常主动叫上小仪，还经常提醒、帮助她改掉一些坏习惯。小仪在她的带动和帮助下，进步了很多。老师希望大家能像黄彤一样，做个温暖她人的人。善良、仁爱之心，我们应该都有之！"一番话后，我环视孩子们，只见孩子们有的默默地点着头，有的很认真地注视着我。

树榜样促共心

放学后，副班长欣晔一个人来找我说："老师，我想申请和小秀做同桌！我要帮助她！"听着副班长的话，我又惊喜又震撼！虽然我相信我与孩子们的那一番深谈后，孩子们对小秀的态度会有所转变，但能主动申请与小秀同桌的，还真出乎我的意料！我按捺住内心的激动，心想："我得好好利用这个契机，表优秀、树榜样、促共心。"

第二天，我利用课前的时间表扬了欣晔的助人为乐，并调整她和小秀的座位。这时，有同学站起来向我反映："老师，×× 同学也要表扬，他今天陪小秀玩了！""×× 和 ×× 同学也要表扬，她们今天把书借给小秀了。"……听到这一切，我很高兴，看来昨天的"心育"初见成效了。我趁热打铁地肯定道："是的，大家都要受到表扬！我们班就应该是这样一个有爱的班级！老师希望更多的同学向今天受表扬的同学学习，加入到这一行列中来，做一个有仁爱心的人！

仁爱心助共长

两个星期后，语文科考试成绩出来了，小秀进步了。我表扬了小秀，也表扬了欣晔他们，我笑着说："小秀的进步，有欣晔的功劳。"这时班里的小展站起来说："老师，也有小泽和小宇的功劳，小泽在下课后教小秀背诵，小宇好几次下课后都在帮小秀听写。"听到这，我暗自欣喜，想想两周前小泽、小宇这两个捣蛋鬼，那时我还忙着批评教育他们呢，如今……又有同学欣喜地反映道：“老师，小秀这两周不再玩口水了。”“这两周小秀上课很少睡觉了，她还举手发言呢！”看来，关注小秀成长的孩子们是越来越多了，而成长的又何止小秀一个人呢？

一学年过去了，蓦然回首，自和孩子们深谈的那节课后，我竟从来没再听到有关小秀被排斥、被欺负的事情。孩子们确实是成长了。

“浇树浇根，育人育心。”对孩子的教育，从“心”开始，抓对了“心”，比说教、比“高压强制”来得高效，又让孩子心悦诚服。

习近平总书记勉励我们做“四有”好老师。我想，我们不仅仅要力争做“四有”好老师，还要将这“四有”弘扬出去，引领学生做“有理想信念、有道德情操、有扎实学识、有仁爱之心”的好少年。在这一育人理念的指引下，“仁爱之心，我们应该都有之”这样一句话、一个信念，让孩子们从心底认识到了“我应该这样做”，从而产生强大的内在驱动力——“我要这样做”。正是这一强大的内在驱动力指引着孩子们前进。

你好，小学生

潮安区枫溪镇枫溪小学　谢平发

"谢老师，你快来呀，你们班的劳动基地上的花让人挖出来，都快死了！"刚下课，隔壁班的吴老师便火急火燎地对我说。什么?！后天学校就要进行劳动实践基地种植情况评比，在这紧要关头，竟出这事？"小乐，实践基地的花都死了，你是怎么搞的？"我冲到班里，叫出了基地负责人——小乐。"老师……""先别说了，后天要检查了，这可怎么办？""老师，那些花……""别说了，我就不应该把这个实践基地交给你。""老师，那些花本来就快死了……""你还狡辩，你好好想想你哪件事能做好？"我大声吼了小乐。"就是就是，你哪件事能做好！"走廊里围观的同学附和着说。

听到这话，小乐涨红了脸，恶狠狠地盯着周围的同学，一把推开了起哄的人往外跑。"你想干什么？"我拉住了他，把他带到了办公室。

"你有什么想说的？"办公室里，小乐瞪了我一眼，又堵气地别开了脸。看着他这样，我不禁怒火中烧，回忆也一幕幕涌上心头。

当我踏进枫溪小学校园的时候，身边的人告诉我，你连高中都能教得好，教小学肯定没问题的。带着这样的祝福，我来到小学，成为一名班主任。那时，我第一次见到属于我的这么"小"的学生，我的心中满是感慨，他们整整齐齐地坐在教室里，用好奇的眼光打量着我。不一会儿，我的目光被一个虎头虎脑、满脸笑意的小男孩吸引。看着他的笑容，我不自觉地放松了，突然觉得陪伴一群孩子长大也很不错。那个小男孩就是小乐，他给我的第一印象非常好。

但在后来的相处中，我发现他的问题越来越多。比如，他总是很自以为是，心灵又非常脆弱；他渴望得到老师的表扬、同学的认可，但往往又把事情搞砸。又比如，他的自制力很差，常常因为一些小事就和同学闹矛盾，同学们都不怎么喜欢他。

我想给他机会，于是，我把管理劳动基地的任务交给他，信任、放手、肯定……我都做到了，没想到，关键时刻，居然给我整这么一出。

“说，有什么话你尽管说。”我又大声吼着！“老师，那些花本来就快死了，我爷爷说，基地的土不适合种这种花。我昨天刚把这些花挖出来，下午我爷爷带其他花过来种，不会误你的大事！”小乐大声地回吼道。我愣住了。“你就会批评我！”小乐“哇”的一声哭了起来。

我冤枉小乐了？我也懵了！

听着小乐的哭声，我突然意识到，我只记得要给学生机会，但我忘记了，学生的能力是需要慢慢培养的，他只是个 12 岁的孩子。我是不是对一个小学生的要求太高了？而且，一直以来，就像小乐说的，我对他的批评总是多于对他的明确指导，小乐的一错再错，我是不是也有责任？当出现意外情况时，我不能够冷静地听小乐解释，而是一味地指责，所谓的“信任与放手”实际上就是撒手不管。是我没有转变好自己的观念，调整好自己的心态，还以为我的学生是十七八岁的小大人。我突然醒悟了，也许我该先自我成长，才能带着孩子们成长。

于是，我蹲了下来，拍拍小乐的肩膀，诚恳地说：“对不起，是我错了，你能原谅我吗？”小乐惊讶地看着我。“小乐，以后咱一起进步，可以吗？当然，目前咱要一起先把实践基地弄好，好吗？”小乐小心地点点头……

从那时候起，我开始认真地观察办公室的班主任是怎样跟孩子们交流的；我开始不停地向其他老师请教如何更好地跟学生相处；我开始认真阅读关于小学班主任的专业书籍。在大家的帮助下，我获益良多。我下定决心要帮助小乐成为他想成为的人。

后来，我多次与小乐在私底下聊天，告诉他要跟同学互相尊重；与同学交流时，要认真倾听别人的话；在解决与同学之间的矛盾时，要冷静处理，避免任何形式的暴力和冲突；要多关心他人。

挑选小乐认可的同学——学习委员小曼，作为小乐的导师。让小乐多观察小曼的言行举止，向小曼学习，利用榜样的力量，为他树立努力奋进的目标。

同时，我重视与小乐家长的有效沟通，利用微信、家访等方式加强与小乐父母的联系，将小乐在学校的表现及时反馈给家长，帮助他们了解小乐的需求，肯定孩子的点滴进步。

小乐脸上的笑容越来越灿烂，不仅是他，我也与班里的其他同学相处得越来越融洽。教育家陶行知说：“要学生做的事，教职员躬亲共做；要学生学的知识，教职员躬亲共学。”当我走进小学校园，从高中教师变成小学教师，我想，我要做的是先定位好自己的角色，努力学习，改变观念，因人而异地调整教育方式，要求学生成长之前，先要自己快速成长。感谢小乐，感谢这一群小学生，让我慢慢找准了自己的角色，学会了怎样去带好我的“小学生”。你好，小学生，让我们一起成长。

师爱不只是一张“单程票”

潮安区枫溪镇枫溪小学　吴怀扬

曾经长期执教低年级的我总认为我所教的孩子年纪小，无法反馈爱，师爱只是一张“单程票”，只可能是我对孩子单方面的付出。直到我遇见了这个孩子——小斌。

“老师老师，小斌和大明在教室里打架了。”开学后不久的一天早上，我刚踏入办公室，班长就急忙跑来报告。我赶紧往班里跑，一进门，就发现两个孩子躺在地上厮打，整个班闹哄哄的。

我顿时气不打一处来，对着他们大吼一声：“还不松手？”孩子一看我来了，纷纷跑回座位，他俩也跟着松手站了起来。我把他俩带到办公室，询问事情的经过。可无论我怎么问，小斌就是低着头一句话也不说。大明则嚷嚷起来：“老师，我刚刚就说了他一句‘没有妈妈’，他就打我了。”没有妈妈？我心里咯噔一下，到底是怎么回事呢？

从开学到现在，小斌的父母从未出现过，入学所有的手续都是他的奶奶来办理的。我马上联系他的奶奶来学校，想了解孩子的家庭情况。从老人家的话中，我了解到小斌的父母因感情破裂离婚了，三岁的小斌留给了爸爸。自从妈妈走后就再也没有回来过。爸爸外出打工，小斌从小跟着奶奶长大。刚开始，小斌还常常会找妈妈，渐渐就不找了，可性格却越来越内向。

课后，我批评了大明，大明认识到自己的错误，主动跟小斌道歉。可小斌还是一句话也不说，倔强地站着。我牵起小斌的手，把他拉到身边，轻声安慰他。小斌“哇”的一声就哭了：“他们都说我没有妈妈。爸爸不让我找妈妈。老师，你能不能帮我找？”

从那以后，我请他来当我的小助理，我的身后多了一条“小尾巴”。我利用课余时间和他聊一聊，帮他整理衣服、补习功课。同时运用鼓励和赏识策略来激励和帮助他，肯定他的点滴进步，及时给予表扬和鼓励，让他体会进步的喜悦和成功的感受。渐渐地，小斌变得开朗、爱笑了。

正当我高兴地和配班老师分享小斌的转变时，隔壁班的陈老师冷不丁地说了一句："你呀，别太兴奋了！你现在为这个年纪的孩子投入这么多的心力有什么用呢？过几年，他就把你给忘了。你看看每年回学校看望老师的学生里，有多少是看望一、二年级班主任的呢？"听完陈老师的话，我愣了一下，随即又苦笑起来：是呀，这种现象在低年级的教学生活中挺常见的。随着孩子年龄的增长，记忆力和理解能力的变强，当他们回顾小学生活时，常常记住的是高年级的老师。虽然我从不后悔为孩子们付出心力，但一年级的孩子年纪小，我的师爱注定只能是一张"单程票"。

简单地收拾好失落的心情，我又重新投入到忙碌的工作中。但工作之余，我还是会时不时地回想起陈老师的话。

临近期末的一天，我因为喉咙发炎，几乎发不出声音来。但又因为学校教师人员不足，不得不带病上课。一年级孩子的有效注意力时间不长，上课期间经常得中途停下来维持纪律。面对乱哄哄的教室，我刚想出言制止，小斌突然跑到我身边，对着同学们大喊一声："老师喉咙疼，你们还不乖一点。"孩子们因为他的这一吼，安静了下来。课后，我谢谢他的帮忙。他高兴地说："老师，你疼我，我也要疼你。"这一刻，我突然释然了。

教育作为一项特殊的社会实践活动，具有滞后性和长期性的特点。教育的效果往往需要经过较长时间才能显现，因此我们不能只关注短期的效益和成果。关爱每一个阶段的学生，在学生的心灵种下爱的种子，让学生带着我们的爱前行。也许现在的孩子还不懂得去表达、反馈自己的爱，但是在他成长的旅途中，他会渐渐掌握关爱自己、关心他人的能力。这样，我的教育就迎来了闭环。

就如同小斌，纵使我明白师爱代替不了母爱，但面对像这样单亲家庭的孩子，只有给予他关爱，唤醒他情感上的感动和心灵上的感悟，才能走进他的内心，消除他内心的寒冷，使其内化为学生的道德认识、外化为学生的行为，最终产生以爱育爱的效果。孩子，谢谢你！你告诉了我师爱不是一张"单程票"。

播撒“劳动”种子

潮州市潮安区东凤镇东一小学　林健彬

“林老师，你们班打扫卫生的情况相当糟糕，做事拖拉，不讲究方法，都放学这么久了，一小块卫生区域还没打扫完，你回来之后要好好跟进这件事。”一大早就接到校长的投诉信息，让我顿时有点不知所措。明明出差前都已经把各项工作安排妥当，肯定出不了岔子，这到底是哪里出现了问题？

接手这个班以来，我对劳动教育有着特别的热情，我通过创设各种条件，为学生提供展示的“舞台”。为了能开展这些活动，我开始学习各种劳动技能，从种植蔬菜到木工，从烹饪到缝纫，我都尝试了一遍。我还阅读了大量的劳动教育书籍，参加了各种培训，甚至向农民和手工艺人请教。这个过程充满了挑战，但我却从中找到了乐趣。我把这些知识和技能带进了课堂，设计了一系列实践活动，让学生在亲手劳动中学习和体验。他们种植了蔬菜，制作了手工艺品，烹饪了美食。我也深信在我的培养下，只要孩子们在成长中有需要，我就要把他们“逼”到台上，他们就会养成良好的劳动习惯，那时我就可以彻底解放自己，我“懒”一些又何妨！

一切的一切，都在往好的方向发展，可这次为什么我只出来一天，学生就出现这样的情况，这让我情何以堪、脸面何存？我决定给他们来个下马威。

第二天，我早早地来到教室，准备来一波“狂轰滥炸”，可看到学生无辜的表情，我心软了。班长小林说：“老师，您不在，大家扫着扫着就玩嗨了。想扫完回家又怕太晚，就……”什么？我不在，没人监督，就这样？听着学生的倾述，我不禁沉默了，学生出现这样的情况，是学生的问题，是我的问题，还是我们都有问题呢？也许，我该好好对自己的做法进行反思。

一直以来，对学生开展劳动教育只是我的一厢情愿，而学生对这个新的课程感到陌生和不适应，有的甚至抱怨觉得很累。也可能是我在培养学生掌握实际技能的同时，却忽略了培养学生的劳动素养和品质。

古语曰："他山之石，可以攻玉。"作为班主任难免都会碰到一些"坚硬的石头"，但是如何把他们雕刻成能绽放异彩的玉，这需要"匠师们"的精心雕琢。所以，我将继续努力把班主任的工作做得更完美。

于是，我将学生带到了我们的劳动实践基地。除草、翻土、起垄、播种……一顿操作猛如虎，接着，我让大家分工合作，共同呵护这一片格桑花，并让他们对其生长过程进行记录。此后一段时间，同学们忙得不亦乐乎，浇水、施肥、拔杂草……终于，花开了，开得那么鲜艳、那么灿烂。我又一次把他们带到了劳动实践基地，并娓娓道来："大家看，这一株株格桑花在阳光、雨露和风的吹拂下茁壮成长，这不仅靠它们自己的努力吸取养分，还靠大家持之以恒的默默付出、小心呵护。我们共同给大地带来了绿色和生机。格桑花虽然微不足道，但它所展示出的顽强生命力却引人深思。"

听完这些话，学生们若有所思。接着，我告诉他们，每个人在成长的过程中都需要劳动和奉献。劳动不仅可以培养学生的实践技能，还可以锻炼他们的耐心、毅力，增强团队合作精神和责任感，这些都是劳动素养中非常重要的部分。紧接着，我带领学生参与校园清洁、环境美化等劳动活动。在劳动中，学生们体会到了劳动的价值和意义，明白了奉献社会的重要性。

我带领学生们用在义卖蔬菜中赚到的钱为敬老院的爷爷奶奶买礼物、送温暖，看着学生们脸上洋溢着开心满足的神情，我心旷神怡，我想这就是教育的意义！

经过一段时间的劳动教育，我惊奇地发现班上的学生变得更加自律、坚韧和积极。他们不再抵触劳动，反而愿意主动参与各种劳动活动，懂得欣赏与思考劳动的美好和意义，养成了勇于奉献的良好品质和习惯。孩子们不仅在学业上取得了进步，更重要的是，他们变得更加自信、坚强和乐观。我和学生共同播撒的劳动之种，终于在这片充满阳光和爱的土壤里开花结果，结出了幸福的果实。

今后，我将继续带领我的孩子们一起展望未来，带着对劳动的热爱和对成长的渴望，迎接更美好的明天。播撒劳动的种子，勤劳努力，必将收获丰硕的成长果实。

"罗森塔尔"的力量

潮州市金山实验学校　刘冬花

罗森塔尔效应告诉我们，赞美、信任和期待具有一种神奇的力量，能改变人的行为。当一个人获得信任、赞美时，他便感觉获得全社会的认可，从而增强了自我价值的认同感，变得自信、自尊。

2021 年的 9 月 1 号我担任 101 班的教学工作。第一节课教最简单的口语"Good morning"。微笑着操练着对话，整体回答问题是顺利的，上课打招呼提问到个别同学时，发现居然有同学不会回复"Good morning"。有的同学很吃力地并拗口地完成了我们的对话。隔天上课继续温故而知新，发现有同学还是说不出口。我试一试调整教学方式。从儿歌 ABC 开始热身吧，发现居然有接近 10 个同学不会唱这首歌。我试着不断地变换花样，奖励、惩戒一并来，结果收效甚微。我气不打一处来，这样的学生，怎么教？

开学第三天下午放学，铄杰同学来办公室找我，说着说着就哭了："老师，我不知道怎么了，我上课很认真的，听得懂，也很专注地跟着您和同学们一起读，但是课后，我就读不出来了。都学习了三节英语课了，我还是连这个（Good morning）都读不出来。"我先是一愣，之后一个个电话打给了家长。

没想到，结果出乎意料，原来很多同学在小学时没有接触过英语。此时此刻，我的心里充满了内疚，我一厢情愿地进行尝试，没有学情调查，没有情况了解，无针对性地指导，又能出什么成效呢？基于这样的情况，我选择由我开始努力，继续调整教学策略，从最基本的音标开始教，从自然拼读开始教。课堂上，我放慢语速，时刻注意学生的表情和反应，注意他们的发音口型，反复操练所学内容。

周五的下午放学后，我通知铄杰妈妈迟一点来接他放学，放学后，在办公室我手把手教：机械读，意义操练。布置他周末继续复习。两天后，我信心满满地在课堂提问铄杰：“Good morning，Shuojie.”我满怀期望地看着他，等待着他流利地回复我（Good morning）。结果，铄杰停顿了好久，辛苦地说出“Good Morning”。此时，同学们响起了热烈的掌声，铄杰脸上尴尬、紧张的表情突然间缓解了，嘴角还露出了微笑。此时，我看到一只又一只的手举了起来，孩子们每每回答正确，我都会呼吁全班给予热烈的掌声以鼓励和肯定他们。孩子们每当回答有偏差时，我就会用肢体语言，例如微笑，或者摸一摸他们可爱的脑袋，拍一拍他们的肩膀，抚慰他们紧张的情绪，让他们更加从容。

每天大课间，我发现铄杰总是搬一张椅子到同学旁边坐，原来是在请教同学英语单词怎么读。我觉得特别惊讶。课堂中把他作为上进的例子分享给全班同学，使他赢得了同学们阵阵掌声。同时，拍照分享到家长群，并给予肯定和表扬。没想到，隔天的大课间好多同学也就模仿起来，这样的场面是很令人震撼的。

此时，发生了另一件让我更加感动的事。澳宇同学说：“老师，我们能不能组建一个 4 人的 qq 群，班里的绍锦很想在英语方面有所突破，我们想建立一个群在周末帮助他。”目的明确，群里都是有正能量的孩子，互帮互助，非常不错，我答应了。我把这件充满正能量的事情通过微信告诉了家长们，表扬鼓励这群同学的同时，呼吁更多的同学参与进来、行动起来。

而在课后的作业本上，我及时反馈，提出纠正建议的同时，更多的是发现他们的闪亮点，给予高度的评价和鼓励，安慰他们的同时激发他们的学习兴趣，让他们找到信心。例如对他们说：书写怎么这么好看！；你对作业的注释太完美了；从作业完成中看出来你努力的样子；还用红笔标注，你真是学习的有心人；超级用心的作品，妈妈知道吗？记得要分享啊。通过一系列的鼓励，铄杰等同学取得了优秀的成绩。初一期末考试中他的英语成绩取得 94 分，进入班级前 10 名，班级英语平均分也取得很大的突破。

鼓励教育是针对青少年心理特点，通过激发、鼓励学生，使之提高学习兴趣、树立学习信心，进而进行自主学习的一种教育方法。如果一个学生经常感受到教师对他的关爱，他的求知欲就会大大增强，就会对学习和未来的人生充满希望和愉悦感，会更加尊敬与信任教师，愿意与教师建立良好关系。我愿不断探索，帮助学生树立自尊与自信，激励学生积极主动地学习。

你有多久没和孩子畅快淋漓地聊天了？

潮州市湘桥区官塘初级中学　陈媚霞

心理学家说过，好的沟通是健康家庭的一个标志。在这样的家庭中，孩子可以直接对父母表达自己的情绪和不满。一个临床心理学博士曾提出：“在一个家庭中，孩子的情感如果长时间得不到父母足够的接纳、回应和认可，孩子便学会了隐藏或者压抑他们的真实感受，负面影响便会随之而来。”

遗憾的是，亲子之间沟通不畅的现象还不少。刚刚升上初三的小雨是个比较安静腼腆的男生，瘦瘦的，个子不高，背微微驼着，戴着有点厚的眼镜，说话的声音总是怯怯的，脸上偶尔泛起的笑容也有着明显的羞涩。小雨的英语成绩偏低，妈妈很着急，所以跟我的联系也一直比较多。但这还不是小雨妈妈最大的困扰，让她尤为焦虑的是，小雨一直对她很冷漠，总爱搭不理的，说他几句就不耐烦，对她简直可以用冷若冰霜来形容。

显然，小雨和妈妈的关系出了问题。跟她语音聊天时，我能明显感觉她的强势，可想而知，她咄咄逼人的语气多多少少会给小孩一些压迫感。如果她能先去“看见”自己的小孩，也许会让母子之间的关系有所缓和。比如，先看到小雨的优点——诚实、重感情等。小雨妈妈努力了，但小雨仍然对她的关心很是抗拒。

我不禁困惑：为何在学校能遵规守矩的小雨跟妈妈却形同陌路呢？

在后来的沟通中，小雨妈妈告诉了我一件发生在他读小学六年级的事。她说，应该是从那之后他就开始在家里一声不吭了。

那天，她下班回家，看到小雨正忘我地低头玩着游戏，跟他说话，他置若罔闻，头都不抬一下，疲惫的妈妈怒不可遏，一把夺过他手中的手机，狠狠摔在地上，接着抓起他的书包甩了出去。看着遍体鳞伤的手机，震惊、愤怒、屈辱、委屈的小雨捡起地上的书包夺门而出……妈妈后来出去找他，看他一个人蹲在离家不远的另一条小巷的角落，得知他没有走远，便返回家里，后来听到家门外有动静，妈妈才走出来，眼前的一幕再次激怒了她：在家门口的小巷，小雨正不停地用自己的头往墙上撞。盛怒之下，妈妈又骂了他几句，再把他揪到屋子里，让他写保证书，保证玩手机的时间每天不超过 1 个小时。这波操作无疑是雪上加霜，小雨撕了“保证书”，又冲出门外，更猛烈地用自己的头部去撞墙，声嘶力竭地吼着要把自己撞死。可想而知，当时的小雨该有多么愤怒！心里对妈妈的愤怒无法用恰当的语言表达，于是通过伤害自己来宣泄对妈妈的恨意。

听完小雨妈妈带着悔意的讲述，我想小雨的自卑、胆怯和倔强多少跟妈妈对待他的方式有关。一直以来他都对获得妈妈的爱没有信心，他对母亲的冷漠和倔强也是在对母亲说“凭什么”！

“冰冻三尺，非一日之寒”。如何修复这么僵的亲子关系，真是个世纪难题！深深的无力感让我不禁想：就算我投入再多的精力和时间也可能于事无补，甚至吃力不讨好。在无计可施的情况下，我建议小雨妈妈试试向他道歉。小雨妈妈抱着“死马当活马医”的心情踏出了道歉的第一步，她给儿子写了一封信。出乎意料的是，他们母子之间的僵局竟然有了缓和的迹象。可能因为道歉足够真诚，小雨开始表达对妈妈的“控诉”。妈妈对这些指责全盘接受，终于让小雨号啕大哭起来，憋了那么久的悲伤，痛苦和怨恨也终于在决堤般的泪水中稀释了。原来，只有愤怒和委屈被看见了才能够被真正放下，谅解才能发生。渐渐地，他放下防御之心，甚至愿意告诉妈妈在交友方面的困惑……

后来，在同学们的“怂恿”下，体育不是很擅长的他报名参加了校运会的长跑项目。校运会前，他一次次全力以赴的训练，感动了所有目睹的同学和老师。比赛时，在跑道上，他奋力坚持，同学们声嘶力竭的加油声不绝于耳。比赛结束时，看着他在同学们的拥抱中笑了，又哭了，我把这一切都用相机定格下来，转发给他的妈妈，从她的回复中我感受到她满满的感激、欣慰和喜悦。

初三毕业了，小雨如愿考上了自己理想的高中。他的妈妈对我说了很多感谢的话。她还说，那次“宣泄情绪”和运动会之后，他变得开心了，甚至会情不自禁地跟她分享学校里的一些趣事，而且，成绩也变得更好……

他读高中后，再次见他，他仍是那个安静的少年，但脸上自然荡漾开来的微笑真的很有感染力。

曾奇峰老师说，父母分三种：第一种父母，是无论你做什么，他们都批评你；第二种父母，是无论你做什么，他们都忽视你；第三种父母，是无论你做什么，他们都鼓励你。显然，最后一种父母，最能在孩子成长路上给予其支持和滋养。小孩也只有在感觉安全、温暖的情况下才会去尽情表达。小雨的故事让我无比确信：被不加评判地关注和倾听而感受到的被接纳和看见，本身就是一种深深的治愈！

回　眸

潮州市教育研究与教师发展中心　邱泽瀚

"回眸"第一次出现在中国文学作品白居易的《长恨歌》中："回眸一笑百媚生。"对于很多人来说，回眸代表着美好，但对于我来说，它却是我心中永远的痛。

小郭是我班的班长，是个内宿生。在学校领导和老师们的眼中，她就是好学生的代名词。她学习主动积极，成绩优秀，长得端庄漂亮还平易近人。日常是我的好助手，从未入学就主动通过新生微信群加我微信，打扫卫生、布置教室、新生入学接待等等事务她都积极参加，班级的早读夜修、黑板报和公共区域事务她都安排得井井有条。在课余时间她是学校学生社团的负责人。老师们都说，这样的学生在中职学段太罕见，简直就是顶配！在我眼里她就是女神一般的存在。

一个傍晚，我在办公室准备回家，电话响了："邱老师，你快来女生宿舍，你们班有个家长来宿舍闹事！"怎么回事？我匆忙赶去宿舍楼，只见408宿舍门口围着一大群学生，还传来阵阵吵闹声。我挤进去一看，两个陌生女子正在与小郭拉扯："住手！你们干什么呢？"我赶紧把小郭拉到身后。"你是谁？拉我女儿干什么？我要带她回家！"哦，原来是小郭的妈妈。"家长你好，你先别生气，我们去办公室谈一下好吗？"我赶紧驱散围观人群，和小郭的亲戚把愤怒的小郭妈妈拉到了办公室。

"小郭妈妈你别激动，有什么情况你说，小郭平时表现挺好的，一定是什么误会让你这么生气。""你是班主任吧？开学到现在你联系过我吗？你知道我女儿都干了什么吗？你叫我怎么冷静下来！她都两个星期没回家了，整天跟着外面那帮烂仔鬼混，她还吸毒你知道吗？"小郭妈妈激动地喊着。小郭急忙解释："没有没有，老师，我妈是神经病，她胡说的，我没有鬼混，我没有吸毒，她整天到处乱说我，我才不愿意回去的。"情况有点复杂呀，我一边让其他老师帮我安抚小郭妈妈，一边把小郭的亲戚请到旁边了解情况。原来小郭读初中期间确实有很多不良行为，她妈妈怕她继续堕落下去，一直很担心她，慢慢发展到有些神经质，一直疑神疑鬼。前段时间母女因为一些琐事吵架，小郭因为她妈妈总在别人面前说她的坏话，就连续两个星期没有回家，所以才会发生前面这一幕。了解完情况后，我和小郭的亲戚来到小郭妈妈身边，给她做思想工作，我把小郭在学校的表现一一告诉家长，但她就是坚持要带小郭回家。我只能告诉小郭的亲戚：“那你们先回家好好沟通，沟通好了再让小郭回来学校吧。”当小郭拿着我签字的离校条跟着家长走出办公室时，她回头看了我一眼。

过了一天，小郭没来，又过了一天，小郭还是没来，第三天，我等来的却是小郭妈妈的电话：“班主任，我女儿不会再去学校了，她爬窗离家出走了！”这天，正是小郭 18 周岁生日。没想到那次回眸竟是我们最后一次见面。听了这个电话，我呆坐在那里，头脑一片空白。同事们纷纷安慰我：“我们就应该对家长负责，家长说要带她回去，你就应该让她回去。你做得对。”“我们也就只能做到这里了，思想工作你做了，家长听不进去，有啥办法。”“现在的孩子啊，就是这么和家长顶着干，好在你让她跟家长回去了，不然在学校不见了你的责任更大。”话听起来没啥问题，但我真的做得对吗？

一直以来，我都宣称以学生为本，注重帮助学生进行生涯规划，宣称为学生的未来着想，但当面对家长，我却立即撇清自身的责任，只单纯地以家长的意志为主，而忽视了孩子的需求与想法。这样的我，是真的以学生为中心吗？那一刻，我知道我错了。我觉得我失去了一个本拥有无限可能的学生。

“为了孩子的一切，一切为了孩子”“以学生为中心”“以人为本”这些耳熟能详的教育理念，在那之后在我心中不再仅仅是口号，面对学生，我力求为他们找到自信，为他们的人生规划添砖加瓦；面对家长，我勇于指出他们的错误思想，为学生的顺利成长保驾护航。因为我永远知道，在我心中，有一双眼睛在看着我、在督促我。如果有机会，我希望能对小郭说：“我不应该让你离校，我更希望你现在过得好。”

"师爱"的思考

潮州市职业技术学校　谢焕彬

高尔基曾经说："谁爱孩子，孩子就爱谁；只有爱孩子的人，他才可以教育孩子。"教育家马卡连柯也说："爱是教育的基础，没有爱就没有教育。"教育家陶行知先生说得好：教育是"捧着一颗心来，不带半根草去。"孔子主张教师对学生要"仁爱"，要"诲人不倦"……古今中外，任何一个国家，师爱是教育的一切前提，是教育的基础，它拥有神奇的力量。热爱学生是教师特有的一种职业情感，是良好的师生关系得以存在和发展的基础，是做好教育教学工作的重要因素，也是教师应具备的道德行为。

是的，教育需要爱，师爱对学生成长的作用是无须赘言的。固然现实中有缺乏师爱的学生，却鲜有教师承认自己不爱学生的。有关调查显示：90%的教师觉得自己爱学生，但 90% 的学生称感受不到教师的爱。如此现状，老师们也常常感叹：教书是一场暗恋，费尽心思去爱一群人，结果却只感动了自己；教书是一场单恋，学生虐我千百遍，我待学生如初恋。更有甚者感叹：世界上最遥远的距离不是我爱你你不知道，而是你知道了却无动于衷。

是师爱失去神奇的力量吗？是学生无动于衷吗？还是我们的爱出了问题？我摘录以下镜头。

镜头一：

学生小 A，在办公室里垂头丧气，两手紧紧攥着，两眼含泪亦含恨；家长在一旁沉默不语，一脸无奈；而班主任暴跳如雷，恨铁不成钢："我为什么选你当校性值日生？我想让你有自尊；我为什么在你上课没记笔记时，生气地批评你？我是想让你把成绩提上来！我为什么要花费这么多时间与你交流？我想让你变得更好！你明白吗？我都是为了你好！就因为在班里批评了你几句，你就扔东西？"班主任一连串地责问，痛心疾首，而学生却一脸不屑，仍然含泪也含恨……

镜头二：

X老师，每天起早贪黑，对自己所教学科认真负责，甚至在课余时间都争分夺秒去辅导学生。在老师的努力下，学生的成绩有了进步，但学生们并不买账，在一段时间后，部分学生出现了抵触对抗心理。X老师既无奈也心伤，自己也不明白为何为学生付出了那么多，换来的却是学生的不理解与不领情……

镜头三：

某班主任深知与学生建立融洽关系的重要性，于是，为了拉近与学生的距离，对学生重奖励、重表扬、重挖掘学生闪光点；学生犯错时，班主任也是以批评教育为主，对学生包容、宽容；甚至对学生的某些不良行为，也睁一只眼闭一只眼……久而久之，该班班风变差了，学生不良行为越来越多，科任老师稍加管束，学生的抵抗情绪便特别明显……

这些“镜头”是某个时间节点发生的事，却也是我们经常见到的情况，面对这些情况，我们能说教师没有“师爱”吗？很明显，老师对学生的爱是毋庸置疑的，但这样的师爱，是否值得我们反思呢？

镜头一中的老师无疑是爱学生的，事事为学生着想，但选择的方式却令人深思：很多时候，我们是不是以爱之名，用自己认为对的方式教育学生？学生接受吗？我们“爱”的方式是否伤害了学生？当学生感受不到老师的尊重、不接受老师教育方式却又不愿意与老师沟通时，他的心是离老师最远的，老师又如何奢望学生能感受“师爱”呢？

镜头二中的老师是一名认真负责的老师，以学生学业为重，该老师无疑是深爱学生的，但“师爱”不应该仅仅体现在对学生学业的关注上，而应该体现在对学生全面发展的培养上，还应该体现在对学生成长方方面面的关注与引领。以关注学习为主，缺乏与学生心灵沟通的“师爱”，又怎么能温暖学生的心灵？

镜头三中的老师力求和学生拉近关系，对学生的包容、宽容本是无可非议的，但却爱得“过火”，把师爱变得等同于父母对孩子的溺爱；同时，为了拉近与学生的关系，对学生百般纵容，在学生行为出现偏差时未能及时进行引领，在学生是非观发生混淆时未能及时进行拨正……此种师爱，事实上已变了味。

师爱是一种伟大的情感，就像鲁迅先生说的“教育是植根于爱的”，师爱是教育的一切前提，教育中没有爱是不行的，但师爱不是溺爱，溺爱是一种过渡的给予。教育需要爱，但若只有爱，也是远远不够的，师爱还应该充满理性、充满智慧。

那么，新时代背景下，教师应该给予学生什么的爱呢？我认为，除了关爱学生、严慈相济、保护学生安全、关心学生身心健康外，更重要的是我们付出的“师爱”要符合教育对象的心理需求。新时代背景下的师爱，应是“平等尊重”的爱，需要我们关注、培养每一个学生；是“理性智慧”的爱，它不同于父母之爱，是建立在对国家、对事业的高度责任感之上的，更具教育性与社会性；是“润物细无声”的爱，是教师对学生成长全方位、全过程的关爱和呵护，是教师发自内心的热情，是教育成功的关键。教师的对学生的爱，除了“大声说出来的爱”，还应该包含在日常生活中的渗透、在课堂教学中的渗透；除了口头的“大声说出来”，还应包括肢体语言的表达、借助评价的表达。一个眼神、一个动作、一个称呼，都能在学生的身上产生神奇的效应。

尊敬的教师朋友们，让我们以·颗仁爱之心、包容之心、智慧之心，去拥抱我们的事业、拥抱我们的孩子，让我们用行动去播撒爱、传递爱、升华爱，让我们用爱去培育心灵，让平凡的师爱尽情发挥非凡神奇的力量！

第三章

“匠心式”班会设计：让班会变得有序有趣

题记：

内塑于心，外化于形，让所有动力都来自内心的沸腾！

活动是学校教育重要的育人途径之一，是将学生的道德认知转化为道德行为的重要机制。学生在活动中不仅可以受到道德的浸润，还能得到诸多能力和品质的培养。主题班会是在班主任的主导下，全体学生共同参与的，围绕某个主题而开展的班级活动，主要是为了解决班级中的教育问题。主题班会是班主任综合素质和教育实践智慧的集中体现，一节好的主题班会，应该是设计巧妙、主题集中、贴近学生生活，能走进学生内心，引发学生共鸣，让学生在体验中有所感悟，在感悟中获得成长的。“匠心式”主题班会，重视课例设计的科学性、整体性与序列化，力求让主题班会有趣且有序。

换个角度看世界

——积极心理主题班会

枫溪镇枫溪小学　谢平发

指导思想

《中小学德育工作指南》在德育目标中明确要求，要让学生形成积极健康的人格和良好的心理品质。因此在德育内容中强调引导学生增强调控心理、自主自助、应对挫折、适应环境的能力，培养学生健全的人格、积极的心态和良好的个性心理品质。

班情分析

六年级是学生逐渐走向成熟的阶段，处于青春期和自我意识觉醒期的他们开始有自己的思考和独立意识，但在对待问题上仍然存在一定的固有思维方式以及单一视角。因此，本节班会课通过引导学生调整心态，转变看问题的角度，引导学生从不同的角度出发，思考问题，提高学生思维的灵活性和多角度思考能力。提高他们的思维能力和素养，提高他们的思维多样性和思维深度，更好地适应日后的学习和生活。

活动对象

六年级学生

活动主题

换个角度看世界

活动目标

（1）理解"换个角度看世界"的内涵和意义，学会通过转变思维，积极乐观地看待世界，拓宽思维和视野。

（2）掌握转变心态的方法，培养良好的思维习惯和态度。

（3）培养学生的多样化思维，开拓他们的思维深度，增强其解决问题的能力。

活动重点

掌握转变思维的方法，积极落实良好的生活态度。

活动难点

鼓励学生发挥想象力、创造力，找到问题不同的解决方法。

活动准备

（1）教师制作班会课件，收集资料视频，准备班级学生活动材料。

（2）提前收集学生信息，向学生收集他们最近遇到的倒霉事。

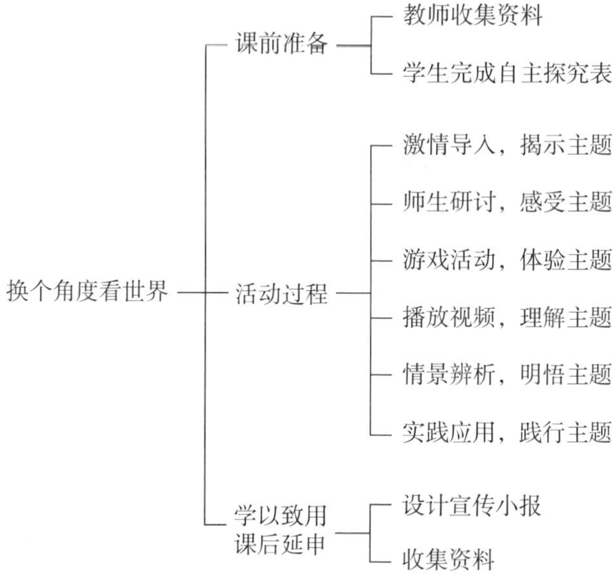

活动过程

环节一：激趣导入，揭示主题

（用 PPT 展示三幅图片）引导学生从不同角度思考三幅图片。

师：从中我们可以看到什么？

生 1：我看到的是……

生 2：我看到的是……

生 3：即使我们观察的是同一张图片，但从不同的角度我们会得出不同的结论。

师：是的，看待同一件事，从不同的角度也会得出不同的答案。今天老师就带领大家一起换个角度看世界。

【设计意图：展示图片，激发学生学习兴趣，增加课堂的互动性、趣味性，引发学生思考，让他们投入到课堂中来。】

环节二：师生研讨，感受主题

教师展示课前收集的学生所遇到的倒霉事，师生共同研讨。

（课件展示：我最近遇到的倒霉事……）

（1）周末在天台玩，突然下起了雨，全身被淋湿了。

（2）昨晚睡觉的时候，空调坏了。

（3）在果园里玩，脸被蜘蛛网缠到了。

（4）周日在外婆家骑自行车时撞到了树。

（5）上学的路上，因妈妈的摩托车坏了，我迟到了，结果被老师批评、同学埋怨。

师：同学们在生活中有没有遇到过这些倒霉事，请大家来讲一下。

生 1：……

生 2：……

师：现在我们先把倒霉的事放在一边，一起来玩个游戏开心一下。

【设计意图：师生互动可以让学生更加主动地参与到课堂中来，激发学生积极思考问题并提出自己的观点，使学生的学习兴趣更浓厚。】

环节三：游戏活动，体验主题

活动一：幸运大抽奖

请每组派一位代表到讲台上抽一个信封，然后带回小组，与小组同学共享。

师：现在大家请打开信封，拿出里面的东西。看到你手里的物品，你有什么感受？

（学生分享拿到物品之后的心情并说明原因。）

师：生活就是如此，像刚才的游戏，面对同样一件事，总有人开心，也有人不开心。请大家记住你们现在的感觉，我们来进行游戏的下一个环节。

活动二：急速串珠

同学们用手中的工具把珠子用线串起来，看看哪个小组最快？

（学生进行串珠游戏。）

师：请完成任务的同学举手。

（学生举手。）

教师提问学生完成游戏后的感受。

生 1：……

生 2：……

活动三：谈一谈

同一小组的同学可以讨论一下，拿到同样的东西，你们的感受一样吗，为什么？

（学生自由探讨。）

生：我们小组都拿到糖果，但我们的感受不一样。有的人拿到糖果不开心，因为输了游戏。而我觉得虽然输了游戏，但我可以吃糖，我很开心。

师：通过这两组同学的分享，你们发现了什么？

生 1：我发现了即使拿到同样的东西，每个人的看法也是不同的。

师：那大家再想一想，为什么他们的看法是不同的呢？

生 2：……

生 3：……

师：是的，所以我们要学会怎么样看待问题，用什么样的心情去看待问题？

生 4：换个角度看问题。

生 5：用积极乐观的心态看问题。

师小结：转变思维和拥有积极乐观的态度之间的联系是密不可分的，如同人的左腿和右腿，共同支撑着人行走。

【设计意图：采用活动体验模式，鼓励学生自主思考、讨论分享，让学生在玩中学，学会转变思维、积极乐观，从而培养学生的表达能力和思辨能力。授课过程中，教师要注意及时关注孩子的动态生成，用积极的语言及时评价，帮助学生形成正确的观念。】

环节四：播放视频，理解主题

师：这个视频讲了一个什么故事？

生：讲了一个上京赶考的书生，面对同样的梦境，在两种不同解释之下，最终以积极的态度去面对并高中探花的故事。

师：这个故事给了你什么启示？

生：人应该积极乐观地看待问题。

师：我们再来想想，客栈的老板为什么能从另一个角度对秀才的梦进行解析呢？

生：因为客栈的老板转变了自己的思维。

师：是的。当我们转变思维，用积极乐观的心态去面对事情时，我们会发现结果大不一样。

【设计意图：选择具有启发性和思考价值的视频，引导学生对问题进行深入思考和探究。通过具体的案例和生动的画面，班会主题更加形象化和具体化，帮助学生更好地理解和掌握相关知识和技能。】

师：我们已经了解了转变思维和积极乐观的态度的重要性，那么我们能不能用我们所学到的知识来帮助别人呢？

环节五：情景辨析，明悟主题

师：同学们，小明是班里的同学，最近他遇到了麻烦，大家一起看一下小明遇到的问题。

体育课要考50米短跑，小明下定决心要好好练习跑步。他每天放学后都坚持去跑步。有一天，他跑着跑着，不小心摔了一跤。小明疼得直掉眼泪，一直在想他真是太倒霉了。小明的爸爸带他去看了医生。医生认真检查后对爸爸说，幸亏只是擦破了点皮，骨头没事。但小明还是很郁闷。同学们，假如你是小明，你应该如何调整自己的心态呢？

生1：幸亏只是擦破了皮，没有伤到骨头，过几天就会好的。

生2：离考试时间还远，在考试前伤就能好。

生3：幸亏不是考试时摔倒，已经是不幸中的万幸了。

师：只要我们能转变思维，换个角度看问题，保持积极乐观的态度，就没有什么困难能打倒我们。

【设计意图：通过具体的情景辨析活动，学生能够深入思考问题，并提高自己的分析、推理和评价能力。情景辨析活动，可以促进生生之间、师生之间的互动交流，让学生在互相讨论和分享中深入理解班会主题。】

环节六：实践应用，践行主题

师：同学们，这节课我们学到了转变思维、保持积极乐观，现在，我们再一起看一下先前的倒霉事。

课件展示：

（1）周末在天台玩，突然下起了雨，全身被淋湿了。

（2）昨晚睡觉的时候，空调坏了。

（3）在果园里玩，脸被蜘蛛网缠到了。

（4）周日在外婆家骑自行车时撞到了树。

（5）上学的路上，因妈妈的摩托车坏了，我迟到了，结果被老师批评、同学埋怨。

师：现在，我们再来看这些倒霉事，你们的想法有没有变化？

（学生自由讨论回答。）

生1：……

生2：……

教师点评总结：心中有花，万物皆花，希望大家都心存美好，转变思维，用积极乐观的心态去面对生活中遇到的各种问题。同学们，世界就是如此奇妙，很多时候，我们会碰到不顺心的事，觉得很烦恼，那么换个角度、换个思路，只要我们转变思维、调整心态、保持积极乐观，我们就能享受生活中的阳光。

【设计意图：通过具体的实践应用活动，学生能够把班会主题与实际生活联系起来，使其在实际生活中能够应用所学知识和技能。这有助于培养学生的实际操作能力和创造力，进而提高他们解决实际问题的能力和提高创新能力。】

拓展作业

（1）设计有关转变思维、保持积极乐观的小报，担任“积极心态”宣传小使者。

（2）收集相关换位思考的资料，在下节课与同学们分享。

板书

换个角度看世界

转变思维

积极乐观

安全地玩

——生命教育主题班会

潮州市绵德小学　吴春佳

指导思想

小学生对游戏情有独钟，但不一定都能在游戏中获得健康成长，甚至可能因为游戏本身存在安全隐患，而对自身的成长造成不可挽回的伤害。因此引导学生学会“安全地玩”是一个重要的成长话题。通过“这样的玩具安全吗”“在这里玩安全吗”和“这样玩安全吗”三个活动，侧重提升学生对游戏的安全意识与辨识能力，培养学生对自己安全问题的重视度与责任感。

班情分析

二年级的学生大多数好奇心强，喜欢玩耍，无论在室内还是在室外，他们都有着玩的热情和玩的创意。虽然他们已经有了一定的安全意识，但还不能准确地判断一些游戏中可能存在的危险性，特别是在尽情游戏时更容易忽略了安全。因此，在本节课中教师要培养学生“安全地玩”的意识，使他们学会对游戏安全性进行衡量，不玩危险游戏，并在游戏中掌握正确的游戏方法，规避可能出现的危险，让他们能在生活和学习中自觉远离这些安全隐患。

活动对象

小学二年级学生

活动主题

生命安全教育

活动目标

（1）学习识别游戏中的安全隐患，知道不玩危险游戏，做游戏要选对地方，遵守游戏规则，自觉地远离安全隐患。

（2）通过多种活动形式，培养学生安全生活与游戏的意识，为自身的安全成长负责。

活动重点与难点

重点：提升学生对游戏的安全意识和辨别能力。

难点：培养学生安全地生活与游戏的意识，使其为自身的安全成长负责。

活动准备

教师：1.《不要在走廊追跑》视频、教学课件。

2.《安全游戏我来评》表格、《安全地玩》活动评价表。

活动流程图

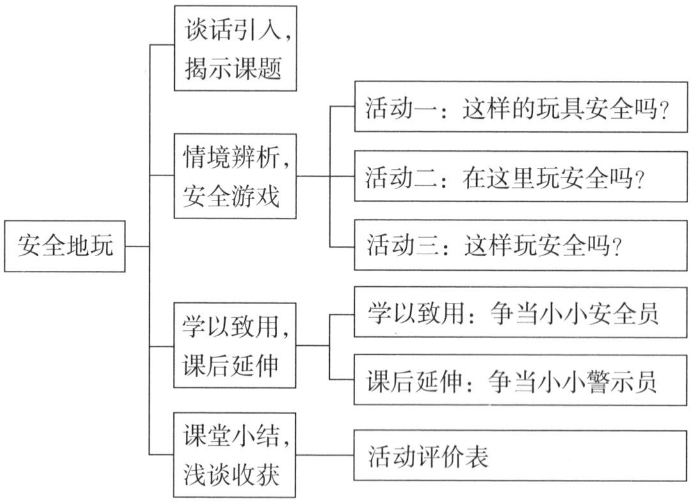

活动过程

一、谈话引入，揭示课题

（一）谈话交流

1. 同学们，你们喜欢玩游戏吗？平时喜欢玩什么游戏？

2. 平时你们有没有发生因为玩游戏而受伤的事情呢？

（二）揭示课题

1. 小结：在现实生活中，常有人因为不注意游戏安全而发生事故，看来玩游戏时保持安全意识很重要。今天我们就一起来探讨如何安全地玩。

2. 板书课题：安全地玩

【设计意图：通过课前谈话，了解学生平时爱玩的游戏和游戏场所。通过交流汇报，有效渗透安全意识，使学生懂得在游戏中注意安全很重要，进而引入课题。】

二、情境辨析，安全游戏

（一）活动一：这样的玩具安全吗？

1. 出示萝卜刀实物并提问：

（1）这是什么？玩过吗？玩过的同学请举手。

（2）这个玩具是怎么玩的？谁上来演示一下？（学生上台演示，迅速将刀甩出，并进行捅刺或割喉等动作。）

（3）玩这个玩具感觉如何？玩这个玩具安全吗？

（4）播放萝卜刀伤人事件。

（5）小结：这种玩具存在安全隐患，而且会引起暴力倾向，对我们的健康成长不利。我们不能玩危险的玩具。

2. 这些玩具安全吗？

（1）课件出示图片：毛绒玩具、起泡胶、水宝宝、弓弩、手枪、激光笔。

（2）小组讨论：为这些玩具看看“病”，说说它们可能存在哪些安全隐患？

（3）交流：我们要怎样选择玩具才安全呢？

（4）小结：毛绒玩具掉毛可能会引起呼吸疾病、粉尘过敏。如果不小心将水宝宝吞进肚子里是很危险的。起泡胶有浓浓的香味，可能有毒。弓弩、手枪杀伤力大，可能会伤到人。我们挑选的玩具不能是“三无”残品，不能是气味刺鼻的，不能杀伤力太大的。

（5）读一读：《玩具挑选小歌谣》

玩具挑选小歌谣

看一看，“三无”产品不能要；闻一闻，气味刺鼻有毒素；

摸一摸，边角尖锐有危险；试一试，威力太大会伤人。

总结：挑选安全的玩具很重要，只有选择安全的玩具才会不伤害自己和他人，才能玩得开心、玩得健康。

板书：挑选安全玩具

【设计意图：如今供孩子们选择的玩具种类繁多，形式多样。特别是萝卜刀在中小学生群体中风靡一时。为引导孩子们正确挑选安全的玩具，让孩子从身边常见的玩具入手，给玩具看看病，进而认识玩具中存在的安全隐患，学会挑选安全的玩具。】

（二）活动二：在这里玩安全吗？

1. 播放视频：学生在教室和走廊追跑。

说一说你看到了什么？他们在这里玩安全吗？

平时你有没有见过这样的现象？你想对他们说些什么？

小结：同学们喜欢玩追跑的游戏，但是教室和走廊人多拥挤，不合适玩追跑游戏，应该到宽阔的操场玩。

2. 出示校园图片。

（1）找一找学校里的哪些地方可能有危险，不适合去玩？

（2）说一说你在学校见过或经历过的危险事故。

（3）小结：学校走廊人多不能玩，容易撞到；拐角处容易发生碰撞；厕所地面湿滑，可能会摔伤；教室里桌椅多，容易磕碰到；楼梯口、食堂不能跑，容易滑倒……学校这些地方人多狭窄，不能玩剧烈的游戏，应该到宽阔的操场玩。所以做游戏的时候，选择合适的地点很重要。

3. 连一连：下面这些游戏可以选择哪些合适的场地呢？你发现了什么？

萝卜蹲　　放风筝　　追跑　　下棋

家里　　广场　　走廊　　公路　　操场　　湖边　　教室

我们发现：公路和湖边没有连到，这两个地方不适合玩游戏。

4. 想一想：生活中哪些地方不适合玩游戏？

（1）不要在公路、铁路、建筑工地、工厂生产区内玩耍。

（2）不要在高压线塔、变压器附近玩耍。

（3）不要到水库、河边、水井、废水坑等危险水域玩耍。

（4）不要到有危险警示牌的地方玩耍。

5. 总结：玩游戏的时候我们要选择合适地点，远离危险地。

6. 板书：选择合适地点

【设计意图：爱玩是孩子的天性，在校园中时常会看到因为课间跑跳而发生事故。孩子们通过视频亲眼感受在走廊追跑的危险性，并通过说一说、连一连、想一想，让孩子们懂得玩游戏要选择安全合适的地点进行。】

（三）活动三：这样玩安全吗？

1. 游戏：萝卜蹲

（1）出示游戏规则

分组：红萝卜、白萝卜、青萝卜、紫萝卜

喊口令：红萝卜蹲（教师说）；红萝卜蹲，红萝卜蹲，红萝卜蹲完……（学生说）

（2）小结：做游戏的时候，遵守游戏规则很重要。

2. 这样玩安全吗？

（1）出示图片：这些同学这样玩安全吗？

（2）你们在生活中有没有遇到过不遵守规则的同学呢？请你说一说.

（3）看到他们不遵守规则，你想对他们说什么呢？

3. 总结：危险发生就在一瞬间，只要我们遵守游戏规则，就可以预防意外的发生！

4. 板书：遵守游戏规则

【设计意图：通过玩游戏，学生能体会遵守游戏规则的重要性，并意识到生活中游戏存在的安全隐患，学生在评价别人的同时提醒自己，培养自己的安全意识与责任感。】

三、学以致用，课后延伸

（一）学以致用：争当小小安全员

（1）请你回想自己和小伙伴玩的地方、玩的游戏安全吗？如果不安全，怎么玩更安全？

（2）把你观察到的、想到的，写在《安全游戏我来评》的表格。

不安全的游戏	怎么玩更安全
拿着绳子的一端甩	手拿绳子两端好好跳

（3）交流汇报。

（4）小结：爱玩会玩的人更有创造力，只有懂得安全地玩才是真正地会玩。

（二）课后延伸：争当小小警示员

生活中有很多地方存在安全隐患，我们要做安全守护者。请同学们课后设计相应的安全警示牌，粘贴在合适的位置，争当小小警示员。

【设计意图：通过回想自己身边和小伙伴玩在游戏过程中出现的游戏安全隐患问题进行提醒和警示，并在生活中发现问题、分析问题、解决问题，进而提升学生对游戏的安全意识与辨识能力。教学不能止步于课堂，道德的内化与形成需回归生活、形成于生活。课后延伸活动，让孩子们在生活中辨识安全隐患，提升安全地玩的意识。】

四、课堂小结，浅谈收获

（1）通过这节课的学习，你有哪些收获？

（2）学唱安全儿歌。

"玩游戏，要安全，危险地，我远离，选对地方很重要，守规则，会自护，安全游戏记心间、记心间。"

【设计意图：总结收获时，让孩子明确安全地玩要挑选安全玩具、选择合适地点、遵守游戏规则。并通过一首朗朗上口的儿歌，使学生进一步巩固新知，培养学生安全生活与游戏的意识。】

板书设计

安全地玩

挑选安全玩具

选择合适地点

遵守游戏规则

学习评价

《安全地玩》活动评价表

组别：　　　姓名：

评价内容	我的自评	小组评价	教师评价
1. 能识别各种玩具中可能存在的安全隐患，正确使用玩具，学会挑选安全的玩具。	☆☆☆☆☆	☆☆☆☆☆	☆☆☆☆☆
2. 能识别游戏中的安全隐患，知道不玩危险游戏，做游戏时要选择安全的地点。	☆☆☆☆☆	☆☆☆☆☆	☆☆☆☆☆
3. 知道玩游戏要遵守游戏规则，敢于大胆制止和劝说违反游戏规则的同学。	☆☆☆☆☆	☆☆☆☆☆	☆☆☆☆☆
4. 在生活和游戏中有安全意识和辨识能力，能为自身的安全成长负责。	☆☆☆☆☆	☆☆☆☆☆	☆☆☆☆☆
5. 活动中我最大的收获是：________________			

学会爱自己

——悦纳自我心理健康活动设计

潮州市湘桥区官塘初级中学　陈媚霞

指导思想

有研究显示，懂得爱自己的人会体验到更多的幸福感，其心理健康水平也更高，因为爱和认同，是生命茁壮必需的养分。

班情分析

班里不少学生因不满意自己的外貌、成绩等，而产生自卑、失落的情绪。他们会因自己某件事做得不够好（如考试时或课堂回答问题时的小失误等），产生强烈的自我苛责和羞耻感。另外，他们对自己的评价过于依赖外界，还没形成比较稳定的自我认知，会因为他人的评价而引起较大的情绪波动。

活动对象

九年级学生

活动主题

学会爱自己

活动目标

（1）认知目标：认识爱自己和自我接纳的概念和内涵。

（2）情感目标：觉察与自己相处和对话的方式，学习在困境时温暖和理解自己。

（3）行为目标：通过制作和展示“爱自己手册”，学习自我接纳，学会爱自己。

活动重难点

（1）理解什么是真正爱自己。

（2）制作“爱自己手册”，学习自我接纳。

活动准备

（1）搜集学生在生活中遭遇困境的故事。

（2）准备 A4 纸、剪刀、彩色笔、贴贴纸，教学生制作“爱自己手册”。

活动流程

（1）听故事，说建议。（10 分钟）

（2）如何爱自己？什么是真正的爱自己？（20 分钟）

（3）完善“爱自己手册”。（10 分钟）

（4）朗诵《当我开始真正爱自己》。（5 分钟）

（5）拓展作业。

活动过程

一、听故事，说建议。（10 分钟）

师：我们在成长的路上总会遇到一些不顺心的事情，现在我们一起来聆听三位同学的烦心事，大家听完后讨论：三个案例的主人公有什么共同点？

小 A 的留言：中考临近，最近老师召开优生会议，我没有被叫到，现在心里难受、失落，连老师都觉得我没希望了，我该怎么办呢？

小 B 的留言：我从小就是肉嘟嘟的，小时候大家还会觉得我可爱，可现在我就显得胖乎乎的，每次听到“胖”这样的字眼就浑身不舒服，我尝试过各种减肥方法，都没有成功。我觉得自己不但胖，还没有自控力，真的是一无是处，唉，这样的我怎么会有人喜欢呢？

小 C 的留言：我感觉我不太擅长人际交往，跟别人相处时不够自在和放松，很在意同学、朋友对我的意见，害怕自己被讨厌，有时为了迎合他们，我会委曲求全，我感觉我永远在讨好别人。

师：现在请大家说说小 A、小 B 和小 C 的共同点。

生 1：不够自信。

生 2：不能接纳自己的不足，对自己有很多批评、否定的声音。

生 3：太在意别人的眼光，不敢勇敢地做自己。

师：说得真好，他们的共同点是不够爱自己。好多时候，对我们最苛刻的，甚至是残忍的，不是别人而是我们自己。的确，太多的自我怀疑和自我否定会引起精神内耗，阻碍我们去变得更好，那么我们该如何在困境中去温暖、理解自己呢？你会对小 A、小 B 和小 C 说些什么？

生 4：小 A，我理解你的难过和失落，也许你暂时不是老师眼中的优生，但只要你永不放弃，找到适合你的学习方法，你一定会取得进步，加油！

师：追求更好的自己是我们每一个人的本能，为了让这个过程更开心，接纳当下不完美的自己就显得尤为重要。

……

师：大家刚才的发言让我觉得学会爱自己太重要了。这节课我们将一起学习如何爱自己。（板书：学会爱自己）

【设计意图：学生通过思考和讨论认识到不够爱自己，会让自己陷入自我消耗中，而学会爱自己才能激励自己去面对和处理问题。】

二、如何爱自己？什么是真正的爱自己？（20 分钟）

师：我们怎样做才是“爱自己”呢？

（1）“爱自己”行动清单

小组讨论：如何照顾自己的身体？怎样呵护自己的心灵，处理好自己的情绪？

师：请大家先说说如何照顾自己的身体。

生 1：保证充足的睡眠，多吃健康食物，少熬夜，少吃垃圾食品，适度运动。

……

师：一位心理学家说过，当我们开始珍惜我们的身体，学会倾听并平等和身体对话，真正学会去爱它们的时候，你就能从最深的层次开始，治愈我们的生命。我们又该如何照顾自己的情绪呢？

生 2：我们如果有不好的情绪，可以合理宣泄，如找朋友倾诉或写日记。

师：倾诉和写日记都是很好的方法，当你说完或合上日记本的时候，会感觉这个事情已经过去了。我们还可以怎么做？

……

师：每个人都会有喜、怒、哀、乐、惊、悲、恐的体验，我们不能只欢迎好的情绪而对不好的情绪 say no。处理负面情绪时，我们要做到：①尊重情绪，不要试图去压制和隔离；②承认情绪，害怕就承认害怕，羞愧就承认羞愧；③接纳情绪，允许和理解每种情绪的发生，并且要看到情绪背后的需求。希望大家做一个能够跟自己的情绪很好相处的人。

（2）观看视频《为什么说“爱自己”不等于放纵》，思考：爱自己就是随心所欲，想干什么就干什么吗？为什么？

生：放纵自己会伤害自己的身体，影响自己的未来，就像视频中所说的一样，如果对今天的自己不管不顾，明天的自己可能会很倒霉。

（3）观看视频《当自我攻击时，这句话点醒了我》，思考：当我们因为失败而对自己产生严厉批评的时候，我们可以怎么做？小鸭妈妈的话给你带来什么启示？

生 1：我们可以告诉自己每个人都会有犯迷糊、犯错误的时候，原谅自己的失误，不要逼自己太紧。

生 2：我们可以做点别的事情，如跑步、打球等，去转移注意力。

生 3：我们可以像我们期望别人对待自己那样去对待自己。

……

师：当一个人做到真正地爱自己，他既不会自欺欺人地放纵自己、放弃为实现自己的目标而付出努力，也不会否定、怀疑、伤害、攻击自己，消耗内在的情绪资源。那么，什么是真正地爱自己，谁来说说？

生 4：爱自己就是尊重自己的感觉，做自己真正想做的事情。

生 5：爱自己就是要学会接纳自己的缺点。

……

师：爱自己就是对自己深深的理解和接纳（边说边板书）。爱自己的必要前提是自我接纳。你如何理解自我接纳？

生 6：接受自己最真实的样子，允许自己存在缺点和不足，同时追求理想中的自己。

师：自我接纳是一种自我膨胀吗？

生 7：不是，因为自我接纳不是自以为是，而是指一个人对自己有比较全面客观的评价。

师：自我接纳意味着无视自己的缺点，不再为自己的目标而努力吗？

生 8：自我接纳不是固步自封，而是在悦纳自己的前提下追求更好的自己。

师：没错，自我接纳就是对自己满满的喜欢和欣赏（边说边板书）。一个人只有通过爱自己，带着爱自己的美好体验才会更有力量去遇见更好的自己。

小结：一个人从来不是因为完美才会被喜欢，而是他足够喜欢和欣赏自己，所以才值得被喜欢和被欣赏。

【设计意图：通过列出“爱自己”的行动清单，探索如何照顾自己的身体和情绪；通过观看两个视频并进行思考、讨论和辨析，消除对爱自己和自我接纳可能存在的误解。】

三、完善“爱自己手册”（10 分钟）

师：阐述你可爱的优点和迷人的缺点，向自己“告白”。（请几位同学朗读写给自己的情书）

小结：当一个人学会爱自己，他和真实自我的关系将变得更融洽，他会因懂得爱自己而懂得爱他人，所以他和别人乃至这个世界的关系也会更和谐。

【设计意图：通过展示“爱自己手册”，呈现真实的自我，学习自我接纳，学习爱自己。】

四、朗诵《当我开始真正爱自己》（5分钟）

师：这首诗歌是天才戏剧家卓别林先生在70岁生日时创作的，诗中有很多耐人寻味的句子值得一读再读。现在我们一起聆听两位同学对这首诗的深情演绎。

小结：这位伟大的演员、导演、编剧，用他的人生感悟告诉我们：人这一辈子最重要的事，是成为你自己。我们人生的每一个当下，都是做自己的过程。

【设计意图：激发学生结合自己的生活体验进一步理解什么是真正的“爱自己”。】

五、拓展作业

（1）写下“爱自己”的小故事。

（2）完成以下评价表。

	照顾自己的身体	呵护自己的心灵	接纳自己的优缺点
自评：我做到了	（1） （2） （3） …	（1） （2） （3） …	（1） （2） （3） …
家长评	☆☆☆☆☆	☆☆☆☆☆	☆☆☆☆☆

【设计意图：结合体验，感受“爱自己”所带来的积极情绪。】

板书设计：

学会爱自己

爱自己：对自己深深的理解和接纳。

自我接纳：喜欢自己、欣赏自己。

（1）无条件自我接纳，允许自己有缺点，也能看见自己的优点。

（2）有足够高的自我价值感，不会因为外界评价就轻易做出自我否定。

（3）有发自内心的配得感，相信自己本身就值得被爱。

（该主题活动设计方案荣获2023年广东省中小学优秀德育科研成果一等奖）

大爱工夫茶

——传承优秀传统文化主题班会

潮安区枫溪镇枫溪小学　陈妙伶

指导思想

习近平总书记指出：“要加强对中华优秀传统文化的挖掘和阐发，使中华民族最基本的文化基因与当代文化相适应、与现代社会相协调，把跨越时空、超越国度、富有永恒魅力、具有当代价值的文化精神弘扬起来。”青少年是社会主义现代化建设事业的接班人，是21世纪振兴中华的主力军。让优秀传统文化走进校园，以时代精神增强中华优秀传统文化的生命力，引导广大青少年做中华优秀传统文化的传承者和弘扬者，赓续历史文脉。

学情分析

六年级的乡镇学生，眼界并不是很开阔，虽对中华传统文化有一定的了解，但并不多，文化自信不足，传承和弘扬优秀传统文化的意识不强。对于地域传统文化潮州工夫茶，学生从小就耳濡目染，有一定的情感，班主任可以以潮州工夫茶作为突破口，激发学生学习传统文化的浓烈兴趣，领略传统文化的无穷魅力，对于他们增强文化自信，做中华优秀传统文化的传承者和弘扬者，有着现实意义。

活动对象

小学六年级学生

活动主题

大爱工夫茶

活动目标

（1）让学生了解潮州工夫茶，知茶礼，明其文化内涵，增强文化自信。

（2）在活动中相互分工、相互合作，培养学生的合作能力。通过展示有关工夫茶的文化资料，旨在引起学生学习传统文化的浓烈兴趣，领略传统文化的无穷魅力。

（3）增强学生热爱家乡传统文化的情感和保护家乡传统文化的意识，从而激发其对家乡潮州的热爱之情。

（4）引导学生做中华优秀传统文化的传承者和弘扬者。

活动准备

用时两个星期

活动过程

《大爱工夫茶》自主探究学习表

大爱工夫茶	小组名称：	学校：	班级：	日期：
	驱动性问题			
	1. 拍摄队拍摄茶店、茶馆图片和潮人日常生活喝茶、敬茶的各种图片，探究工夫茶和潮人有何密切关系。 2.小记者队通过采访，探究功夫茶是怎样形成的、工夫茶名字由来、功夫茶有何特点、潮汕饮茶有哪些习俗。 3.演示队了解工夫茶茶器、茶叶，学习茶艺方式，探究工夫茶文化内涵。 4.搜集队搜集资料，探究潮州工夫茶的历史地位与价值。			
	解决问题的方法			
	多学科融合			
	如：应用到技术信息学科；道法语数英等学科中的知识；美术、劳动课程等。			
	我们的成果（图片、资料、ppt 等形式）			
	（图片、资料、ppt 等附于评价表后）			
	探究的结果			

评价：

项目式活动成效评价			
评价项目	评价标准		
活动项目	出色完成 ☆☆☆☆☆	基本完成 ☆☆☆☆	待努力 ☆☆☆
小组合作			
解决问题的方法			
成果呈现			
学生收获或困惑			
同学评价	（分优良合格评价）		
老师评价	（分优良合格评价）		

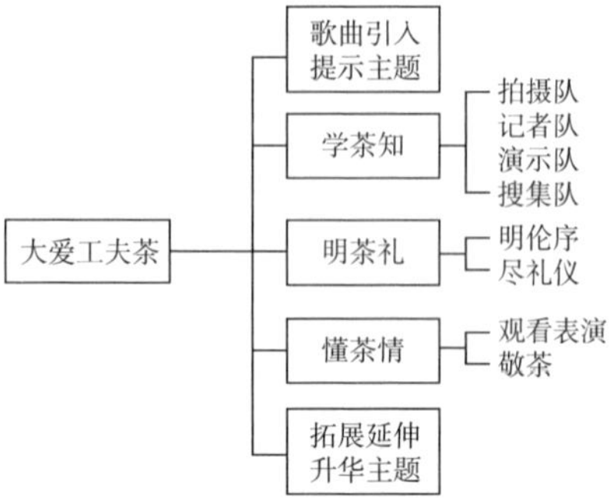

一、歌曲引入，揭示主题

同学们，刚刚的潮语歌曲《工夫茶》唱出了浓浓的乡情、浓浓的茶情。土生土长在潮州的我们对于潮州工夫茶，那是再熟悉不过的。那同学们对潮州工夫茶又有哪些了解呢？

【设计意图：亲切的潮语歌曲《工夫茶》激发学生的乡情、茶情和对潮州工夫茶的美好回忆，为本节主题班会课奠定了学习的情感基调。】

二、学茶知

上两个星期，队友们分工合作，对潮州工夫茶进行了调查活动，下面由各小队代表汇报和展示调查结果。

（一）拍摄队

拍摄队代表上台展示图片，并解说。

（遍布大街小巷的茶店图片、林立的茶馆图片、宾客登门喝茶时的图片、家人闲聚时喝茶的图片、好友喝茶畅谈时的图片、饭后喝茶时的图片、工作期间喝茶提神时的图片、敬茶时的图片）

代表：潮州工夫茶，在当地不分雅俗，十分普遍，不论是在公众场合还是在家中，不论是在路边村头还是在工厂商店，无处不见人们长斟短酌。品茶并不仅为了达到解渴的目的，而且还可以在品茶中或联络感情，或互通信息，或闲聊消遣，或洽谈贸易。有潮州人的地方，便有工夫茶的影子。

小结：一张张图片，充分展现了潮州工夫茶给我们带来的和谐氛围，“和”也正是潮州工夫茶的文化内涵之一。

（二）记者队

记者队代表上台展示采访视频。

视频一（采访茶艺师）：工夫茶的形成，为什么叫工夫茶，工夫茶的特点。

视频二（采访资深老人）：潮汕饮茶习俗。

（三）演示队

1. 精美的茶器（演示队代表实物展示工夫茶的茶具，并解说）

2. 精选的茶叶（演示队代表实物展示工夫茶的茶（凤凰茶），并简单解说）

3. 精致的茶艺方式（演示队代表现场演示工夫茶的烹法，并逐步解说）

鉴赏香茗、孟臣淋霖、乌龙入宫、悬壶高冲、春风拂面、重洗仙颜、若琛出浴、玉液回壶、游山玩水、关公巡城、韩信点兵、敬奉香茗、品茗审韵、高冲低筛、若琛复浴、重斟妙香、再识醇韵、三斟流霞

小结：精美的茶器、精选的茶叶、精致的茶艺方式，无不体现潮州工夫茶“精”的文化内涵，这也很好地演绎了潮州文化中“精致”这一特质。而在高雅格调的茶艺过程中也充分展现了潮州工夫茶的另一个文化内涵——“乐”。

（四）搜集队

1. 名人爱工夫茶故事

（代表们分别讲鲁迅、巴金、领袖名将等爱喝工夫茶的故事）

2. 潮州工夫茶的历史地位与价值

【设计意图：通过拍摄队、记者队、演示队、搜集队各队代表汇报和展示对潮州工夫茶调查的成果，学生在丰富的形式中了解了工夫茶的知识和内涵；同时也借助潮州工夫茶，让学生了解潮州的文化特质，激发了学生热爱工夫茶、热爱家乡的的情感。】

三、明茶礼

喝工夫茶是潮汕人的风俗，以茶待客，更是潮汕人的优良传统之一，暗含了工夫茶道“和、敬、精、乐”的文化精髓。泡茶待客，也是有很多讲究的，现在让我们一起来观看视频，看看视频中有哪些不讲究工夫茶礼仪的现象。

（一）明伦序

“先尊后卑，先老后幼”“先客后主，司炉最末”。

生 1：视频中的年轻人没有礼让长辈，在第一巡茶中就把第一杯茶给喝了。

生 2：视频中还有两位客人没喝茶，泡茶的主人就先把茶喝了，这样

也不对。

（老师小结。）

（二）尽礼仪

（1）饮工夫茶是潮汕人日常生活中的一种交际礼仪，因而产生了许多礼俗。队友们，除了我们刚讲到的“先尊后卑，先老后幼”“先客后主，司炉最末”外，工夫茶还讲究哪些礼俗？

（学生汇报）

（2）这些礼俗体现出了潮汕人的心理，也体现了工夫茶道“和、敬、精、乐”的精神。很多谚语也体现了潮汕人饮工夫茶的儒雅心理，一敬一请之间，潮汕人的温文儒雅展露无遗。下面请同学们一起读这些谚语。

①出示谚语。

②根据谚语，谈茶礼。

【设计意图：在“明伦序”“尽礼仪”两个活动中，学生进一步明茶礼，了解工夫茶道“和、敬、精、乐”的文化精髓，感受潮汕的优良传统。】

四、懂茶情

（一）观看表演

茶中有礼、茶中有情，下面请表演队为我们表演《茶中情》。

一杯工夫茶，泡出了海外游子的多少故乡梦，泡出了潮汕子民的多少家乡情。一杯工夫茶，还能体现潮汕人的爱心。喝一杯潮汕工夫茶，享受许多温暖的人情味，令人回味无穷。就让我们都来品那茶香飘飘的潮州工夫茶吧……

（二）敬茶

【设计意图：在“观看表演”“敬茶”活动中，践行茶礼，以实际行动传承、弘扬传统文化。】

五、拓展延伸，升华主题

“壶小乾坤大，茶薄人情厚”。今天，工夫茶已渗透到社会生活的很多领域，遍及海内外，默默地起着沟通情谊的纽带作用，浓浓的茶香滋润和安抚着人们的心灵。工夫茶推崇“和、敬、精、乐”的精神，它必将超越地域局限，与更多的人共享。而潮州工夫茶只是我们中华优秀传统文化中的沧海一粟，愿我们了解更多的传统文化知识，领略其魅力，做中华优秀传统文化的传承者和弘扬者！

让我们一起齐唱《潮州工夫茶歌》！

【设计意图：教师总结，升华主题，由“工夫茶”延伸到“中华优秀传统文化”，以小见大。】

拓展作业

（1）撰写作文《我爱潮州工夫茶》或制作《大爱工夫茶》手抄报。

（2）开展“中华优秀传统文化”综合性学习活动。

《大爱工夫茶》主题班会课堂学习评价表

学校		班级		姓名	
评价项目	善于倾听，勤于动脑，积极展示，乐于实践	知茶知 明茶礼 懂茶情 悟内涵		产生学习传统文化的浓烈兴趣，热爱传统文化	实际行动传承、弘扬传统文化
自评	☆☆☆	☆☆☆		☆☆☆	☆☆☆
他评	☆☆☆	☆☆☆		☆☆☆	☆☆☆
教学总评	☆☆☆	☆☆☆		☆☆☆	☆☆☆
学习困惑					

板书设计

大爱工夫茶

和、敬、精、乐

交通安全伴我行

——生命教育主题班会

潮安区枫溪镇枫溪小学　冯若瑶

指导思想

随着国家经济的快速发展、社会的不断进步、人民生活水平的不断提高，交通运输也在不断快速发展，各种交通工具伴随着我们的生活，为我们的生活带来了很多便利。但是，交通工具为我们提供方便的同时，也要求我们必须遵守交通安全，否则，就会为此付出代价。我们应该从小懂得，自觉遵守交通安全，文明出行，做社会文明的传播者、践行者。为进一步贯彻落实教育部《关于加强中小学校交通安全工作的通知》精神，结合我校的“生命化课程”，根据一年级学生的年龄特点，我为孩子们设计了“交通安全伴我行”主题班会课。

班情分析

本班共有 45 名同学，他们聪明活泼、健康向上。由于父母工作比较忙，大多数孩子由爷爷奶奶负责接送。为了赶时间，在上学的路上，个别学生横冲斑马线；也有的家长为了贪图一时的方便，车子乱停乱放，骑摩托车不佩戴头盔，甚至出现超载的现象。针对这些现象，我设计了主题班会课，旨在将学生学会自觉遵守交通规则的生命教育迅速落实到位。

活动对象

一年级（7）班全体同学

活动目标

（1）了解过马路交通安全的知识，正确认识交通信号与各种标志。

（2）通过角色扮演、情境辨析等，让学生在活动中体验、感受，从而增加交通安全方面的知识。

（3）提高学生遵守交通安全的意识，学会自我保护，珍爱生命，远离危险。

活动重点

学会辨别交通信号灯，自觉遵守交通规则。

活动难点

懂得将在课堂上学到的交通安全知识运用到生活中。

活动准备

（1）课前收集自己或家人自觉遵守交通规则的照片。

（2）课前和家长一起学习一些常见的交通信号标志。

（3）教师准备 PPT。

思维导图

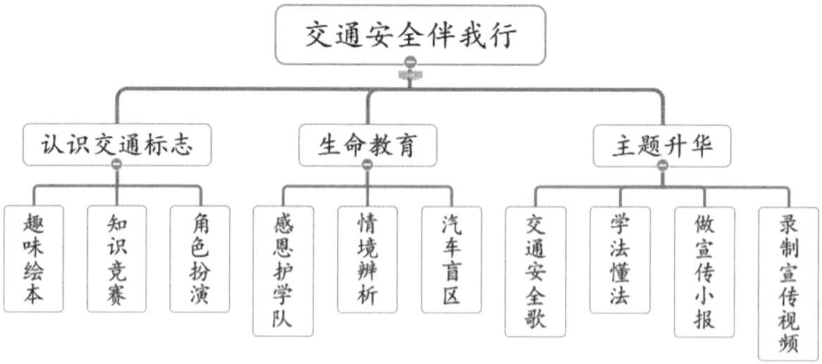

活动过程

活动一：激趣导入，揭示主题

师：同学们，你们喜欢猜谜语吗？今天老师为你们带来了一则谜语，小耳朵可要认真听啊！

三只眼红绿黄，红眼睁时车辆停，绿眼睁时行车忙。

生：谜底是红绿灯。

师：同学们，你们真棒！一下子就猜出了是红绿灯。学会认识交通标志，从小遵守交通规则，这节课，我们一起来学习“交通安全伴我行”主题班会课。

【设计意图：一年级的孩子，对猜谜语有着浓厚的兴趣，老师通过谜语，一下子就把学生带入本次主题班会课的课程里。】

活动二：听读绘本，明辨事理

（一）通读绘本，初步感知

1. 师：观察绘本的封面，请同学们说一说你们看到了什么？

生：封面上那个红绿灯跟人一样，带有表情，真有趣！

2. 听老师读绘本故事《红绿灯眨眼睛》，带领同学们了解绘本的故事脉络，初步感知绘本的主要内容。

（二）趣味问答，学习标志

1. 师：在《红绿灯眨眼睛》这个绘本故事中，你知道红绿灯有什么规则吗？

生：红灯停，绿灯行，黄灯亮了等一等。

2. 师：你知道红绿灯能给我们的生活带来哪些好处呢？故事中，因为红绿灯没有按一定的规则亮灯，路面上的汽车乱成了一片，它们为我们的生活带来了哪些不方便呢？

生：红绿灯对我们的出行起到指示的作用。我们通过看红绿灯，就知道该继续前行还是该停下来。

生：红绿灯没有按一定的规则亮点，车子都挤在了一起，耽误了各自的时间，小朋友上学、大人们上班也会迟到的。

师：是啊，这个故事巧妙地呈现了“绿灯行，黄灯减速，红灯停”这一最基本的交通规则，用故事告诉我们“没有规矩，无以成方圆”这个道理。

3. 师：你知道斑马线的作用吗？

生：我们每天上学都要走过斑马线，开车的叔叔阿姨都会给我们让道，但我们也要看交通信号灯，不能横冲直撞。

4. 知识竞赛，交通标志我来猜。

师：同学们，在生活中，除了红绿灯，还有很多很多的交通标志，请看小视频，学习交通标志。（学生生观看视频）

师：接下来，请你们来为交通标志找朋友，看谁找得最快。

教师出示十多个交通标志，学生进行知识竞赛。

（三）以图促思，提高认识

师：请大家找一找，故事的结尾是怎样的呢？

生：工人立刻把交通信号灯修理好，在工人修理信号灯的同时，几位交警叔叔也赶到了现场，指挥交通，大家有序地听从指挥，后来，信号灯也修好了，一切恢复正常。

（四）角色扮演故事

师：同学们，我们来演一演这个故事吧！

教师小结：遵守交通规则，人人有责，你的一次违反交通规则，会付出代价。我们要努力用自己的行动去影响身边的人，让更多的人参与到遵守交通法规的行动中，为我们的生活保驾护航。

【设计意图：绘本故事是一年级孩子最喜欢的故事，通过小故事，讲大道理，孩子们在故事中明白了遵守交通规则的重要性。同时，通过有趣的认识“交通标志”活动，孩子们开阔了视野，懂得了交通标志不仅可以给我们提供警示，更重要的是可以给我们的生活带来方便。】

活动三：回归生活，区分对错

1. 教师出示学校护学队的照片。

每天清晨，我们学校门口，都有这样一队美丽的身影，他们就是我们的爸爸妈妈，是他们，用自己宝贵的时间、用自己的行动，守护我们的安全，为我们指引方向。让我们用最热烈的掌声，致敬最美的护学队，感谢爸爸妈妈，感谢叔叔阿姨。

2. 教师出示几组违反交通规则的图片，请同学们认真辨析他们的行为对不对？

图一　小朋友在公路上踢足球

图二　行人走路时看手机、听音乐

图三　行人攀爬栏杆过马路

图四　驾驶员没有佩戴头盔

3. 小组讨论：通过几张违反交通规则的图片，谈谈你的感受？

生：过马路时要注意看交通信号灯，驾驶或乘坐摩托车时都应该佩戴好头盔，不乘坐超载车辆等。

4. 看视频，认识汽车行驶时的盲区，学会保护自己。

同学们，除了看交通标志外，还要观察路况，请认真看小视频，想一想，汽车的盲区在哪里？

生：汽车的前后左右都是盲区，我们要离车子远一点。

教师总结：通过对图片与视频的学习，相信注意安全的警钟已在同学们的心中敲响，希望同学们都能提高警惕，平安出行。

【设计意图：通过观看一组违规的图片，孩子们在讨论中，更加深入地体会到，不能贪图一时的方便或快乐，人人都应该遵守交通安全，安全的警钟要时时敲响。】

活动四：回顾生活，总结升华

（一）结合绘本，回顾生活

课前，老师让同学们准备了自己在生活中遵守交通规则的图片，请同学们分小组谈一谈。

如文明乘坐摩托车出行，佩戴好头盔；如何过斑马线；如何看交通信号灯等。

教师总结：同学们，你们都是遵守交通规则的好孩子，希望你们在今后的生活中，能勇敢地对违规行为说“不”，引导身边的人都加入遵守交通规则的队列中来。

（二）播放交通安全儿歌

请学生听一听、唱一唱歌曲《交通安全歌》，巩固对交通安全的认识。

交通安全歌

小朋友，上学校，走路要走行人道。
红灯冲冲可不行，绿灯通行才安心。
看到黄灯要警惕，头盔戴好记心里。
超载车辆不能坐，安全第一要牢记。

（三）学习交通安全法规

《中华人民共和国道路交通安全法实施条例》第七十二条规定，驾驶自行车、三轮车必须年满 12 周岁。

教师总结：孩子们，我们都还小，缺乏行为控制能力，应急反应、协调性等方面都不成熟，潜藏着很多安全隐患。因此，交通规则从保障少年儿童的安全出发，规定未满 12 周岁的儿童不准骑车上路。

交通安全就在我们身边。老师在学校附近看到同学们存在一些违反交通规则的现象，希望同学们通过这节课的学习，一定要遵守交通规则，安全第一。

【设计意图：德育离不开真正的生活，德育的本质应该是回归生活、指导生活，让孩子在生活中去发现美、创造美，教育孩子从小学法懂法，做守法的好孩子。】

布置作业，课外延伸

（一）和家长一起制作“交通安全伴我行”手抄报，宣传安全知识。

（二）录制“一盔一带”宣传小视频。

【设计意图：课后，通过手抄报以及录制宣传小视频，加深孩子们对遵守交通规则的认识与推广。】

板书设计

交通安全伴我行

——107 班主题班会课

红绿黄灯　斑马线

遵守交通规则　人人有责

你“孝”起来真好看

——感恩主题班会

潮州市饶平县樟溪镇中心小学　张锦银

活动背景

古人云：百善孝为先。“孝”历来是中国传统伦理道德的最基本内容，也是中国传统美德中做人教育的核心内容之一。然而在与家长的交流中，我得知现在的父母对孩子大都是娇生惯养，使他们养成衣来伸手、饭来张口的习惯，认为父母给儿女做牛做马是天经地义的事情，从而不懂“感恩”，不知如何才是孝敬？他们总觉得父母唠叨、麻烦，埋怨父母不理解自己，有的还经常对父母大呼小叫，无故发脾气，甚至以离家出走、威胁、自杀等各种消极的方式恐吓父母，却从来不会站在父母的角度去考虑问题，不懂得体谅父母生活的艰辛与劳累，更谈不上去关心和孝敬父母了。在这样的背景下，对学生进行感恩教育，让孩子由心而发的孝敬父母显得尤为迫切。

活动对象

小学六年级学生

活动主题

你“孝”起来真好看

活动目标

1. 知识目标

了解“孝”的由来，受到传统文化的熏陶，知道“孝”是中国传统美德。

让学生懂得如何去理解父母、尊敬父母、体谅关心父母。

2. 情感目标

让学生了解父母之爱，体验亲情的无私和伟大，懂得感恩父母。

3. 行为目标

让学生从现在做起，从点滴做起，以实际行动孝敬父母。

重难点

让学生了解父母之爱，懂得感恩父母，以实际行动孝敬父母。

活动准备

（1）学生准备黄、红涂色笔各 1 支。

（2）教师准备活动任务单、“人生 900 格”、学生学月孝行行动评价表。

（3）多媒体课件。

教学流程

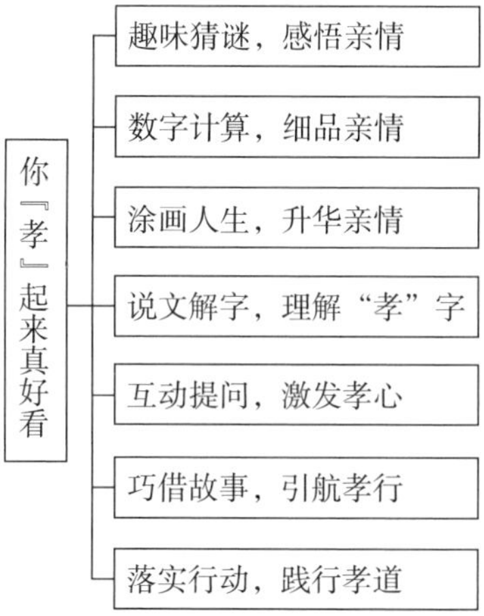

活动过程

师：孩子们，今天老师想借这个机会，跟大家聊一个既美好又重要的主题——你“孝”起来真好看。

板书主题：你“孝”起来真好看

一、趣味猜谜，感悟亲情

（1）学生猜谜语：头戴大红花，身穿五彩衣，凌晨把歌唱，催人早早起。（公鸡）

（2）课件出示一个小朋友猜出的谜底（妈妈），让学生说说他为什么会这么猜呢？

【设计意图：通过猜谜活动引入，初始谜底“公鸡”转而引出孩子的独特答案“妈妈”，旨在启发学生思考并体会母爱的无私与伟大，为接下来的活动内容铺设情感基础。】

二、数字计算，细品亲情

（1）算一算：爸爸或妈妈每天接我上下学（　）次，一周呢？一个月呢？一年呢？五年呢？

师：孩子们，除了接送你上下学，爸爸妈妈有没有重复为你做过别的事？（有）请你在练习本上算一算，关于这些事爸爸妈妈累计为你做过多少次？

（2）学生动笔自主计算，教师点名汇报。

【设计意图：通过具体计算父母为孩子做饭及其他日常照顾的次数，让学生直观感受到父母的默默付出，进而领悟到他们对自己深沉的爱意，学会感恩与珍惜。】

三、涂画人生，升华亲情

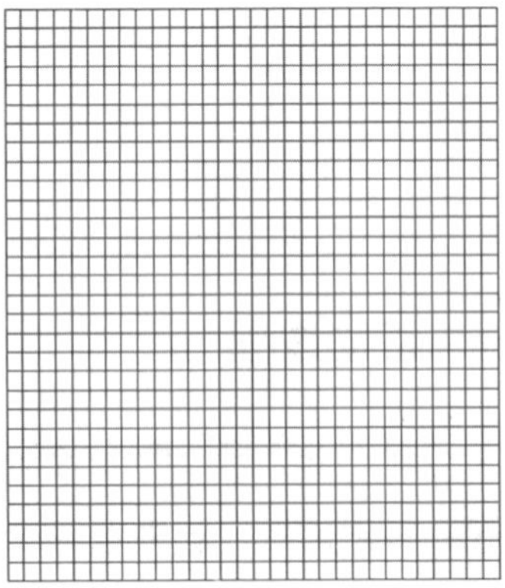

（1）涂一涂每个人的“人生 900 格”（假设每个人能活到 75 岁，每一个格子代表一个月，人生可以划成 900 个小格子。）

（2）学生动手操作。

拿出老师下发的“人生 900 格”，按老师的要求填涂表格。

①如果你今年12岁，那么你的人生已过去144格，请用黄色涂出144格，剩下的空白是你还拥有的时间。

②假设你们的爸爸妈妈的平均年龄是35岁，他们的人生已经走过420格，剩下的空白是父母还拥有的时间。

③想一想，假如你和爸爸妈妈天天见面，你们陪伴彼此的时间是多少？假如一周见一次（48格），一个月见一次（14格），半年见一次（2格），一年见一次呢（1格）？

④播放视频，看一看，你还剩下多少时间用来陪伴父母。

⑤观看视频《时间都去哪了》，说说爸爸妈妈的时间都去哪了，感受爸爸妈妈无私的陪伴。

【设计意图：利用“人生900格”的概念，让学生亲手涂画自己与父母已流逝和剩余的时间，深刻体会到时间的宝贵和与亲子陪伴的有限，激发学生对当下家庭时光的珍视及对未来陪伴计划的思考。】

四、说文解字，理解“孝”字

（1）学生说说对“孝”字的理解。

（2）播放视频，理解“孝”字的意义。

（3）教师引导小结：这就是“孝”，上为老，下为子。“孝”其实就是上一代与下一代融为一体，互相包容、互相理解，双向奔赴。

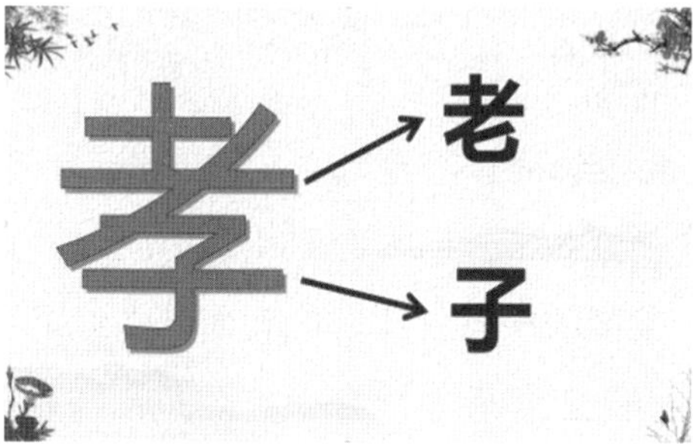

【设计意图：通过播放短视频，利用直观的视听材料呈现“孝”字的字形演变及其深层文化意义，帮助学生形象地理解“孝”字中蕴含的“老”与

“子”相依相扶的意象，让学生明白“孝”作为中华传统美德的核心，不仅是历史的延续，也是现实生活中应当践行的行为准则。】

五、互动提问，激发孝心

1. 小调查：爱的天平

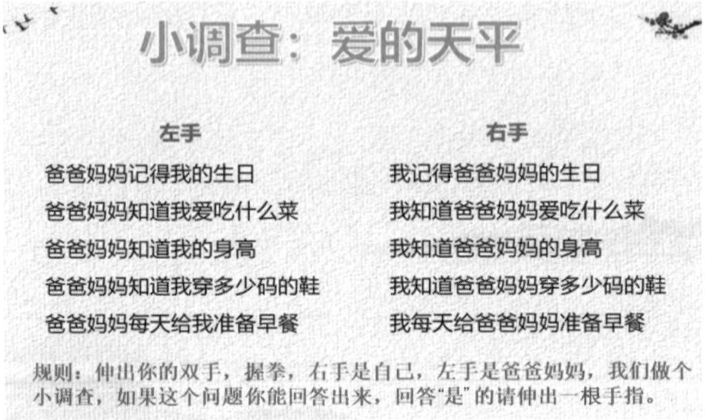

（1）学生完成小调查。

（2）结合调查结果，学生说说自己的感受。

【设计意图：借助“调查问卷”，通过直观的对比，震撼孩子们的心，使学生深刻感受到爸爸妈妈对自己的一切了如指掌，而自己对爸爸妈妈的一切却知之甚少，让孩子们明白父母也是需要关怀的，进而把感恩的情感推向高潮。】

2. 帮一帮，理解爱

（1）同学们，前几天老师收到了一条来自我们班级学生的微信，她遇到了一个难题，谁来帮帮她？

（老师，昨晚我玩手机被爸爸看到了，他狠狠批评了我，说我只会玩手机不知道学习，他真的太凶了，他是不是不爱我了？）

（2）引出问题：父亲的严厉批评就代表他不爱你了吗？你有什么看法？学生纷纷表达自己的感受。（看来作为旁观者，我们都能明白：爱之深、责之切。）

（3）联系自身：大家生活中有没有遇到父母对我们发火的时候？当父母

对我们说出以下这些话的时候，你应该怎么应对？

①演一演：学生模仿父母的语气演一演。

A. 看看你的房间，脏得跟猪窝一样，难道你就不会收拾一下吗？

B. 你看你，整天就知道玩，不知道学习，我怎么生了你这样的孩子呀！

②说一说：你的心情怎样？这些话背后有什么意图？

【设计意图：此环节先通过共情与讨论，帮助学生理解父母严厉态度背后的关爱，消除误解，学会从不同角度看待亲子关系中的冲突，培养同理心和正确的情感认知。然后利用角色扮演和直接表达，促进学生之间的情感共鸣，深化理解"打是疼，骂是爱"的传统智慧，增强对父母教育方式的理解和接纳。】

六、巧借故事，引航孝行

1. 学生小组交流搜集的有关"孝道"的故事，然后推荐一名代表上台分享。

（1）学生小组交流有关"孝道"的故事。

（2）小组推荐一名代表上台分享。

（学生分享自己孝敬父母的故事。）

2. 说一说：我们还可以怎样孝敬父母长辈。

3. 学生完善活动任务单中的"任务二"的内容。（背景音乐为满文军的《懂你》）

【设计意图：从古到今，孝敬父母的美谈数不胜数。通过让学生搜集、交流并分享有关"孝道"的故事，使学生知道一些孝敬父母的做法并从中获得一定的启示，这样再让他们说说应该怎样孝敬父母才能达到水到渠成的效果。】

七、落实行动，践行孝道

师：孩子们，心动不如行动，孝敬爸爸妈妈最好的方式莫过于行动起来。接下来，我们将启动一项特别的活动——"我'孝'起来真好看——学月孝行行动评价表”。在这份评价表上，请大家记录下自己每天为爸爸妈妈所做的小事。让我们用行动证明，孝顺是一种习惯，是一种让生活更加美好的力量。现在，就让我们携手踏上这段温馨而又意义非凡的“孝”行之旅吧！

我“孝”起来真好看

——学生学月孝行行动评价表

姓名：__________ 班级：__________ 学月：__________

日期	孝行行为描述	自评			家长评		
		青铜	白银	黄金	青铜	白银	黄金

自我评价说明：

●青铜：刚刚开始尝试，还需努力。

●白银：做得还不错，但有改进空间。

●黄金：非常满意自己的表现，尽力而为。

家长评价说明：

●青铜：有待加强，看到你的努力，期待进步。

●白银：表现良好，希望保持并继续努力。

●黄金：非常棒！为你的孝顺行为感到骄傲。

评价时在相应的一栏打“√”。

月末总结

●我的感受与收获：__________

●下一步行动计划：__________

备注：

请根据实际情况填写上述表格。此记录表旨在鼓励正面行为，促进个人成长与家庭和谐，而非作为评判孩子的唯一标准。家长的鼓励与指导对于孩子形成良好的孝行习惯至关重要。希望这份记录表能成为家庭成员间温馨互动的桥梁。

【设计意图：通过任务驱动，促使学生将理论认识转化为实际行动，强化孝敬父母的意识。同时，评价表的设立为学生提供自我监督和成就感的来源，有助于培养学生持之以恒的孝行习惯，促进美德内化与外显行为的统一。】

板书设计

你“孝”起来真好看

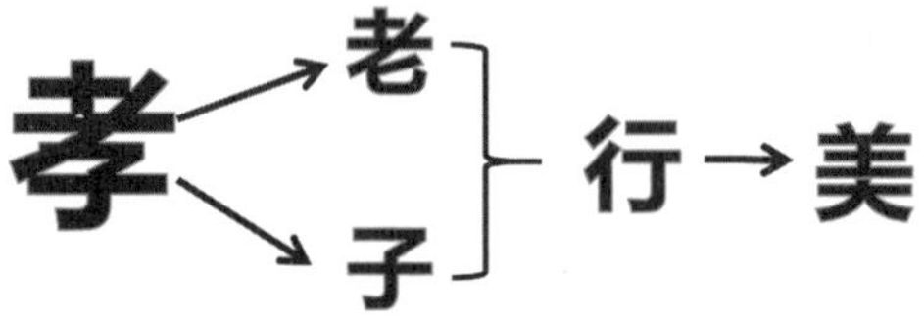

与爱同行

——感恩主题班会

潮州市金山实验学校　刘冬花

学情分析

目前，孩子们由于电子产品、学习压力，加之慢慢进入青春期，因此在心理上产生了叛逆情绪，独立性越来越强，与父母在知识水平、思想观念、行为方式等方面都存在着差异，而与父母产生矛盾的“案例”层出不穷，严重影响了亲子关系，出现了不理解父母的爱的情况，从而积累了矛盾。孝”是中华民族的传统美德，作为教育的宗旨首先要引导人成为一个向善的人。本节班会课目的在于让学生进一步感受父母之恩、理解父母之爱，唤醒同学们心中的爱，让他们学会感恩。

活动对象

初中学生

活动主题

与爱同行——感恩

活动目的

（1）让学生了解自己父母，从情感上感悟父母的爱心和付出，深刻体会父母之爱，感受亲情的无私与伟大。

（2）让学生关心、孝敬父母，以实际行动报答父母的养育之恩。

（3）通过对父母的感恩，辐射到对身边的人心存感激，激发感恩的意识，以自己的实际行动，学会感恩。

（4）促进亲子关系，增进家庭和谐。以积极乐观的心态努力学习，拥抱生活。

活动重点

（1）体会、理解父母的爱心和付出 。

（2）以实际行动感恩父母。

活动难点

在生活中，能真正做到体谅父母、关心父母，敬爱老人。以积极乐观的心态努力学习，拥抱生活。

活动准备

搜集歌曲，分发调查表，收集故事。

活动过程

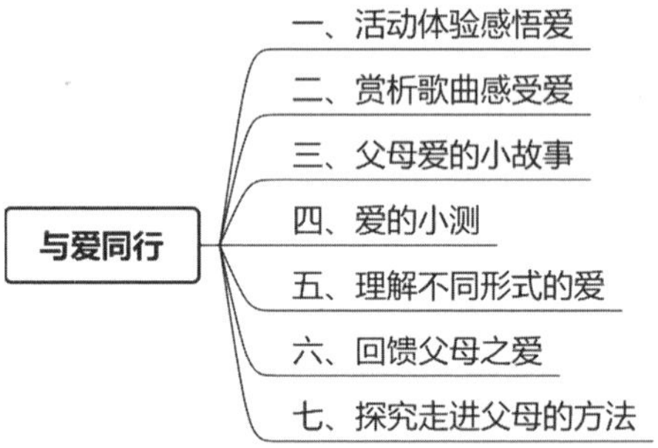

一、活动体验感悟爱

（一）出示第一道选择题：他是她的父亲

他很爱她。她细细的瓜子脸，弯弯的娥眉，皮肤白皙，美丽动人。可是有一天，她不幸遭遇车祸，痊愈后，脸上留下几道大大的丑陋疤痕。你觉得他会一如既往地爱她吗？

A. 他一定会；B. 他一定不会；C. 他可能会。

老师：你们会选哪一个呢？为什么选这个？

如果在这道选择题前面加上这个条件，你又会怎么选？

老师：为什么加上父亲你们就会义无反顾地选 A 呢？

（二）出示第二道选择题：她是他的母亲

她很爱他。他是商界的精英，儒雅沉稳，敢打敢拼。忽然有一天，他破产了。你觉得她还会像以前一样爱他吗？

A. 她一定会；B. 她一定不会；C. 她可能会。

老师：你们会选哪一个呢？为什么选这个？

如果在这道选择题前面加上这个条件，你又会怎么选？

老师：为什么加上母亲你们就会毫不犹豫、义无反顾地选 A 呢？

是啊，我们都知道，不管我们遇到任何事情，我们的父母都会为我们遮风挡雨的。这是因为什么？（学生答无私）

感悟：父母对孩子的爱，是无私的，是无条件的。

过渡：从这两道选择题中我们深深地感受到父母对我们那种无私的爱。

接下来我们赏析一首歌。

二、赏析歌曲感受爱

（一）播放歌曲《天亮了》

（播放完毕）

老师：你们知道这首歌的名字吗？谁写的？你们知道韩红为什么会创作这首歌？谁来说一说？

（学生讲述）

老师：谢谢这位同学的分享。

老师：我们一起来看歌词。

（二）解读歌词

那是一个秋天

风儿那么缠绵

让我想起他们

那双无助的眼

就在那美丽风景相伴的地方

我听到一声巨响震彻山谷

老师：发生了什么事？

学生：就在年轻父母给子灏指点迷人风景时，缆车突然坠毁。

就是那个秋天

再看不到爸爸的脸

他用他的双肩

托起我重生的起点

黑暗中泪水沾满了双眼

你不要离开　不要伤害

老师：你看到了什么画面？

学生：父母用双手托起了自己孩子生命的起点，这是意料不到的悲壮之举。

我看到爸爸妈妈就这么走远

留下我在这陌生的人世间

不知道未来还会有什么风险

我想要紧紧抓住他的手

老师：听到这句你又有什么想法？

学生：这句体现了孩子对灾难的恐惧与对未来的恐慌。

妈妈告诉我希望还会有

看到太阳出来　妈妈笑了

天亮了

老师：此刻，我们能感受到什么？

学生：父母对孩子的嘱托，希望孩子带着父母的爱勇敢地活下去。

老师：解读完《天亮了》，我们再一次感受到父母的爱是无私的、永恒的。

老师：同学们，活泼可爱幸福的我们，都有一个温馨的家，在生活中，你是否感受到父爱与母爱。

过渡：让我们来讲讲和爸爸妈妈之间的故事。

三、父爱、母爱的小故事

老师：大家伴随着优美的旋律好好想一想，你的爸爸妈妈帮你们做了什么事？

老师：那么，请大家分享一下父母为我们做了哪些感人的事。

［两位同学的分享（背景音乐：Mother）］

老师：感谢 A 同学的分享。

老师：感谢 B 同学的分享。两位同学讲得很具体，我们都能感受到浓浓的亲情。

老师：是呀，父母平时是这样呵护我们、爱我们的。

老师：接下来，我们来进行一项活动——“爱的小测”。

四、爱的小测

父母知道你几岁的请举手？ 父母知道你生日的请举手？ 父母知道你身高的请举手？ 父母知道你穿几号鞋子的请举手？	问题 1：你父母是多少岁？ 问题 2：你父母的生日是哪月哪日？ 问题 3：你父母的身高是多少？ 问题 4：你父母穿多大的鞋子？

老师：满满的感动。父母是如此地爱我们、了解我们。我们对父母的了解有多少？课前我们进行调查，一起来看结果。从数据上看，父母和孩子的了解是不对等的。

老师：那么，父母对我们的爱我们是否完全了解呢？

五、理解不同形式的爱

（播放视频）

老师：大家请带着问题看视频，待会老师还要提问。“妈妈买手机的初衷是什么？”

老师：妈妈最后怎么处理手机？

老师：有没关注视频最后妈妈说了哪句话？

学生：“现在，我只想从手机那里要回我的孩子。”

老师：我们再次感受到父母对孩子的爱。希望我们都能更加理性地去理解父母对我们的爱。

六、回馈父母的爱

老师：请欣赏视频《你陪我长大，我陪你变老》。

（观看完毕）

老师：我们慢慢长大，父母慢慢变老，时间一晃而过，我们有什么方式可以来爱我们的父母呢？

过渡：课前，老师让大家搜集一些感恩的故事，请大家来分享。

七、探究走进父母的方法

老师：讲一讲你所知道的感恩父母的故事。（3 名同学分享）

老师：同学们分享的每个故事、孝行感动着我们，那么我们平时是如何感恩、回馈父母的爱呢？

老师：老师也收集了一些方式和同学们分享。

学生：（齐读下面方式）

（1）多向父母表达你爱他们。小小仪式感，大大的感动。纪念日、节日送点小礼物。

（2）主动承担家务。

（3）遇特别情况时写一封信表达感激。

（4）适时为父母倒杯茶、削个水果。

（5）和父母有分歧时学会换位思考，站在父母的角度上去想一想。因为一些小事而恼怒的时候让自己迟 5 秒钟再说什么或做什么，不要让不好的情绪破坏与父母的亲情。

（6）应让父母感觉你相信他们，多交流并经常给予赞美。

（7）多向父母说说自己的情况、自己的愿望。

（8）多倾听父母的话；遇到烦恼时告诉父母，寻求父母的帮助。

（9）回家和外出时主动向父母打招呼。

（10）时时紧记：父母只会爱孩子，绝不会害孩子。

老师：我们也可以这样做：

①认真听课，认真完成作业，不让父母操心，是感恩；

②父母提醒、督促贪玩的我们时，我们要及时改正，不让父母生气，是感恩；

③跟父母聊天，减轻父母生活的压力，是感恩；

④我们能做的事情有很多很多。

老师：同学们，我们对父母的爱其实可以具体化、日常化，能够滋润父母的心田，让我们的家庭和谐幸福！

过渡：我们除了要感恩父母，我们还要感恩谁？

学生：感恩老师、感恩同学、感恩祖国。

八、感恩身边人，感恩祖国

用时事引发学生对祖国的热爱。

老师：通过这节课的学习，我们要学会感恩我们的祖国、父母、老师、同学。

请大家根据这节课的表现评一评，你能得到几颗星。（出示评价表）

九、拓展性任务

老师：课后，请同学们将自己想对父母做的事积极做出来，不敢做或不敢说的可以写出心愿贴送给父母。

“与爱同行”课堂过程性学习评价

（☆级评价：优为4星；良为3星；合格为2星；不合格0星）

学校			班级		姓名	
评价项目	课前探究完成情况	课堂参与评价	知识获得与技能提升	学习态度与方法	情感激发与价值观培育	达成等次评价
自评						
他评						
教师总评						
教师表现						
学习困惑						

通过这节课的学习，我们都深深地感受到父母之爱的伟大、无私、永恒，我们也要用行动来感恩、回馈父母的爱，让我们一起行动起来，与爱同行。

1.请把自己的感谢对象和内容写到心愿贴上，并写上怎样实际行动。亲自拿给感谢对象。

2.每周完成《感恩行为指南》，每周一上交，4周后，我们进行总结表彰。

感恩父母促家庭和谐　我的感恩行为指南		
本周温暖瞬间	我做得怎么样	父母的评价
本周我分担了家庭责任		
每周和父母至少共进一餐，敞开心扉		
本周心灵告白父母，本周父母最让你开心的事		
本周我打造了有仪式感幸福家庭的一件事		
本周我能静心倾听理解父母的心声，交流彼此的近况		
本周回家给父母一个微笑，与父母拥抱，感受彼此的爱		

第四章

“匠心式”心育个案：为每个孩子私人定制成长规划

题记：

是“问题学生”，还是“学生问题”？正向积极定位，人本位定制教育方法，一切皆“有解”。

作为班主任，面对学生时，总会遇到各种各样的问题——行为偏差、人际交往不良、学业障碍、攻击倾向等，然而，为师者，每一个生命个体的存在与成长，需要我们无条件地接受，值得我们用心呵护，更需要我们针对每一个个体的特殊性，采取有针对性、正向的引导措施。

班级学生突发伤害事件的处理策略探究

潮州市职业技术学校　谢焕彬

【案例呈现】

下课时间，学生小张与小李玩耍时发生了冲突，在拉拉扯扯中，小李摔倒在地，鼻子血流不止（小李同学的鼻子之前受过伤，容易出血），围观的同学扶着小李来到办公室。小李情绪很是激动，一直喊着是小张故意推倒了他，但小张却极力否认。此时，班主任吴老师拿了几张纸，给小李按住鼻子止血，随即跟家长通了电话：“家长你好，下课时小李跟小张打架，鼻子一直流血呢……”

当小李家长带着孩子离开就诊时，骂骂咧咧：“老师，跟小张家长说，我们没完！……”我们陆续了解到，小李和小张都较调皮，平时常发生一些小冲突，双方家长的关系也因此比较紧张。

【系统分析】

以上案例中，看似是由偶然的一次冲突所产生的伤害事件，然而却透过几方的言语及行为，以及通过其他学生、以往班科任老师的反馈，深究其因，我们至少能看到以下问题：

一是学生间产生了敌对心理。案例中冲突伤害事件产生的深层原因，是学生间的矛盾没有得到有效的调和，日积月累已导致双方形成了敌对心理。二是学生双方家庭关系不良。学生间的矛盾已上升为双方家庭的矛盾。三是冲突事件已引发了一定程度上的纠纷。四是班主任与家长沟通表达不当。与家长沟通时，片面陈述事件，且过度表达主观感受，在一定程度上引发了家长的焦虑。

【有序应对】

突发事件的处理，是具有阶段性的，如何有序做好应对？以下分阶段呈现详细的应对措施。

第一阶段：做好当前应对

（一）安抚情绪，及时处理

首先要及时对孩子进行情绪安抚，针对伤情进行简单的处理，防止伤害事件进一步扩张；如果情况较严重，在有把握的情况下，做简单救治，汇报上级领导，请求支援；如果出现更严重的伤害事故，需要立即向校方请求支援，并通知家长，甚至是拨打 120 及时送医院就医，确保学生的生命安全。

（二）及时取证，保存资料

事件发生后要及时取证。可调看学校的录像，同时由围观的学生分别写明当时的情况，保存资料，便于责任划定及冲突处理。如果情况允许，可让冲突双方各自写明情况，作为处理事件的佐证材料。

第二阶段：进行冲突处理

（一）客观陈述，告知情况

班主任老师要及时告知双方家长，沟通时要客观陈述事实，明确告知孩子的情况，重点是要明确告知老师已经采取的救治措施，稳定家长的情绪。

（二）分隔谈话，避免冲突

在后续处理时，如果双方已产生了纠纷，班主任老师不要一开始便把双方家长同时约到学校商谈，而要逐一进行交流，商榷处理方案，在双方情绪较稳定、意见较统一时，再约至学校商谈；即使双方家长情绪较稳定，也要尽量将其分隔谈话，等双方基本上达成一致的时候，再当面进行商谈。

（三）寻求支持，群策群力

面对伤害事件的责任划分、医药费赔偿及家长的冲突处理时，要及时向上级领导汇报情况，学会寻求支持。例如寻求班科任老师的支持，寻求校方领导的支持，甚至可以寻求学校法律副校长的协助，群策群力，力求更有效地解决问题。

第三阶段：后续跟进教育

（一）主动关心，及时跟进

比如主动关心受伤的学生，若学生在家休养，班主任要及时电访或家访，持续跟进，体现人文关怀。

（二）个别教育，适度惩罚

伤害事件是由学生冲突而引发的，因此，后期班主任还要进行个别批评教育，甚至是适度的惩戒，让学生认识到自身存在的问题，意识到犯错是要承担后果的，逐步强化学生的责任意识与安全意识。

（三）集体引导，树立班风

班主任要重视开展集体教育，如安全防范、人际交往、和谐相处等主题的教育，及时营造及引导正向的舆论导向，甚至要未雨绸缪与学生共同商讨形成班级公约，防患于未然，以良好的班风引领学生健康、全面成长。

全面、科学地考虑问题的前因后果，系统地制定解决问题的策略，“问题”不仅不会是学生成长的绊脚石，反而会成为学生和教师成长的助推器。

学生"偷窃"偏差行为引发生生冲突的个案诊断与解决策略

潮州市潮安区枫溪镇枫溪小学　谢壁妆

【冲突再现】

"老师，这是我的！""你瞎说，这是我的。""这是你偷我的。"早上课间巡视，刚走到我们班门口（我是该班的科任老师），安静的教室里突然传来了学生的争执声，我一愣，停住了脚步，透过窗口看到了攥着拳头的小 A、一脸气愤的同桌小张，还有紧紧皱着眉头的小刘老师。

今天，因为班里要进行爱心捐款活动，小 A 的同桌小张将带来的 35 元钱弄丢了，老师在小 A 的书包里找到了同样金额的钱，又有人看到小 A 动了小张的书包，如此"凑巧"，小刘老师便问上了话，于是，便有了开头的那一幕！

"如果真是你拿的，老师希望你能坦白！"沉默了一会，小刘老师说道，"我们可是装了监控的，如真找到证据，可是要进行全校通告批评的！"小 A 猛地抬起了头："我没有！""老师，他就是个小偷！"小张大声地对我说着，小 A 嗷地一声扑了过去，立即开打，我和小刘老师手忙脚乱制止后，分别把小 A 和小张拉到了办公室，让两个孩子分开坐着，先对他们进行情绪安抚。

小刘老师跟家长通起了电话，我断断续续地听到："孩子现在就像嫌疑犯，偷了东西还不认！""什么，他不会？都有人看到了！小时偷针，大时偷金啊……"

听着老师的话，看着小 A 绝望、愤怒又恐惧的眼神，望着窗边趴着的班里孩子不屑与嘲笑的眼光，我的心里一颤，拉住了小刘老师，我想，面对孩子的"偷盗"问题，也许我们该更谨慎地去定性，多渠道去了解一些情况，再确定问题解决的策略与方法。

【探究根源】

中午，从同学与家长，还有前科任老师的口中，我了解到一些基本情况，我尝试着进行一些较深度的分析。

对小 A 的分析：一是人际交往不良。五年级的小 A，人高马大，受父母溺爱，这造成了他凡事以自我为中心，因此人际交往不良。二是原生家庭及自身学习障碍引发的自卑心理。小 A 家境普通，成绩较差，被列为帮扶对象，他有些自卑。三是因某些问题引发的师生关系紧张。小 A 性格比较暴躁，是老师们心中的“混世魔王”，经常遭到老师的批评，偶尔会和老师有冲突。

对老师的分析：班主任对小 A 抱着的是监督多于关心的态度；在面对该“丢钱”事件，班主任也认定了小 A 是嫌疑人，并对他软硬兼施。而从老师与家长的对话当中，我们又看到了家长明显是不认同小 A 偷东西的。

对小张的分析：小张同学比较老实，家里比较富有，其父亲脾气比较暴躁，对小张较保护。小 A 与小张是同桌，偶尔会有一些摩擦。万一问题处理不当，学生之间的冲突可能会上升为学生与家长之间的冲突，甚至是家长之间的冲突。

【解决策略及过程】

针对分析的情况，我和小刘老师进行了真诚的交流、探讨，争取做好前期的冲突平息与后续的跟进教育。

一、及时分离，平息冲突做好情绪安抚

试想，如果只是急于解决问题，当场与学生针锋相对，可能会让我们失去理智，出现误判，甚至致使冲突升级、矛盾加深。因此，面对孩子间突发的冲突，面对班里面孩子对事件急切的关注，我和小刘老师首先采取的方法是及时分离冲突双方，以免冲突事件的扩大化，并尽可能地缩小负面影响。同时，老师把双方适时分开，对双方情绪进行安抚，目的也是给他们各自一

个反思与冷静的空间，以寻找解决问题的最佳方法。

二、真相排查，谨慎了解情况还原真相

安抚双方家长的情绪后，我们对双方进行了分隔谈话。小张一口咬定了小 A 的偷盗行为，小 A 却一言不发。因为涉及的是比较敏感的问题，我们坚决否定了在班里面排查的做法，因之前的分歧，由我与小 A 的父母沟通，一开始小 A 的父母充满戒备心，我一再强调只是为了不让孩子误入歧途，会对事情进行保密，小 A 的父母才明确告知，小 A 并未带钱到学校。当然，我们也借助学校的监控，看到了小 A“偷偷拿”钱的整个过程。

三、正向定性，不随意给孩子行为贴标签

面对了解到的情况，我和班主任就该事件的定性进行了沟通。此时此刻，我们面对的是一个偷窃案件，还是一个孩子间偏差行为引发的冲突？小 A 是一个“偷窃的嫌疑犯”，还是一个出现了问题行为的学生？是捉住“小偷”维护师道尊严与所谓的正义重要，还是维护孩子的尊严重要呢？此时此刻，我们的角色是什么？是警察、侦探、法官，还是引导孩子走出错误泥沼的引路人？我不断和班主任探讨着。此时，窗边趴着的班里孩子不屑与嘲笑的眼光落入我们的眼中，我向小刘老师提出了自己的解决建议，并与小刘老师达成了共识。

四、善意谎言，以人为本创造性解决冲突

我对小 A 说：“我猜猜，你原来也有一样的 35 元吧？会不会你把钱放家里忘带了，然后弄错了呢？”小 A 惊讶地看着我，我摸着他的头小声说：“肯定是这样的！当然，有别的情况，欢迎你找我，咱俩好好说说！”小 A 愣住了。转过身，我跟小刘老师又找到小张“说明”了情况。看到老师的忙乎，小 A 主动跟小张道了歉，解开了小孩子间的“误会”。

当天下午，小刘老师在班里面进行了澄清，说明是因为小 A 和小张所准备的钱刚好是一样的，小 A 的钱放在家里忘带了，看到桌上的 35 元以为是

自己的，便拿了，这是一个误会。小刘老师说话的时候，小 A 一直低着头，偷偷地抹着眼泪。

当然，善意的谎言并不只在班里面，小刘老师跟小张的家长进行了交流，又把“误会”进行了说明。因为小刘老师的及时交流，暴躁的小张父亲对问题的解决并无异议，也对老师的特意来电告知情况的周全做法表示感谢。

我想，一个善意的谎言既能保护孩子的自尊，给孩子因犯错而找一个台阶下，又能平息孩子间甚至是家长间的冲突，又何尝不可呢？

五、适度“惩罚”，后续教育让爱更加完整

放学后，办公室里，小 A 如约而至。他一脸羞愧，小声对我说：“谢老师，钱是我拿的！对不起！我也跟小刘老师道歉了。”我看了他一眼，他又说：“我就是看不惯小张显摆的样子。”我拍拍他的肩膀说：“你能主动认错，老师很欣慰。希望我的‘包庇’不会害了你！”我调侃着说：“小张同学也很宽容对吧？”“嗯，我以后会像他一样。老师，我是个小偷对吗？”小 A 小心翼翼地问。“改正了，就只是犯了个错；没改正，那就是犯罪了！”“老师，我懂的，我会改正的。”我话锋一转：“老师还是觉得做错事要接受惩罚，你愿意接受吗？”小 A 又猛地抬头看着我，随即又点点头：“明天起，当我一年的小秘书，帮我保管好我的教学用品，可好？”小 A 用力地点点头。从小 A 的眼里，我看到了他的感动与感激。想想看，当孩子感激你了，他还会不朝着你期望的方向成长吗？

六、客观描述，理解家长对孩子的情感投入

面对孩子的“偷窃”问题，很多老师经常会把孩子的行为与品德挂钩，无意当中，已把孩子定位为“小偷”“贼”，这对于孩子的父母来说，无疑是难以接受的，从父母的角度来说，自然流露出的对孩子的保护之情，是可以理解的。所以，我们要理解家长对犯错孩子的情感投入，客观描述问题，少进行价值判断。小刘老师又和小 A 的父母做了沟通，对之前的草率定性表示

抱歉，强调说：“这只是孩子成长过程当中遇到的问题，孩子只是犯了错，与品德好坏无关，家校合力耐心引导，才能更好地帮助孩子。”小 A 的父母感激万分，慢慢打开了心扉。一次意外的事件，却成了拉近家校关系、师生关系的契机。

【后续思考】

学生偷盗事件处理，一直以来是最让班主任头疼的。处理的过程中，很多班主任都或多或少会采用一些过激的方法，如搜书包、软硬兼施，甚至动员班里的学生与家长一起捉拿“嫌疑犯”，与“嫌疑犯”斗智斗勇……殊不知，这样既恶化了师生关系、家校关系，侵犯了学生的隐私，又无形中给学生贴上了标签。试问，往后余生，这会不会成为学生的污点？

或许，我们该注意真正把家长当成教育合伙人，不刻意把事情渲染过大，不随意进行价值判断；同时，注意事件的保密性，需在确认真相后，再与家长联系，做好家长的引导工作。

或许，在后续教育中，我们更要小心翼翼地保护好学生的自尊，当再次遭遇失窃事件时，切莫简单粗暴地与有“前科”的学生联系起来，以免伤害学生，失去孩子对你的信任。

孩子抵触家校沟通
引发的偏激行为的分析和应对策略

潮安区枫溪镇枫溪小学 陈妙伶

【案例呈现】

现象一：

小 A 强取同学 4 块钱，在调查过程中一直撒谎，强调钱是他自己的，同学指证他也拒不承认，最后证据确凿，他才承认。当老师要把情况反馈给家长时，小 A 顿时号啕大哭，哭喊着“我死定了！我爸一定会打死我！我爸不会像老师这样跟我讲道理的！他就是觉得我丢他的脸！他说过我再偷钱，跟同学要钱就要打断我的腿的！”

现象二：

小 B 多次未按时完成作业，自习课上老师本要将情况告知家长，小 B 再三请求老师给他机会，并保证他要利用自习课把作业补上来。结果坚持不了几分钟，他一会和同学说话，一会抓弄同学，一会擅离座位。老师警告无效，决定告知家长，争取家长协助教育。小 B 趁老师查找家长手机号码之际，阻碍老师与家长进行沟通。

现象三：

小 C 多次说话不文明，甚至出现淫秽语言。老师已批评教育，也警告他再犯就要将情况反馈给家长，让家长教育。小 C 却改为写纸条，纸条里还指名道姓侮辱同学。调查过程中一会说这不文明的语言是来自班里同学借他的书，一会说是班里某某同学让他这么写的。再三查证，证实小 C 说谎。最后老师要把情况反馈给家长，小 C 对老师又吼又叫，甚至抓伤老师。

【分析原因】

孩子自身因素：

（1）错误认知：认为老师与家长交流就是要"投诉"自己，说自己"坏话"。

（2）惧怕心理：或害怕家长对其失望，或惧怕家长打骂。

（3）侥幸心理：想以这种偏激或"撒泼"的行为打消老师不给家长打电话、不与家长交流的想法。

家庭因素方面：

（1）亲子间缺乏良好的沟通。

（2）父母的教育方式或简单粗暴，动辄打骂；或过渡溺爱，造成孩子任性妄为。

（3）父母或对孩子期望值过高，或认为孩子犯错丢自己的脸。

教师方面：

（1）可能存在"投诉"学生倾向。

（2）可能与学生陷入对立面误区。

《中华人民共和国家庭教育促进法》明确指出，"家庭教育、学校教育、社会教育紧密结合、协调一致""中小学校发现未成年学生严重违反校规校纪的，应当及时制止、管教，告知其父母或者其他监护人，并为其父母或者其他监护人提供有针对性的家庭教育指导服务"。可见，对孩子的教育，教师及时与家长沟通，反馈孩子的情况，加强家校合育，无可厚非，且是法所指、育需行的。但面对孩子抵触家校沟通引发的偏激行为，我们该怎么办？我想，这是需要我们思考和探究的。

【辅导策略】

一、避免产生对立现象，做学校教育的主导者

在教育孩子时，有一个忌讳——与孩子形成对立面。一旦形成对立面，

不但解决不了孩子的教育问题，还可能衍生新的问题——师生间的矛盾。我们要做学校教育的主导者，在调查情况时也好，在批评教育孩子时也好，我们要控制好自己的情绪，站在孩子的角度去思考问题，动之以情、晓之以理，正面教育，避免自己情绪过激或语言过激引发与孩子陷入对立面的危机，使自己处于被动状态。同时，与家长的沟通时，我们要正面、客观描述，不带个人主观色彩，避免与家长陷入对立面误区。

二、消除孩子抵触情绪，做孩子心灵的疏导者

面对孩子抵触家校沟通引发的偏激行为，我们首先要安抚孩子的情绪，再了解孩子产生这种行为的原因，了解其抵触心理，对症下药，正面引导，做孩子心灵的疏导者。老师应该让孩子明白与家长沟通的真正目的，不是“投诉”，不是“告状”，而是老师要与家长一起合力来培育其健康成长。且让孩子明白家长有知情权，家长是孩子的第一任老师，孩子的成长离不开家长的教育。老师在消除孩子的抵触心理后，再与家长沟通。有时，我们也可以换一种方式，把与家长反馈的机会让给孩子，让孩子自己先把情况告知家长，我们再跟进后续的家庭教育，做好家校合育。

三、架起亲子沟通桥梁，做亲子关系的协调者

对于平时“缺乏亲子沟通的”“害怕家长失望，或惧怕家长打骂”的，老师要做好亲子沟通的“桥梁”，获得双方的信任。向家长传达孩子心声，让家长反思其期望或教育方式。同时引导孩子站在家长的角度去思考问题，学会换位思考，帮助孩子分析家长的出发点，让孩子了解家长的爱，从而协调亲子关系，促进亲子沟通。

四、加强家庭教育指导，做家庭教育的指导师

《中共中央国务院关于深化教育教学改革全面提高义务教育质量的意见》提出，要“强化师德教育和教学基本功训练，不断提高教师育德、课堂教学、作业与考试命题设计、实验操作和家庭教育指导等能力”。教师的智慧，

不只体现在课堂，还要有一颗敏锐的心，善于观察学生和家长，分析存在的问题，在家校合育中，发挥家庭教育指导师的作用，指导家长掌握科学的家庭教育方法，提高家庭教育的能力，合力育人。

【思考】

在教育教学过程中，很多时候我们是需要与家长交流和沟通的，以求达到家校合育的目的。但很多孩子内心还是不喜欢老师打电话给家长，原因在于：老师平时工作任务繁重，少于与家长交流，往往是孩子出现问题的时候，才与家长联系、沟通。所以，我们平时要加强家校联系，同时注重发掘孩子的优点，在家长面前不凡多夸夸孩子，不要让孩子产生“有坏事才找家长”的感觉。

另外，教师有无家庭教育指导能力、能力的强弱，所达到的家校共育效果完全不一样。因此，我们平时也要注重学习，乐于“专业储备”，不断提升家庭教育的指导能力，更好地促进家校合育。

听，花开的声音

——青春期学生成长引导

潮州市潮安区东凤镇东一小学　林健彬

一、案例呈现

“老师，老师，小楷和小明在打架。”下课铃声刚响不久，班长小璇就火急火燎地跑到办公室向我报告。我一听，顿时怒火中烧，多次强调同学之间要团结友爱，绝不可因为一点鸡毛蒜皮的事情斤斤计较，他们居然还大打出手，明显不把我的话放在心中。把他们叫到办公室后，我就一阵狂批，小楷与小明却只是低着头，一句话也不说。

本来以为事情告一段落，没想到一波未平一波又起，几天后，几个女生聚在一起交头接耳，像是在讨论什么机密，我偷偷一看，原来是在传看一张纸条，当她们发现我时，吓了一大跳，急忙想销毁“证据”。最终，在我的怒视下，女生小瑶把纸条不情不愿地递给了我。我打开一看，原来是小明给某某女生的“情书”。透过“情书”，我似乎也明白了前几天两名男同学大打出手的原因。面对这样的情况，我笑了笑，心想：“这年纪的小孩子哪懂得什么叫爱，等过些日子就没事了。”

对于小明的情况，我并没有放在心上，但接下来的事情却是我始料未及的。没过两天，科任老师急匆匆向我反映，说我班级的学生已经存在早恋的现象，而且极为普遍。我特地进行了一番明察暗访，通过多方调查，了解到了班上近来的流言蜚语——“某某男生喜欢上了某某女生”“某某女生最近老是盯着某某男生看”“某某男生今天偷偷地给某某女生送东西”。还有更有劲爆的，说是隔壁学校的某某男生向班长小璇表白说长大了想要娶她。

面对这样的情况，我不淡定了……

我曾对教师们在面对孩子的所谓“早恋”问题时如遇洪水猛虎般的态度嗤之以鼻，总觉得是大人们的小题大做，因此，我对孩子们所谓的“早恋”，总是宽松对待。现在想想是不是我的宽松对待变成了一种纵容呢?

也许，我得改变态度，细心研究孩子心理的成长规律，给孩子正确的引领……

二、问题思考

曾有人呼吁：青少年的性教育应该在进入青春期之前，因青少年的恋爱日益低龄化，写“情书”的现象在小学高年级已屡见不鲜。然而，我们的教育观念和教育手段却远远滞后于现实，当我们的大多数老师还在学生面前羞羞答答、遮遮掩掩地谈论“爱情”时，学生私下里谈起“情”说起“爱”，早已脸不红、心不跳，写起情书更是大胆、火辣。

面对这样的状况，多数老师马上会联想到早恋会严重影响到孩子的学习和身心健康，因此要压制、要严加管教，殊不知，常常适得其反，不仅起不到教育作用，更是把孩子推到了对立面，激发了孩子的逆反心理，甚至把“恋爱”行为明朗化。当然，也有像我一样的平淡待之，但由于没有对孩子采取正确有效的引导，导致孩子们出现了“跟风”的行为，我的宽容变成了一种纵容。

我想，极端的对待方式都是不可取的，科学看待、正确疏导，才是为师者应有的行为。

三、应对措施

爱情是神圣的、美好，小学高年级的学生大多刚进入青春期，产生对情感的渴求是正常的心理现象，但这种现象绝不是早恋，而是学生对异性那种懵懵懂懂的好感。为师者，要科学看待，不乱给孩子贴“早恋”标签。

1. 科学分析，客观对待学生“早恋”

没有人天生懂得爱，要引导孩子正确对待自己的情感，让孩子跟爱一起成长。

（1）心理发展规律。小学高年级的学生刚刚步入青春期，男生女生对各自所属的性别意识在强化，在这一时期的交往就发生了变化，对异性有些朦胧的好感，但是又不清晰。所以很多同学就出现了对异性的好奇，有时出现相互攻击、打斗等现象。虽然他们渴望真诚交往，可是害怕其他同学的误解。

（2）对异性朦胧好感的误解。对异性产生好感是孩子性意识发展、成熟的一个标志，师长不必以异样的眼光去看待。但同时，学生本身也应该明确，朦胧的好感并不等同于爱情。面对这份青涩的情感，将其放在心里也许是最好的选择。

（3）外界阻力引发的逆反。现在媒体非常发达，学生获取信息的渠道很多，外界诱惑也多。电视、电影、手机、报纸、杂志、网络等充斥着爱情故事，而学生对此又非常感兴趣。这些故事有的非常感人，有的则低俗不堪，而我们又不可能给学生一个真空环境。

2. 平等沟通，走近孩子了解情况

在苏霍姆林斯基看来，爱情是个人内心世界的圣洁情感，他认为爱情的教育对青少年学生身心的健康成长乃至一生的幸福都具有重要的作用。面对青春期问题，孩子们是懵懂的，家长、老师的批评、指责，往往会激起学生形成孤僻的性格，与人疏远，甚至不信任人。

于是，我改变自己严格、强势的作风，利用擅长的各种运动与活动，融入孩子当中，把自己变成孩子的朋友，逐渐走进孩子的内心，了解真实的情况，了解孩子的想法。只有这样，我才可能知道学生最真实的想法，才能有针对性地对其加以引导。

3. 个别辅导，有的放矢科学疏导

针对班里个别学生出现的情况，我通过深入了解，有意识地让这些好奇心理强的学生参加兴趣小组，通过兴趣小组的活动，转移他们的注意力，在活动中培养他们良好的心理素质，再由他们去影响周围的同学。

另外，及时与家长取得联系，搞好配合，摸透情况和学生的心理脉搏，对症下药，消除学生的心理障碍。

总之，只要根据小学生身心发展的特点，通过启发并及时给他们以科学的知识和行为上的正确引导，用以克服学生的心理弱点，防止个别学生做出令人痛心的、极端的事情来。

4. 群体辅导，引导舆论营造良好班风

适当的自我表现既能够拉近双方的心理距离，又能够增加学生对老师的信任。在交谈中，我适当地结合自己的经历、体会，告诉他们这种现象很正常，每一个人都会有，我也曾有过，但并不可怕，也没有什么见不得人的。

（1）用同理心拉近心理距离。利用班会课，我组织孩子开展一节"微笑走过花季——把握异性交往的度"的主题班会，我的开场白是这样的："记得老师读书那会，班上有一位异性，我对她可算是一见钟情，不知怎么搞的，我老是会想到她，在上课时也会禁不住看她一眼，甚至当看见她和其他男生说话时，心里很不是滋味。"孩子们都笑开了，同理心的应用瞬间拉近了我和孩子们的距离。

（2）引导孩子们理性看待。我让学生了解到：对异性的倾慕、关注是一种正常的生理、心理现象，是青春期萌动的正常反应，每个人都会经历，不必深深自责，也不必过度好奇与夸大，更不要因为这些懵懂的情愫而破坏了同学间纯洁的友谊，甚至因此荒废了学业。

（3）引导孩子们把握交往的度。和孩子们一起探讨如何把握好异性交往的度，了解如何保持男女生之间的距离。

四、反思感悟

在对待这个敏感的话题时，我并没有一味地压制，而是先进行换位思考，站在学生的角度为他们着想，承认他们的行为具有一定的合理性，坦然地说出了自己也有过类似的经历和想法，使学生感到老师与自己有一致的地方，认为老师是"自己人"，从而认同老师，这样自然对老师的建议也能欣然接受。

有句话说得好："管人要管心，管心要知心，知心要关心，关心要真心。"处于青春敏感期的学生，更需要家长与老师们的真诚对待。学生一旦将你视为自己人，他们就会亲近你，相信你的观点和建议。

老师们，当孩子们经历雨季时，你能否为其撑起一把伞？当孩子们经历花季时，你能否耐心陪伴、科学疏导、静心聆听花开的声音？

假期孩子沉迷电子产品怎么办？

潮安区枫溪镇枫溪小学　陈妙伶

一、现象

假期，大部分孩子忙于上各种各样的补习班、提高班，本着“孩子也很辛苦”的包容心，空闲时间，孩子偶尔玩下手机，家长也睁只眼闭只眼。但孩子的自制力弱，渐渐地就演变成手机不离手了。性子急躁的家长，忍不住就劈头盖脸地教训孩子，有的直接没收或藏起手机，也有的苦口婆心……但不管家长如何，孩子是上有政策，下有对策，想方设法与电子产品亲密接触，从而导致了亲子冲突频频发生！

二、诊断分析

随着科技的发展，现在已进入信息时代，电子产品已成了人们生活的必备品。电子设备带来的便利以及新鲜好玩的体验连大人都难以抗拒，何况是小学生呢？我们先来看看电子产品本身让孩子产生依赖的原因。

（1）社交型依赖。手机通讯录、微信朋友圈、QQ 等中的好友很多，人脉关系让孩子难以割舍。

（2）游戏型依赖。手机、电脑中的网络游戏特别多，而游戏时的快乐、刺激深深地吸引着孩子。另外，在长期的游戏战斗中积累下来的功勋和经验使得孩子成就感爆棚，倍感满足。

（3）娱乐型依赖。电子设备中电影、音乐、照片、各种有趣的 App，如抖音、快手、b 站、微博等等，使孩子心猿意马，不想写作业而总想摸手机、玩平板电脑。

除了电子设备本身所带来极强的吸引力外，令孩子沉迷其中的还可能存在以下原因：

（1）缺乏自控力。少年儿童自律能力弱，喜欢新、奇、趣的东西，其是非观、时间观不强，自制力差，容易沉迷于“玩”和刺激中。

（2）缺乏陪伴、玩伴。家长工作的繁忙，平日玩伴的匮乏，无人与孩子玩乐，孩子心中难免会多了些孤独感，因此很多孩子会借助电子产品来获得心灵上的慰藉。

（3）父母的默许。有时父母因为繁忙或身心疲惫，无奈将电子产品推向孩子；有的父母为了图清净，会主动拿手机打发孩子；有的父母把让孩子玩手机作为一种奖励。

（4）缺乏规划。漫长的假期，孩子缺少对时间、学习、活动等的规划，因无所事事而迷上电子产品。

（5）父母未能以身作则。父母时常在家拿着手机聊天、刷抖音、游戏等，这也会影响孩子，使孩子对手机产生浓厚的兴趣。

三、措施

1. 分析原因，对症下药，正向疏导

如果孩子特别依赖电子产品，作为家长要控制好自己的情绪，不要采取简单粗暴的应对方式，以防产生亲子冲突。最好先分析一下自己的孩子到底是属于社交型依赖，还是游戏型依赖，或是娱乐型依赖的，然后再对症下药，找到应对方法，正向疏导。

2. 步调一致，以身作则，用心陪伴

父母对孩子的教育要步调一致，不要各行其是，给孩子“钻空子”的机会。当孩子表现好的时候，可以更多地给予精神奖励，而不是以玩手机为奖励。另外，家长要以身作则，自己不沉迷，给孩子做好表率，在家尽量减少使用电子产品，用更多的时间陪伴孩子，跟孩子交流、沟通，以增加亲子互动。

3. 转变观念，客观看待，化“堵”为导

日常生活中，我们要化“堵”为导，例如：当孩子对电子产品产生好奇心时，不如大大方方地将它的功能展示给孩子看，告诉他正确的使用方法。

比如父母可以让孩子在手机上看一些教学视频，也可以让孩子通过手机上网查询不懂的问题，还可以给孩子推荐一些比较好的手机 App。与此同时，不逃避手机游戏这一话题，可以直接和孩子讨论哪些游戏是适合他们的、哪些是不适合他们的。如果孩子有非常喜欢玩的游戏，父母可以陪孩子一起玩，及时进行正向的引导。

4. 约法规划，提高自控力，文明上网

强行压制孩子不让玩手机，会造成孩子的逆反心理，而协助孩子增强自控能力才是解决问题的关键。让孩子自己制定假期每天的作息计划和学习计划，包括：什么时间可以使用手机，每次使用的时间，看什么内容，什么内容是严禁看的，等。把制定规则的权利交给孩子，家长只起引导作用。在制定电子产品使用规则一段时间后，可以根据孩子的执行情况进行适当放手，让孩子慢慢地养成习惯。家长对年幼的或自控力较差的孩子要多加引导，帮助他们学会自我控制，养成健康地游戏和文明上网的习惯；对于年龄稍大的或自主要求较高的孩子，家长可以给他们自主权，让他们进行自我管理，同时可以鼓励或与他们一起学习一些网络素养课。

5. 转移注意力，培养兴趣，健康成长

孩子良好行为习惯的养成，是需要家长进行引导和教育的。家长可以转移孩子的注意力，培养孩子的兴趣爱好，提升他们的日常生活体验。利用假期，家长可以带孩子做一些他们平时喜欢而没有时间做的事情，也可以为孩子购买一些益智类玩具，或是培养孩子关于乐器、书法等方面的兴趣，或是和孩子一起游戏、阅读、运动、劳动等等，或是带孩子参加一些有意义的户外活动。另外，我们也可以多鼓励孩子与人交往，使他们将注意力投入到更有意义的事情中去。

四、反思感悟

随着电子产品的普及，作为班主任会频繁接到家长的求助：“孩子沉迷电子游戏，该怎么办？”科技时代，想要孩子完全跟电子产品隔绝既不科学，也不现实。如何让孩子不沉迷于电子产品中？肩负着“家庭指导师”重责的教师，要充分发挥教育智慧，在全面了解孩子沉迷电子产品的相关状况以及家长先前的应对情况下，做出分析诊断，针对不同人、不同情况，给家长科学性的建议，帮助家长排忧解难，助力孩子健康成长。

融合教育理念下躁狂症学生个性化教育的思考和实践

潮安区枫溪镇枫溪小学　郑树蓬　苏静敏

一、案例陈述

小彬，男，11 岁，小学五年级学生，活泼好动，易暴躁，在小学三年级确诊中度躁狂症，目前有使用药物，但情绪一旦上来就会带有明显攻击行为，忍不住动手打同学，严重时甚至对老师动手。他在班里喜欢指挥别人，对于不服从自己管教的同学报复心强，不能忍受别人说自己一句坏话。在班里经常与班上同学吵架打架，每天少则一起，多则四五起。与同学关系极差，在班里没有要好的朋友。经常在课堂上扰乱课堂纪律，与老师们作对，师生关系紧张，且觉得老师不信任自己，对老师经常请家长的行为很反感，觉得自己的校园生活很痛苦。另外，小彬与父亲关系紧张，经常因为一件小事而遭到父亲打骂。

二、案例分析

躁狂症是心境障碍的一种表现形式，表现为心境高涨、活动增多以及思维奔逸。这一症状以药物治疗为主、心理辅导为辅。躁狂症的发病原因是多方面的，除了遗传因素外，家庭、社会、心理因素的影响尤其明显。

1. 家庭方面

小彬父母的文化素质不高，重养育轻教育，平时对小彬的教育简单粗暴；很少关注孩子的内心需求，使得孩子觉得家中缺乏温暖，与父母不亲近。小彬生活在不和睦的家庭，每次当他的情绪行为出现问题时，其父赖其母管教方法不对，两人一吵架其父多次动手打母亲，甚至提出要与母亲离婚。

2. 个案本身

小彬知道自己被确诊中度躁狂症，每天需要服药控制，对自己这种情况尚不能完全接纳，每每想到自己跟别人有区别就心情烦闷。每次有同学提醒他有疾病，哪怕只是一句“你今天有点活泼”都能让他火冒三丈，认为别人就是在数落自己、挑衅自己、看不起自己。接着他就会一直回想这句话，不一会便紧握拳头，紧闭眼睛，青筋暴起。如果此时没有人阻止或介入，他就会睁开火红的双眼，径直朝向说这话的同学跑去，打他一拳，为此同学们对他既恨又怕，慢慢对他形成歧视。而小彬因为受歧视多了，也就形成一种怪思维：你歧视我，我就打你，如此这般形成了恶性循环——因受到歧视产生情绪性攻击行为，故意违反纪律，成了人见人怕的“问题大王”。

3. 学校及社会方面

（1）小彬经常故意违反课堂纪律，不是用笔尖戳同学的背部，就是课堂上随意爆粗口，拍、踢桌子，发出奇怪的声音。老师刚开始采取了眼神提醒，后面没办法直接变成了批评。这样次数多了，老师的耐心也就越来越少，对小彬越来越严厉，小彬越发觉得得不到老师的关爱。

（2）任课老师对小彬的少许进步没有给予及时的关注，而是过于关注他的不良行为，惯用统一的标准来对待每一名学生，致使其在校没有安全感。

（3）小彬是一个外向、好动的孩子，容易受到外界的干扰，习惯性习得同学身上的不良行为。因此学习好的同学不肯接纳他、不和他一起玩，他只能和表现不好的学生交朋友，以求一时的心理满足。

三、预达到的教育目标

（1）通过认知法、行为改变技术以减少小彬的易怒、攻击行为。

（2）利用团体辅导的方法，协助小彬重建人际关系，重获班级同学的接纳和欢迎，将其逐渐融入班集体。

（3）利用班会、研学活动、帮扶小组等感化小彬，将其进一步融入班集体。

四、教育策略

（一）转变内部的因素

我与小彬约好每周三和周五下午第一节作为谈心时光。通过谈心的方法，首先，我让他认识到他有躁狂症并不羞耻，引导其正确认识自己的症状是情绪波动起伏大的一种表现，通过药物和心理自控力可以得到很好的控制。其次，我教给小彬一些自控的方法，例如：放宽心境法、积极暗示和行为自控法、合理宣泄法等等。

放宽心境法：患上躁狂症的确让人郁闷，但只有坦然面对和接受才会使人心境快乐，告诉他放宽自己的心境，调整好自己的状态。例如：让小彬想着，虽然他患有躁狂症，可身体发育正常，不仅有健全的体魄，还有聪明机智的头脑。

积极暗示和行为自控法：鼓励小彬调整自己的行为，进行积极的内在对话。要求他每次情绪激动，欲产生攻击行为时对自己说上三遍：“我不能动。”然后做深呼吸，想一想动手后会引发的各种消极效果，从而静下来想出更好的解决办法。对于他经过思考的冷静行为，可以给自己画一个笑脸，笑脸越多，则意味着暗示和自控起到的效果越明显。

合理宣泄法：就是以既不伤害自己和他人健康又不破坏社会道德生活的方式，把心理上积压的郁闷情绪通通抒发出来。有一次，小彬因为前桌同学对自己说了一句“你是自闭吗，一直看着我又不说话”这句话，与前桌起了极大的争执，差点动起手来。我了解情况后，让他们说出争执的意见，双方都道歉，消除了误会。

（二）转变外部的因素

第一步，与小彬的父母进行真诚交谈、沟通，统一思想，争取家长的支持。我一改以往用电话约见家长来校的方式，亲自登门，一方面能深入了解家庭的环境，另一方面消除家长到校的顾虑心理。通过倾听、共情等方式取得家长的信任后，辅导小彬父母调整管教方法，推荐他们阅读《非暴力沟通》这本书，学习非暴力沟通模式：“观察—感受—需要—请求”，请小彬父亲尽量不用打骂方式管教孩子，更不要把工作中的不如意发泄到孩子身上，多鼓励，少责罚；不要一味忙于做生意，多一些时间陪孩子做户外运动，以便孩子调整身心，增强孩子正向的情绪和行为反应。家长本身也要注意自身的言谈举止，不易怒不攻击，为孩子提供一个正向的亲密榜样。

第二步，请科任老师共同参与对小彬的情绪和行为考核。我请科任老师协助，接纳小彬的缺点和短处，停止对小彬的大力指责。利用教学时机，给予小彬表现的机会，抓住他乐于助人的优点，创造机会让小彬做老师的小帮手，为班级的劳动出一份力，让他产生被接纳感和归属感。在发现小彬良好行为后，在班级进行公开表扬以及书面表扬。表扬信上让家长签名，家长也会了解到小彬的进步，进一步强化其正向行为。

第三步，抓住主要根源，奖励进步，不过分惩罚过失。最让老师头疼的是小彬的情绪易怒进而产生攻击行为。有一次小彬和同学发生冲突，我了解情况后，不公开批评和处罚，而是耐心启发和诱导，协助小彬说出内心的困扰和感受，站在其立场上帮助他思考和分析问题出现的原因，共同商量后并引导他正确解决问题，协助他执行问题的计划。两个星期后，小彬的攻击行为得到了明显的改善。为鼓励其继续改进和保持，我提他担任课代表和劳动委员，从事收发各科作业和放学排队的工作，减少他与别人产生冲突的机会。

第四步，利用团体辅导的技巧，协助小彬重建人际关系。我有意安排他和成绩好的同学成为同桌，成立一个帮扶小组，让班里八名班干部主动与其接触，通过玩各种协助性的团体活动，提供各种团体体验，使小彬享受被赞美的感觉，满足被尊重的需要，也学习赞美别人的方法，进而能发现和肯定自己的优点，接纳他人的看法，逐渐建立亲密的人际关系。

第五步，拟定奖励机制，引入竞争，不看结果，只看进步。增强物是辅导的重要手段。因此，我宣布由小彬带头与全班协商制定奖励机制，最后由小彬担任执行官。一开始，全班显然不服，但我有意表明态度，让小彬一下子觉得受到了老师的信任。接着鼓励和协助他制定一套适合自己和他人的奖励机制，他果然不负众望，制定了一套有效的方法：当同学之间产生矛盾时不是武力解决而是互相包容时，获得半颗五角星；针对班级优良的事迹，除了公开表扬外，还将获得1颗五角星；如果能为班级带来荣誉，直接获得两颗星。集满5颗星即是“当月之星”，不仅可以获得奖状一张，还能参与组织活动和班级管理。

除了采取以上措施，我还多次利用班会、研学活动等感化小彬，让其进一步融入班集体。

五、教育效果

现在，小彬的情绪比较稳定，基本上处于积极的自控状态，即便有时“旧病复发”，也能通过积极暗示法尽快控制住自己；在课堂上很少违反纪律，能够积极配合老师，更是老师的得力助手，师生关系恢复正常；与同学关系改善，即便有时动作粗鲁，但能主动关心和帮助同学，在体育课上更是为班级荣誉增光添彩；通过家访得知，小彬与父亲的关系改善不少，“父慈子孝”画面时常出现，小彬偶尔也会分享跟父亲一起运动、相处的时光，跟普通学生的学习生活已经没有太大区别。

融合教育体现了人与自然、人与社会、人与人之间的和谐。我们每一个人都是独一无二的个体，因为爱，我们融合在一起。让我们在理解、接纳的基础上，共情、共商、共关爱，愉悦成长，享受幸福生活。

家长对青春期孩子期望值太高，孩子消极放弃怎么办？

潮州市湘桥区官塘初级中学　陈媚霞

孩子的自信源自父母无条件的爱。每个人在生命的最初大都会得到家长的温柔以待，那时候，大多数家长倾注了自己最大限度地关注、陪伴和爱。可是随着孩子的长大，父母对孩子的爱就多了一些附加条件，比如："你得学习好，努力向上，我才会一如既往地爱你。"于是，一些孩子因为没有办法满足父母的期待，而对自己存在的价值产生了极大的怀疑，也滋生了很多焦虑。我班小杰就是一个典型的例子。

一、案例呈现及分析

（一）案例呈现

小杰聪明伶俐，也有一定的组织管理能力，是一位称职的文娱委员，但最近她上课经常睡觉，精神状态萎靡不振。有一天她妈妈打来电话，说村里的医生在给小杰把脉时，发现她手臂上有一道道的划痕，并告诉了她。慌张、崩溃、无助的小杰妈妈希望我能找小杰谈一谈。

（二）案例分析

原来，小杰妈妈一直期待她考上高中，而她目前的成绩又让自己不断陷入自我怀疑中，几乎每一场考试都会给她带来挫败的感觉。对着那一道道让她毫无头绪、无从下手的题目，她的感觉是无助、无力又绝望。她发现自己真的撑不下去了，不止一次产生放弃学习的念头，可是，又有一个声音在告诉她要坚持。想彻底放弃，做不到；想奋力坚持，更做不到，这种纠结让她痛苦和破碎。而当她用修眉刀轻轻地划着手臂上的皮肤的时候，她发现身体上的刺痛感竟然让她有如释重负的感觉。

小杰七科分数加起来不到300分，考上普通高中对她来说有点可望而不可即，加上她对学习确实有些不在状态，于是，她妈妈沉浸在她可能考不上高中的无限焦虑中。她妈妈认为女儿只有考上高中、读上大学，她才能找到好的工作，才能过上好日子，才不会像她那么辛苦。

二、应对策略

为了帮助小杰尽快走出阴霾，我在网上搜集了很多资料，选择了以下方法。

（一）寻求专业的帮助

我找来当地一些心理求助热线，建议小杰同专业的心理咨询师谈一谈。同时告诉小杰父母，如果小杰的情况没有好转，就要及时就医，以免错过最佳的治疗时机。

（二）为亲子沟通牵线搭桥

为了让亲子之间有更深入地沟通，我请孩子们在家长会前写下自己最不能接受父母哪些言行举止。小杰“控诉”道：我不喜欢家长老说“我是为你好”和“白养你这么大了”；我讨厌满口脏话，还带侮辱性；我更讨厌被拿去和别人家的孩子作比较；我讨厌被探究隐私，更讨厌隐私被暴露；我讨厌经常被问成绩；我不喜欢父母常常说“你要是考不上高中就会怎样怎样”……接着，我让孩子们写下自己对父母的期待，大多都是希望得到父母的尊重、支持和鼓励，希望父母在家能好好说话，不要把他们当出气筒，而小杰却说她对父母，尤其是妈妈已不抱任何期待。

通过这次调查，我发现这些孩子都渴望得到父母的认同和肯定。

于是，当召开家长会时，我请家长写下自己孩子的闪光点。我看到小杰的妈妈写的是：“爱画画、跳舞，有个性……”虽然是只言片语，但也许会让小杰感受到妈妈真挚的爱。

家长会的最后，我和家长们一起观看电影《奇迹男孩》的一些感人片段。正是小男孩父母对他的深深接纳、认同、支持和鼓励，帮助他走过人生中的至暗时刻，小男孩才迈向充满希望的明天。可见，父母无条件的爱对一个孩子的成长是有着多么不可思议的力量。

（三）放下期待，积极陪伴

想要一个遭到过很多否定、很多挫折的孩子摒弃“我不够好”的观念，是极其不容易的！几句简单的道理或鼓励，不可能让人彻底改变。小杰的表现也足以证明她的心“病”了，面对一个生病的孩子，指责不会让她好起来，否定不会让她放下心。其实，一个孩子若能一直得到父母的爱和支持，是不可能会去做一些糟糕的事情的。此刻，小杰最需要的就是一个比较松弛的外在环境。于是，我建议小杰的妈妈暂时放下她必须考上高中的这个限制性的期待。小杰的妈妈试着去接纳小杰有可能考不上高中这一现实，还在周末陪她到户外散心、打球……

小杰在渐渐变得轻松的家庭环境中放下了防御，她开始在家里吐槽学习的艰辛等，她的家人也渐渐理解她作为一名“学渣”的不容易……小杰的脸上终于有了轻松的笑意，也表示会全力去迎接中考。

（四）接纳自己，学会爱自己

好多孩子习惯用外界的评判标准审视自己，觉得只有成绩好、颜值高才会招人喜欢，于是盯着自己的缺点不放，折磨自己、贬低自己。小杰也是如此。我决定召开一次“学会爱自己”的班会课。班会课上我们一起辨析什么是真正爱自己，寻找自己的优点和缺点，讨论如何照顾好自己的身体、呵护自己的心灵，做“爱自己手册”……大家都特别来劲，小杰尤其兴奋，她精心地设计封面，充分地展示了她的美术天赋，在“我可爱的优点和迷人的缺点”这一页中，她写得满满当当。活动中，她还高昂地朗读了写给自己的“情书”。果然，每个孩子的独一无二都需要被看见。后来她在一篇学习心得中写道：“父母的鼓励、老师的善意和同学们的支持让我觉得这个世界是安全的，我可以充分地展示自己、表达自己，真的太过瘾了。我也终于深深地认识到，人不可能完美，也无须完美，最重要的是能专注、投入、从容地去做自己真正喜欢的事！”

都说当一个人真正开始爱自己时，奇迹就会发生，一切美好的事情将会接踵而至。希望小杰能带着这份爱，不断地遇见生命中的美好和温暖。

三、成效及反思感悟

（一）成效

小杰不再那么焦虑和低迷，也不再有割伤自己皮肤的行为。尽管她后来考上职中，但她仍是那个有想法、敢爱敢恨、善于表达、脸上带着笑意的阳光女孩。因为她身边不乏喜欢她、支持她的家人和朋友，这让她更有力量去做自己。

（二）反思感悟

我曾经看过一句话：“爱孩子就是帮助他成为自己国土的国王，而不是以爱的名义让他活成傀儡。”教育的成功，从来不是把孩子培养成世俗定义下的优秀。看见孩子的热爱，让其按照自己喜欢的方式而活，也是一种美满。比起培养一个流水线上的“小做题家”，我们更需要培养一个心中有爱、眼里有光的孩子。对于每个孩子来说，拥有一个他说了算的人生，他的生命才会绽放出真正的活力之花！

AI背景下，学生不良学习习惯干预策略例谈

潮州市实验学校　陈友林

一、案例呈现

“老师，老师，小炜的作业是借助搜题软件完成的，每次都是满分。”数学小组长小王急匆匆地将他的新发现告诉我。

“有这回事？你是怎么发现的？”我进一步了解。

“他自己告诉我们的，还说AI（人工智能）扫描搜题效率高、效果好……”

听完小王的话，我心里一震，颇为意外。小炜学习成绩中等，易波动。虽是毕业班了，上课却还易走神，作业完成效果一般。为此，我没少和他谈心做工作。开学两周来，他进步了，作业完成效果很好。数学老师还曾在办公室提到过小炜进步明显，前两天，我讲评语文作业的时候，还投影过他的阅读理解题，表扬他答题简洁、得分点清晰呢！没想到，他是这样取得的“进步”。

我找来小炜，一番询问，他点头承认。

二、问题思考

人工智能（Artificial Intelligence，AI）是指通过模拟人类智能的方法和技术，使计算机系统能够执行类似于人类的智能活动。AI以其高效、准确迅速走红，成为功能强大的网络新事物。

青少年本身自觉意识和控制能力都比较薄弱，一方面，由于青少年心理素质正处于发育阶段，情感波动大，其人生观、价值观还未正确树立，心理承受能力及自控能力差，好奇心强，对于AI的真正目的与意义还不能正确把握、辨别及选择；另一方面，网络本身具有巨大诱惑力，AI相关产品具有大数据海选呈现等优势，效率极高，而秒解题等神奇功能无不激起青少年的欲

望，极易导致他们对 AI 的依赖，从而形成不良的学习习惯。

三、应对措施

1. 积极应对，追根溯源

AI 时代的到来，势必会带来德育上的新问题，因此，我们要勇于面对，积极探索解决问题的路径和策略。针对小炜出现的问题，我认为有以下几个原因。

第一，自觉性不足。自觉独立完成作业，是小学生尤其是高年级学生应当具备的学习习惯和品质。用 AI 搜题软件"完成"作业，是弄虚作假、自欺欺人的行为。

第二，家庭问题。小炜的父母在乡下创办企业，早出晚归，小炜由奶奶和姑姑照顾。

小炜在一次与我谈心时提及："每天放学到姑姑店里去，她很忙，只关心我是否回来。回到家里，爸爸妈妈都不在，他们要很晚才回家。我一个人很无聊，完成作业时遇到不懂的也没办法及时解决……"父母经常性的忙碌，对小炜学习生活的关心不到位，使他得不到应有的亲情，享受不到家庭的温暖与幸福，他只有借助手机来缓解心理上的空虚和寂寞。

第三，手机的使用管理问题。家长以"方便联系"为由给小炜配备了手机，小炜每天手机不离手，是导致作业弄虚作假的一大诱因。

2. 家教指导，融洽关系

在小炜的个案中，父母对孩子关心少、陪伴时间少、亲子关系不佳是最重要的原因。因此，我由这一方面入手，多次敦促小炜的父母认清小炜不良学习习惯的严重性，用亲情积极感化、教育、温暖他，为其积极营造和谐美满的家庭氛围。

在我的建议下，家长对小炜借助 AI 软件完成作业没有一味责备，更多的是交流，在共同约定手机使用计划的前提下让奶奶和姑姑也参与进来，形成良好的监督氛围，还适时给予鼓励乃至奖励。

3. 合理用机，加强指导

应对手机使用加以有效管理监控。家访时，我和家长商议后与小炜约定：

手机在周一至周五交由父母保管，学习上的问题及时向老师寻求解决；周末时，根据作业等学习任务完成情况，由小炜家长规定手机使用时间，建议为一个半小时左右，用于搜集学习资料、收看难题讲解视频等等。

4. 宜疏忌堵，与时俱进

“AI 搜题”以网络为基础，是科技发展的趋势，与网络有着诸多共通之处，同样宜疏不宜堵。

我加强对小炜作业质量的监测，经常利用托管时间对其进行辅导，面批面改。对小炜作业书写态度、作业完成准确率等进行量化打分，增强其学习信心，使其获得成功体验。

我选他为检查作业的小组长，以此培养他的责任意识并满足其自我表现的欲望，勉励他：“同学的信任来自你本身的努力以及以身作则”，启发他应认真完成作业。

我们还约定：如果连续两次认真完成作业并获得“优 +”，便奖励他使用老师的手机为同学们用 AI 检查作业一次。此项“威风凛凛”的工作大大调动了小炜认真完成作业的积极性。

四、反思

孟子云：事有不成，反求诸己。我想，学生借 AI 搜题软件完成作业，老师也要对自己的教育教学进行反思：我们的诚信教育是否落实有效？学生的学习自觉性是否得到培养？沉溺于网络或者像小炜这样的学生大多对学习不感兴趣，缺少成功的体验，然而通过网络及 AI，孩子可以在一定程度上获得成功的自信和快感。这就要求我们要不断地反思自己的教学，力求每一节课都要让学生感受到学习的快乐。只有轻松高效掌握了学习方法与知识点，学生才能有效减少对网络及 AI 的依赖。

在对小炜的教育引导上，我给予他充分的理解与信任，减少说教，用活动育人，效果更明显。

成长路上允许犯错，AI 背景下的育人更需要策略和与时俱进。

第五章

“匠心式”课程打造：新课标下的小学道德与法治教学设计优化策略

题记：

拓展教育载体，丰富育人手段，创新方式方法，理直气壮上好思政课！

习近平总书记明确指出，思想政治理论课是落实立德树人根本任务的关键课程，在大中小学循序渐进、螺旋上升地开设思想政治理论课非常必要。让思政课真正融入学生学习生活，成为学生成长成才的内在需求，就要进一步拓展教育载体，丰富育人手段，创新方式方法。作为道德与法治课教师，笔者致力于探索小学道德与法治教学设计的优化策略，匠心打造，精益求精，构建教学模式，形成教学范例，以提升小学道德与法治教学的实效性。

第一节　整体设计下小学道德与法治课“主题情境·三阶历学”教学范式

习近平总书记明确指出，思想政治理论课是落实立德树人根本任务的关键课程，在大中小学循序渐进、螺旋上升地开设思想政治理论课非常必要。让思政课真正融入学生学习生活，成为学生成长成才的内在需求，就要进一步拓展教育载体，丰富育人手段，创新方式方法。然而在现实中，特别是小学阶段，道法课专任教师极度缺乏，绝大部分由语、数、英科任老师兼任。因此，无论是在授课时长、教师的专业性，还是课的设计方面，都缺乏一定的专业性，很多道法课教师只是按步就班、照本宣科，教学内容过于简单化，教学模式和教学方法缺少创新性，导致了道法课并不能充分发挥对学生的德与法的引导。作为小学道德与法治课的教师，我们一直致力于探索思政教育的新途径与新方法。

《义务教育道德与法治课程标准（2022 年版）》“教学建议”中明确指出：

要及时丰富和充实教学内容，反映党和国家重大实践和理论创新成果。教学要围绕课程内容体系，及时跟进社会发展进程，结合国内外影响较大的时事进行讲解。要将党和国家重大实践和理论创新成果引入课堂，充分体现马克思主义中国化最新成果。要密切联系社会生活和学生生活实际，用富有时代气息的鲜活内容，以学生喜闻乐见的方式，增强道德与法治教育的时效性、生动性、新颖性，让道德与法治课成为有现实关怀和人文温度的课堂。

要丰富学生实践体验，促进知行合一。教学要与社会实践活动相结合，加强课内课外联结，实现隐性课程与显性课程相配合。

要积极探索议题式、体验式、项目式等多种教学方法，引导学生参与体验，促进感悟与建构。要采取热点分析、角色扮演、情境体验、模拟活动等方式，引导学生开展自主探究与合作探究，让学生认识社会。

通过参观访问、现场观摩、志愿服务、生产劳动、研学旅行等方式，学生可增进对国情、社情、民情的了解，增强爱国情感。鼓励学生在社会实践中拓展自己的视野，提升自己的能力，学以致用，知行合一。

在实践中，依托思政教研组的研究，笔者致力于探索整体设计下小学道德与法治课堂“主题情境·三阶历学”教学范式创设探究。

一、整体设计下的“主题情境·三阶历学”创设理念

教育的根本任务是立德树人，道德与法治课程是义务教育阶段落实立德树人根本任务的关键课程，小学阶段的道法课，培养的“人”，指的是儿童。“因此，整体设计下的“主题情境·三阶历学”的创设，在“儿童为中心”理念的指引下，以培养“德法相兼”的时代新人为目标，以教材“一个版块”为支点，以主题情境为依托，以评价为导向，创设“主题情境·三阶历学”教学范式，让学生在主题情境活动中体验、探究、思辩、感悟、评价，以境生情，以情导人，激发学生兴趣，提升课堂教学效果，助力落实学生核心素养，进而提升学生思想政治素质、道德修养、法治素养和人格修养。

二、整体设计下的“主题情境·三阶历学”理论支撑

依据一：皮亚杰关于建构主义的基本观点是，儿童是在与周围环境相互作用的过程中，逐步建构起关于外部世界的知识，从而使自身认知结构得到发展。儿童与环境的相互作用涉及两个基本过程：“同化”与“顺应”。建构主义理论的内容很丰富，但其核心只用一句话就可以概括：以学生为中心，强调学生对知识的主动探索、主动发现和对所学知识意义的主动建构。

依据二：认知心理学研究表明，在人类认知的整个过程中，认知都有赖于情境。人类的所有认知活动都包含着两种加工的相互作用：既有依赖于环境刺激的自下而上的加工，即一个适应的过程；也有依赖于人的已有主体性的自上而下的加工，即有一个解释和构造的过程。这两个过程是内在辩证的。情境认知理论强调：学习的设计要以学习者为主体，内容与活动的安排要与人类社会的具体实践相联通，最好在真实的情境中，通过类似人类真实

实践的方式来组织教学，同时把知识的获得和学习者的发展、身份建构等统合在一起。

依据三:《义务教育道德与法治课程标准（2022 年版）》指出，要“以社会发展和学生生活为基础，构建综合性课程”“突出学生主体地位，充分考虑学生的生活经验，通过设置议题，创设多样化的学习情境，引导学生开展自主、合作的实践探究和体验活动，帮助学生形成正确的价值观，涵养必备品格，增强规则意识，发展社会情感，提升关键能力……”

以上理论，均为主题情境教学范式的创设提供了实验的基础。

三、整体设计下的“主题情境 · 三阶历学”特点解析

整体设计“主题情境”区别于一般的情境教学法，主要特征在于“整体设计的系统性”“情境创设的主题性”和“阶段推进的层递性”。

“整体设计的系统性”区别于碎片化的、孤立的、零散小情境，以及每节课中独立的一个栏目，是基于一整节相关内容的课进行系统设计，即一整节课扣住一条“主线”，创设贯穿全课的完整情境。

“情境创设的主题性”是指教师将与时代相关并能够激发学生学习兴趣的概念、现象作为核心主题，以真实的情境作为载体，以具体的研究区域作为范围，重新构建知识内容。

“阶段推进的层递性”主要体现在整个课例的“三阶历学”的设计，主要包括：一阶的“导学”，即前期的“聚焦学情调研，设计情境教学”；二阶的“助学”，即中期“聚焦‘四境’创设，个性实施助学”；三阶的“拓学”，即后期“聚焦境外作业，形成学习成果”。这一过程不仅保障了教学设计、教学实施与作业评价之间的系统设计和整体实施，还促使“教－学－评”形成闭环，保障单元精准教学的可持续发展。

四、整体设计下的“主题情境 · 三阶历学”范式设想

我们通过对整体设计下小学道法课“主题情境 · 三阶历学”教学范式进行研讨，形成了较系统的模式流程文本，设想如下。

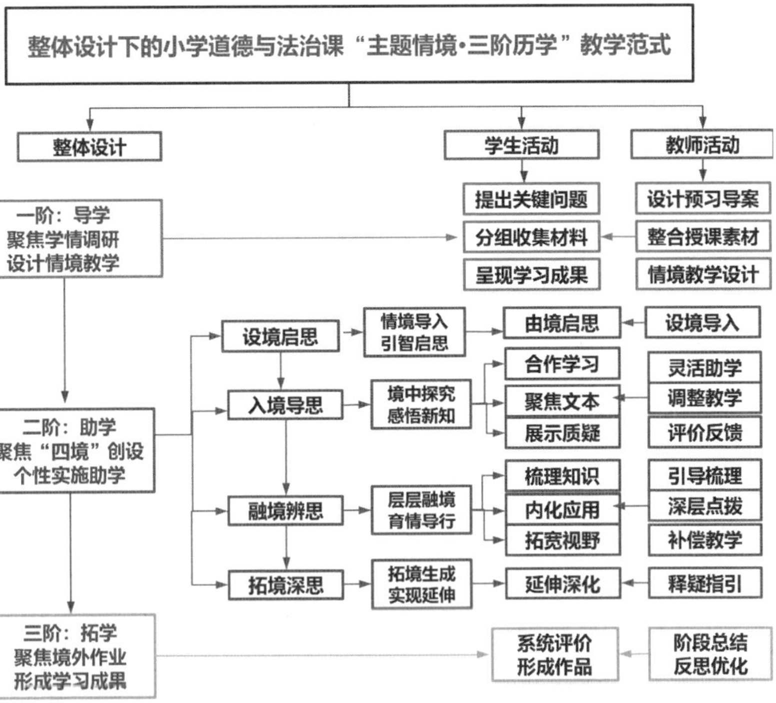

在“主题情境·三阶历学”的教学范式中，教师传授知识的途径是通过创设一定的情境，引导学生学习，构建学习共同体，在活动的不同阶段给予积极的支持、指导、提示和支援，因此，在一阶，教师要充分聚焦学情调研，设计好预习导案或活动清单，进行相应的课堂学习支架设计；同时，教师要根据一阶学生生成的资料，调整教学目标，选择更贴合本班学生认知情况的教学方式，进行课的设计调整，力求精准设计教学。在二阶，教师要设计合理适度的情境，引导学生进行自主探究，展示课前学习成果，聚焦教材文本，互补知识漏洞；教师要带领学生入境探究，灵活导学，及时调整及补偿教学方式；在三阶，教师要重视作业评价，引导学生聚焦境外作业，形成学习成果；教师要及时跟进，进行阶段总结，进一步反思、优化教学设计，提升教学实效性。

五、整体设计下的“主题情境·三阶历学”操作要义

（一）以儿童为中心，创设接“童气”生活化课堂

李吉林老师说：“小学阶段，是人的潜在智慧发展的最佳时期，儿童的可

能能力如果不在这时发展，不被唤醒，就难以再发展了，最后便像灿烂的火花得不到氧的供给而泯灭。”因此，要“潜心启迪智慧”“充分激活儿童的潜能”。而小学道德与法治课堂，是作用于儿童德行心理结构最有效的手段和途径，是最集中、最凝练、有组织、有计划地对儿童道德成长的直接夯实。

《义务教育道德与法治课程标准（2022年版）》指出：要“以社会发展和学生生活为基础，构建综合性课程”“以学生的真实生活为基础，增强内容的针对性和现实性，突出问题导向，正视关注度高、涉及面广的问题……”“生活即德育”是德育课程的核心理念，是打造高效课堂必由之路。如何让小学道德与法治课接“童气”？我们尝试着走近儿童，以儿童为中心，创设时代性生活化的主题情境，让课堂走向生活，让课堂更接“童气”。

整体设计下小学道法课堂教学“主题情境”创设，要立足儿童立场，针对儿童的年龄特点，遵循儿童道德发展的规律进行创设；要关注儿童拥有的生活经验，结合小学阶段学生要落实的素养目标及德育目标进行创设；要关注时代特点，紧扣时代脉搏，使学生的成长与时代接轨，使课的设计具有时代性与政治高度，服务于培养新时代的建设者与接班人。

例如在小学一年级《让我自己来整理》这一课的教学中，笔者根据学生的年龄特点，在课程的设计中尽量从学生的生活实际出发，选择引发学生兴趣的素材，如绘本、动漫视频、小故事等，创设生活化的情景让孩子边感受边学习。先是在课前，通过合理地利用多媒体技术，让学生观看视频，听绘本故事，学生能够从故事中明白拥有整洁、干净的环境是父母通过辛勤的劳动得来的。同时创设体验活动，指导孩子整理书本、书包，使孩子养成分类整理自己的书本及其他用品的习惯，从中感受到整理学习用品及生活用品的好处，以及与家长共同劳动和分担任务的乐趣，感受劳动创造美好生活，进而引导、帮助学生形成良好的德行。学生在活动中得到情感体验，感悟内化，教师则可以顺利落实教学目标。

（二）以教材为支点，整合素材凸显创新运用

在小学道法教学中，关于教材内容使用的很多建议是可以选择性使用教材中的一些内容，可以重构教材内容，然而笔者认为，任何教材的编排都具有其逻辑性与系统性，小学道法课的教材内容的确立与编排具有严肃性，是体现国家意志的。因此，关于教材的使用，笔者认为要关注以下几点。

1. 聚焦教材进行教学设计

要取得良好的教学效果，深度解读教材、胸有成竹地驾驭教材是前提条件，除此之外，还要聚焦教材，紧扣教材的重难点、训练点，理清教材要实现的育人目标和要落实的核心素养，尽可能围绕教材创设情境开展教学，当然也可以适当整合素材进行拓展。

2. 围绕情境创设整合教材内容

在主题情境教学范式的创设中，笔者根据学生的思维状况及认知发展规律，有效、适当地进行整体情境设计，并跟据情境设计对教材正文进行有效整合。主要体现在：

（1）按需对教材顺序进行调整

深度解读教材，明确教材给予的自主空间，根据知识点间的衔接关系和学生的认知规律，适度调整教材呈现的先后顺序。调整后的内容，要具有明确的逻辑关系，把知识有序串联，形成知识体系，助力设计主题的突出，进而提升教学效率。

（2）智能技术助推知识呈现创新

除了常规的通过教师讲解进行知识呈现的方式外，可以结合图片、视频影像资料、微课等，借用智能技术，链接成为知识呈现方式或补充方式；同时，借助软件进行人机互动，充分调动学生参与学习的多个感官，拓宽信息渠道，提升教学效果。

3. 围绕素养目标落实适度增添内容

（1）注重生活经验引导习得

首先，选择的内容要尽量贴近学生，重视发掘学生身边的小事、小素材并加以利用，以提高内容的感染力，引发学生的情感共鸣和深刻思考；其次，选择的内容要有鲜活性。我们联系班级孩子的实际，及时地把社会中的新信息、科学技术新成果、儿童生活中新的问题和现象等收入课程中，不断提高道德教育和法治教育结合的教育基底，使教学内容更加精彩。

（2）善用思辩加强价值引领

重视思辩内容的设置，针对小学生年龄特点与心理特征，选择一些贴近学生生活实际的辨析题，或设置一些有关规则的游戏，让学生讨论、体验、辨析，突出规则意识培养，引导学生辨别是非、澄清迷惑、启迪灵魂、坚定信仰，提高学生的品德修养和法治意识，培养学生的道德责任感和法律责任感。

（3）重视法治意识渗透培养

小学道德与法治课程的教学内容大概可以分为“道德教育、法治意识培养、公民教育、人际交往教育”等几个方面，在小学段，法治教育教学内容主要在六年级体现，在其他年段渗透。小学段的法治意识培养大体包括对学生进行法治意识的培养，如了解法律的作用和意义，知道如何维护自己的合法权益等；以及对学生进行法律知识的普及，如《交通安全法》《未成年人保护法》等。因此，在设计教学内容时，教师要重视道与法的有机结合，适时增添相关的法律法规知识，向学生渗透、培养法治意识，对其进行法治教育。如在三年级下册《生活离不开规则》这节课中，在授课过程中，在思辩导行环节，教师通过“不遵守交通规则有什么后果”的视频，引导学生讨论、辨析，由此延伸特殊规则—— 法律和我们关系比较密切的法律有：《义务教育法》《未成年保护法》《交通安全法》《预防未成年人犯罪法》等。及时将有关法律法规内容融入到课的教学，适时渗透，进一步强化学生的道德与法治意识。

（三）以情境为依托，结构化创设活动情境

“任何知识都是在一定的情境中产生的，最终都回到情境中去。儿童学习的知识更应是情境性的。”主题情境教学主要将主题、教材、教学方法、场景融为一体，以教具、视频、音乐、语言创设情境，形成一种轻松愉快的学习氛围，能极大地激发学生学习兴趣。由此可见，情境对于学生学习知识具有重要作用。同时，无论对于一节课而言，还是对于整一单元而言，教材编制都具有一定的结构性。如部编版一年级下册第一单元《我的好习惯》由“我们爱整洁”“我们有精神”“我不拖拉”“不做小马虎”组成，体现的是并列结构；五年级下册《夺取抗日战争和人民解放战争的胜利》，从“勿忘国耻”“众志成城”“中流砥柱”到“走向胜利”，体现的是承接结构，具有先后顺序。本单元共四课，包括《我和我的家》《家人的爱》《让我自己来整理》和《干点家务活》4个子课题，以“我和我的家”“家人的爱”“让我自己来整理”和“干点家务活”构成逻辑结构，形成逐步递进的关系。因此，情境的创设，需要厘清教材的逻辑关系，根据知识点及训练点要求，合理创设，使两者互相嵌合，起到激发学生兴趣、落实知识点的作用。同时，整一单元的大情境设计中，教师要关注整一单元中各节课的知识关联，整体考虑，合理设计，实现整单元知识体系的构建。

如在教学一年级下册《让我自己来整理》时，笔者创设了“我和小伙伴的故事”大情境，在课堂上呈现出一定的体系和结构。

《让我自己来整理》结构化主题情境创设

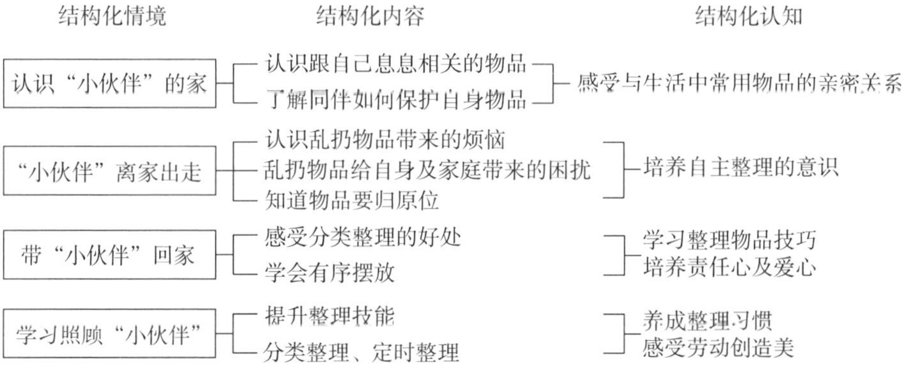

如在教学六年级下册《探访古代文明》时，笔者创设了“考古小分队大行动——我是小导游”大情境，在课堂上呈现出一定的体系和结构。

《探访古代文明》结构化主题情境创设

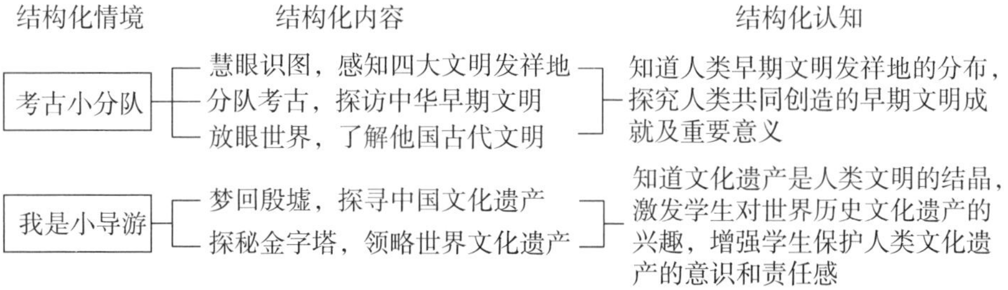

像这样围绕整一节课创设的前后连贯的、呈现出一定内在关系的情境，使整一节课的知识点建立了联系，知识构建更具完整性与系统化，培育目标更明确，也更有利于学生掌握和理解内容知识。

（四）以评价为导向，优化核心素养落地路径

《基础教育课程教学改革深化行动方案》指出：“要注重核心素养立意的教学评价，发挥评价的导向、诊断、反馈作用。”评价能有效促进学生全面发展，教师在教育教学中开展以学生为对象的评价活动，对学生具有直接而深远的影响。因此，在教学过程中，我们重视以评价为导向，设计多元评价机制，优化核心素养落地路径。在教学中，重视教师评价与学生自主评价相结合，重视过程性与总结性评价相结合，我们根据各情境环节，设计多元评价方式，包括导学案、学习过程评价表、课后延伸作业设计、课堂即时性语言评价等。以下为六年级下册《探访古代文明》的导学案和过程性学习评价表。

<table>
<tr><td colspan="3">考古小分队《探访古代文明》学习表</td></tr>
<tr><td rowspan="9">探访古代文明</td><td>小组名称</td><td></td></tr>
<tr><td colspan="2">我们的问题</td></tr>
<tr><td colspan="2"></td></tr>
<tr><td colspan="2">解决问题的方法</td></tr>
<tr><td colspan="2"></td></tr>
<tr><td colspan="2">我们的成果（图片、资料、PPT 等形式）</td></tr>
<tr><td colspan="2"></td></tr>
<tr><td colspan="2">探究的结果</td></tr>
<tr><td colspan="2"></td></tr>
</table>

《探访古代文明》过程性学习评价表

（总评分为：优、良、合格、不合格）

评价项目	课前探究完成情况	课堂参与评价	知识获得与技能提升	学习态度与方法	情感激发与价值观培育	作业质量	达成等次评价
自评							
他评							
教师总评							
学习困惑	（陈述性表达）						
备注							

导学案主要引导学生进行自学，初步评价学生自学成效；在授课过程中，注意及时关注孩子的动态生成，用积极的语言即时评价；学习过程评价表主要对学生总体表现进行反馈，引导学生改进，也可根据评价表进行课的调整修正；课后延伸作业设计主要是让学生在课后的一定时间内完成，以此促进学生养成某种习惯，增强课的成效。发挥评价引导与反馈作用，力求“教、学、评”一体化。

六、“主题情境·三阶历学”教学范式展示

笔者以六年级下册《探访古代文明》为例，展示教学范式的实践。

一阶：导学——聚焦学情调研，设计情境教学

教师先在课前组织学生自学单元内容，为学生提供一张“探访古代文明”学习表，讨论并提出要求学生通过各种途径搜集和整理早期中华文明的资料。学生分小组进行资料搜集与呈现。

二阶：助学——聚焦“四境”创设，个性实施助学

课前热身活动：猜一猜活动

1. 猜一猜（呈现世界八大奇迹图片）

提问：同学们，我们知道古人创造了许多伟大的奇迹。比如世界八大奇迹，你们知道有哪些呢？猜一猜，这些是什么？

考古小分队《探访古代文明》学习表		
探访古代文明	小组名称	
	我们的问题	
	解决问题的方法	
	我们的成果（图片、资料、PPT 等形式）	
	探究的结果	

2. 观看视频，了解世界八大奇迹

环节一：慧眼识图，感知四大文明发祥地

（1）呈现图片（出示课件：教材第 44 页地图）。

（2）提出问题。

问题 1：你能发现什么信息呢?

问题 2：对比四大文明古国，你有什么感受?

师生活动：

通过解读图中内容，对比四大文明古国名称，感知只有中华文明传承至今，延绵不绝，培养学生的民族自尊心和自豪感，以及对中华传统文化的自信。

（3）情境创设。

请把目光聚集到课本地图上橙色区域，这是中华文明的早期发源地。我们班的考古小分队早就对此进行了探究，现在，请考古小分队进行学习成果分享。

环节二：分队考古，探访中华早期文明

（1）出示探究表，进行解说。

（2）学生活动：考古小分队进行考古、分享成果。

（教师提醒：同学们，在分享的过程中，重要的内容要进行标记，补充完善探究表的内容。）

①半坡居民考古小分队分享成果（考古小分队 1 进行分享）。

②河姆渡文明考古小分队分享成果（考古小分队 2 进行分享）。

（3）学生进行评价，互相补充内容。

总结：我们的先人充满了智慧，能顺应、尊重、利用自然，我们中华民族的文化真是历史悠久、源远流长！

（4）引用习言习语。

2021 年 3 月 22 日，习近平爷爷在朱熹园考察时指出：“没有中华五千年文明，哪有我们今天的成功道路。”

（5）学生活动。

回归教材，齐读重要内容。

环节三：放眼世界，了解他国古代文明

（1）阅读教材第 46 页。

（2）学生活动：考古小分队进行考古、分享成果。

放眼世界古代文明，考古小分队与同伴分享查找到的资料。

（3）教师活动：教师参与到考古小分队中，分享收集到的资料。

（出示课件：人们在早期文明发祥地创造的灿烂文化还有医学、数学、建筑学、文学、艺术……它们都对人类文明发展做出了重要贡献，对世界产生了重要影响。）

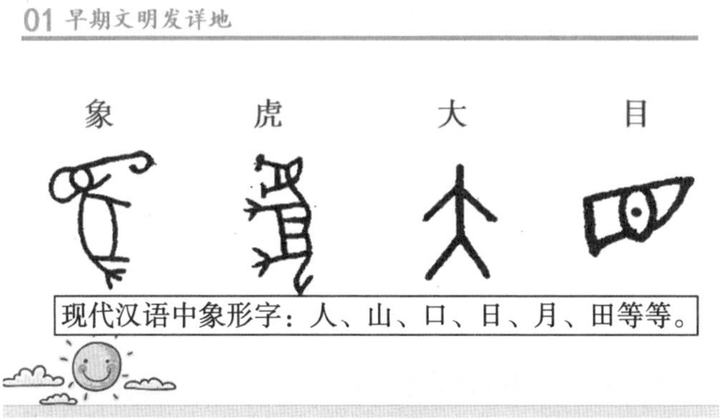

环节四：总结展望，增强文化自信

学生活动：进行学习收获的分享。

教师活动：对本课内容进行总结升华，增强学生的文化自信，鼓励学生勇担时代使命，为中国梦的实现贡献自己的一份力量。

三阶：拓学——聚焦境外作业，形成学习成果

环节五：课后拓展，承上启下系统衔接

学生活动：选择早期文明发祥地创造的灿烂文化成就或者文化遗产，仔细搜集各种资料，并在下节课，为全班同学做一次分享。

第二节 新课标理念下小学道法课教学设计的优化策略探索

习近平总书记在思想政治理论课教师座谈会上强调：“思想政治理论课是落实立德树人根本任务的关键课程。”“办好思想政治理论课，最根本的是要全面贯彻党的教育方针，解决好培养什么人、怎样培养人、为谁培养人这个根本问题。”要在教学中落实好立德树人的根本任务，就要在思政课上传播正能量，厚植家国情怀，给学生心灵埋下真善美的种子，引导学生树立崇高理想，扣好人生第一粒扣子。我们可以从以下几方面进行探索和尝试。

一、深度解读课程标准，确保课程育人方向

2021 年 4 月至 12 月国家教材委及其专家委员会对义务教育课程方案和语文等 16 个课程标准开展了系列审议审核，修订后的义务教育课程方案和课程标准深化了课程改革，强化了课程育人功能，其中道德与法治课程以发展学生的核心素养为导向，以“成长中的我”为原点，由“自我认识”到“我与自然”“我与家庭”“我与他人”“我与社会”“我与国家和人类文明”，不断扩展学生的认识和生活范围，以道德与法治教育为框架，有机融入国家安全教育、生命安全与健康教育、劳动教育，以及信息素养教育、金融素养教育等相关主题，强化中华民族传统美德、革命传统和法治教育。根据不同阶段学生的身心发展特点，以学生实际生活为基础，分学段按主题对内容进行科学设计，建构学段衔接、循序渐进、螺旋上升的课程体系。

2019 年 3 月 18 日习近平在北京主持召开学校思想政治理论课教师座谈会发表重要讲话。这一重要讲话可以说是习近平总书记给全体思政课教师代表上的一堂“特殊”而难忘的思想政治理论课，立意高远，内容丰富，思想深刻，让人回味无穷。习近平强调：“办好思想政治理论课，最根本的是要全

面贯彻党的教育方针，解决好培养什么人、怎样培养人、为谁培养人这个根本问题。”以上这些，皆为如何设计与上好一节道法课，做出了方向性的引导。

二、深挖教材育人内涵，将知识点与育人点有机结合

从2019年秋季开始，义务教育小学思政课教材统一更改为道德与法治。新教材以社会主义核心价值观为统领，以学生生活为内容构建课程，提出了适合新时期的德育理念，落实了立德树人的根本任务。

新教材不缺乏丰富的育人资源，所以备课时，我们要注意整合教材资源，挖掘其中的育人内涵，将教材中有利于学生发展的因素开发出来，把它作为开展德育的切入点。例如《课间十分钟》一课，我们可以创造性地使用教材，根据学生生活的实际，设计四个环节的教学内容：激趣导入——你好十分钟；对话文本——快乐十分钟；联系生活——注意十分钟；拓展延伸——安全十分钟。我们还可以从丰富的生活中挖掘教学资源，充实课堂教学内容，例如紧扣单元主题“校园生活真快乐”，把学生日常的课间十分钟活动拍成视频，让学生观看，使学生们知晓在短短的课间十分钟里，到底能做什么、不能做什么，明确道德认知，懂得科学、安全地安排和参与课间活动。教师只有像这样把知识点和育人点有机结合起来，才能在课堂教学中实现情感、态度和价值观的正确引领，潜移默化地提高育人的功能。

三、注重实践情境创设，重视引导生活习得

课程标准明确指出“要以活动为教与学的基本形式”，思政课新教材更多采用调查研究、参观访问、角色扮演等方法，让学生在活动中积极表达、善于思考、努力践行。因此，教师要坚持理论性与实践性相统一的原则，应充分发挥学生的主体作用，让学生有一定的活动体验。

例如，从活动的准备阶段开始，教师便可以让学生参与其中，放手让学生分小组自主搜集资料、整理资料，在教师的指导下选择适当的展示内容。这样，学生在活动中可加深主人翁意识；同时，教师要因地制宜、因时制宜、

因材施教，创设符合主题的真实情境，让学生在真实情境中，经历道德体验、激发道德情感，有效促进学生道德行为的养成。

在小学一年级《让我自己来整理》这一课的教学中，教师先是在课前，通过合理地利用多媒体技术，让学生观看视频、听绘本故事，使学生从故事中明白他们所拥有的整洁、干净的环境是父母通过付出辛勤的劳动得来的；接着从教孩子整理书本入手，让学生养成分类整理自己书本及其他用品的习惯，从中感受到自己整理学习用品及生活用品的好处，进而在此过程中感受到与家长共同劳动和分担任务的乐趣。这样，教师在课堂教学的情境创设中培养了学生动手整理物品的习惯和能力，且激发了学生关爱父母、主动为家长分担的情感，进而引导、帮助学生形成良好的德行。学生在活动中得到情感体验，不断感悟内化，教师则可以顺利地落实教学目标。

将情境教学有效地与理论知识、现实生活结合起来，将课堂学习与生活实践结合起来，构建孩子感兴趣的生活课堂，让孩子在体验生活的过程中掌握知识，提高道德判断能力和规则思辨能力，从而引导孩子"健康、安全地生活""愉快、积极地生活""负责任、有爱心地生活""动手动脑有创意地生活"。

四、注重引导情感体验，提高学生道德素质

在思政课的教学中，体验化是非常重要的抓手。体验式教学就是通过创设孩子们的生活情境，让他们在情感体验中学习、思考，从而达到"在体验中快乐学习，在学习中明白道理"的目的。因此，在主题班会与思政课整合教学中，教师要重视通过活动体验，引导学生树立正确的价值观，从而提高学生道德素养。

①换位体验。换位体验是客观事物作用于人而引起共鸣的一种情感体验。教师在思政课教学中采取换位体验方式，以促成有如亲身感受的体验，增强学生对道德知识的理解，激发他们的道德情感，使其内化为道德认识。

②对比体验。对比体验是将代表正确的道德观念的形象与代表错误的道德观念的形象进行对比，让学生运用已有的道德观念去判断、分析、评价，

进而形成一种道德素质。

③实践体验。教师应有意识地抓住各种教育契机，组织学生主动地、愉快地进行实践活动，这有利于学生知行合一，形成道德评价的能力，促进道德素质的提高。

五、开放多元教学途径，创新课堂教学方式

道德与法治课程作为小学的思政课程，应面向儿童的整个生活世界，教学内容应从教科书扩展到儿童的其他生活空间，因此，教师应以多方位、多角度为理念，以开放的课堂为核心，以孩子为主体，将课程贯穿始终。开放的教学途径具体包括：①收集资源，发挥网络教育资源的优势；②扩大课堂教学阵地，打破传统教学座位，尽量以小组为活动单位；③注重师生互动、生生互动，互动式的教学能够充分调动学生的积极性，让学生真正成为学习的主体；④开展多样化的情境式游戏，如闯关竞赛、游戏活动、讲故事、听歌曲、情感朗诵、小品表演、知识抢答等；⑤设计开放式实践活动，创设条件向社会、家庭延伸；⑥课程评价走向开放、多元，把日常行为规范和道德与法治学习考核相结合，全面关注儿童丰富多彩的体验和个性化的创意与表现。

如在道德与法治课的课堂中，我经常会采用游戏的形式让学生进行学习。我通过采用小组合作学习的方式，以学生为主体，以教师为主导，彰显自主性和体验性。通过看图、猜谜语的形式，学生能够认识生活和学习用品，激发自己参与学习的兴趣。同时，我注重与学生的交流互动，引导学生了解同龄人如何管理自己的生活和学习用品，懂得自己应该如何做。多媒体时代的课堂让我们能充分发挥网络游戏的作用，我会利用课件中的分类游戏，让学生边上台玩游戏边解说，学生借此在游戏中知道物品分类摆放的方法，从而提高他们的认知能力。采用小组比赛的形式也是非常可行的游戏化教学，既培养了学生的合作精神，又让他们明白团结能使力量增大的道理。在《让我自己来整理》这一课中，为了消除学生对整理物品的畏难情绪，我积极采用小组比赛整理书本的活泼形式，将整节课的学习气氛带动起来并推

向高潮，学生便在动手整理的实践中锻炼了分类整理的能力，养成了协作互助的品质。教师只有在教学中探索并采用学生乐于和适于接受的生动、活泼的方式，才能帮助学生认识和解决现实生活中的问题，从而使教学成为帮助学生体验生活、道德成长的有效过程。

六、重视课堂拓展延伸，让道法课回归生活

《义务教育道德与法治课程标准（2022年版）》指出，品德教学源于生活，要从课堂出发，再回到学生的现实生活中去，让学生去体验生活、实践生活，在生活中践行，才是本质意义上的回归；要关注小学思政课教学的后续效应，重视将小学思政课课堂教学延伸到课堂之外的学生生活中。

我们可以在思政课与主题班会课的融合中，设置持续的跟进活动，促使课内生活走进学生课后生活，将课中所学、所得、所感、所悟，真正转变为课后所用、所做、所行、所为，这样才有助于学生将思政课堂上的口头表达和表面认识，真正转化为实际行动。

良好道德行为习惯的养成需要生活的浸润和实践的历练。例如《安全记心上》一课的最后一个教学环节，我紧密结合学生的生活实际，对学生的道德行为加以引导，设计了课后实践作业：争做"交通安全宣传员"，设计制作交通安全标语。设计类似的课后活动不仅能够把思政小课堂和社会大课堂有机结合起来，还能够引导学生走进广阔的生活世界，践行道德认知，把思政课延续为一条道德行为养成的途径。

第三节　优化小学主题班会思政课设计与实施的策略探究

习近平总书记明确指出，思想政治理论课是落实立德树人根本任务的关键课程，在大中小学循序渐进、螺旋上升地开设思想政治理论课非常必要。让思政课真正融入学生学习生活，成为学生成长成才的内在需求，就要进一步拓展教育载体，丰富育人手段、创新方式方法。

班主任是全面负责一个班级学生思想、学习等的组织者、领导者和教育者，是落实立德树人根本任务的主体，而班会课是班主任对学生进行管理、引导和教育的重要途径，那么，当思政课遇上班会课，这课应该怎么上？笔者尝试将思政教育与主题班会课进行融合，以探索思政教育的新途径与新方法。

以一节六年级主题班会思政课“中国梦，我的梦”为例，笔者浅谈一下主题班会思政课设计与实施过程中存在的问题，探讨优化策略。

【问题呈现与分析】

近来，笔者听了一节以“中国梦，我的梦”为题的小学六年级主题班会思政课，课的设计着实出现了不少值得学习借鉴的亮点，比如：课的设计者同样把思政课与主题班会融合在一起，把“理想信念”教育贯穿于整节主题班会课；突出趣味性，形式丰富多样……。但深思之下，笔者认为仍有些许片断存在值得探讨的问题。

问题一：学生缺乏实践体验，难于产生情感共鸣与价值认同

课伊始，教师以歌曲《水手》为引，营造寻梦的气氛，在学生的跟唱中拉开本节课的序幕；接着，点明主题后又播放教师设计的视频，以动漫的形式展现中国近些年来取得的成就和已实现的梦想；然后又播放了中国未来可能实现的梦想，视频时间持续十五分钟。这一过程中部分学生开始走神，目光游离，甚至有的学生打起了哈欠……

问题分析：很明显，本节课以歌曲《水手》引入，由于所用的资源较落伍，并不能引起学生多大的兴趣；同时，本节课大部分资料都是由教师一手包办的，因此学生似乎认同了老师的观点、接受了主持人的要求和倡议，但缺少了参与热情和活动兴趣。学生缺乏必要的活动体验，无法产生情感共鸣与价值认同。

问题二：教师未能及时介入，缺乏深层次的价值引领与迷惑澄清

在“立梦”环节，学生自由畅谈梦想，情况如下：“我想当医生，救死扶伤，为人类造福”“我要赚很多的钱，当大富翁”“我想到咱学校旁边卖包子，当小老板”……听到这些，很多学生哄堂大笑，教师先是一愣，接着也跟着在一边微笑……

当面对两道辨析题：“1. 追梦时，如遇到困难一定要克服困难，坚持下去；2. 只要付出努力，梦想就一定能实现”，学生纷纷表示赞同，主持人也对学生的坚持给予鼓励。有个别学生表示有不同意见，但因为由学生主持，教师就只在辨析完后，进行一个简单小结。

问题分析：

当学生谈论梦想时，我期待教师对学生的发言进行互动、点评；当有学生提到“想到咱学校旁边卖包子”，而全班哄笑时，我又期待教师能抓住这个动态生成的资源，趁机对学生进行价值观的引领，甚至进行深层次的挖掘；当面对辨析时，我又期待教师对孩子的追梦、立梦进行迷惑澄清，但很遗憾，在整个环节中，教师自始自终如旁观者，缺乏对学生迷惑澄清与深层次的价值引领，使整个环节失去了教育意义与道法味了。

问题三：教师角色定位不当，缺乏主导性与引领作用

整节班会课上，为了突出学生的主体作用，教师放手让学生主持，只在学生谈及梦想时刻，教师才现身谈自己的梦想，再在总结时，对整节课进行了一个小结，除此之外，教师都如局外人般坐于一旁观看学生的表演……

问题分析：很明显，本节课的教师对自身的定位把握得不好，把教师与学生的关系分裂开来，突出学生的主体地位，却忽略了教师的主导作用，导致整节课的深度挖掘不够，师生之间的互动也无法体现，缺乏教师的引领作用，整节班会平铺直叙，没有起伏和节奏变化，全部由学生主持，不能引发学生产生深刻的思考，因此也就缺少亮点。

【优化策略探索】

“推动思想政治理论课改革创新，要不断增强思政课的思想性、理论性和亲和力、针对性。”习近平总书记提出“八个统一”的具体要求，为思政课的改革创新指明了方向。把思政课与主题班会课进行融合，同样要以“八个统一”指导课的设计与实施。

一、以“八个统一”为指导，优化设计策略

（一）以主题班会课为载体，突出思想政治理论教育

主题班会课指根据促进学生健康成长和班级发展的要求，针对班级的实际情况而进行的主题性班集体教育活动，具有教育、情感感染、凝聚、育德、导向、激励作用。将主题班会课与思政课融合在一起，既要具备班会课的特点，更要注重突出思政课课程的特征。主题的确立、素材的选择、目标的达成，要突出学生道德情感的激发、道德行为的建构，更要深入贯彻习近平新时代中国特色社会主义思想，努力让学生收获真善美，引导学生扣好人生第一颗扣子，培养家国情怀。

同时，选题要突出时代性，把握时代脉搏，这样才能使学生有一种亲近感、迫切感、现实感，可以培养学生时代意识，让学生更好地了解时代的要求，明确自己的成才方向，树立奋斗目标，做一个能够适应社会发展的人。

（二）内容贴近生活，体现多样性和鲜活性

主题班会课的内容选择方面，我们坚持体现多样性和鲜活性。多样性主要体现在以下几点。

选择的材料坚持“近小实”的原则。活动的内容尽量贴近学生的年龄特点与班级的教育实际；重视发掘学生身边的小事并加以利用，如一张照片、一段小故事、一个小案例，甚至是课堂上动态生成的一句话；讲究真实，尽

量从现实生活中撷取材料，贴近学生生活，以提高内容的感染力，引发学生的情感共鸣和深刻思考。

选择的材料要体现鲜活性。我们联系班级孩子的实际，及时把社会中的新信息、科学技术新成果、儿童生活中新的问题和现象等收到课程中去，不断提高道德教育和法治教育结合的教育基底，使教学更加精彩。

材料内容的选择更注重向道法课靠拢。针对小学生年龄特点与心理特征，选择一些贴近学生生活实际的辨析题，或设置一些有关规则的游戏，让学生讨论、体验、辨析，突出规则意识培养，引导学生辨别是非、澄清迷惑、启迪灵魂、坚定信仰，提高学生的品德修养和法治意识，培养学生的道德责任感和法律责任感。

（三）形式注重实效，体现体验性与参与性

形式的设计要重视学生的参与性，每个环节力争让每个学生都可以参与活动，或体验，或感悟，或思考，或交流，力求让每个学生在参与的过程中都能得到发展。与此同时，重视突出活动形式的简约性，在活动形式的确定上，力求做到操作方便快捷、形式简约而不简单。抛弃传统班会设计的繁文缛节和僵化窠臼，尽量采用课前省事、课内高效的活动形式，减少课前繁重的准备工作，在提高班会的实效性方面做一个尝试，力求使活动回归常态、回归实效。

形式要符合青少年的特点，要不拘一格、丰富多彩；要充分做好准备工作；要充分发挥学生的主体作用；要把班会课的思想性、知识性、教育性、趣味性统一起来，使其融为一体。

二、以“人本理念”为基础，突出师生的主导性与主体性

（一）注重实践，重视学生的活动体验

课程标准明确指出“要以活动为教与学的基本形式”，思政课新教材更多采用调查研究、参观访问、角色扮演等方法，让学生在活动中积极表达、善于思考、努力践行。因此，融合思政课的主题班会，教师要坚持理论性与实践性相统一的原则，应充分发挥学生的主体作用，让学生有一定的活动体验。

例如，从活动的准备阶段开始，教师便可以让学生参与其中，放手让学生分小组分工自主搜集资料、整理资料，在教师的指导下选择适当的展示内容。这样，学生在活动中能够加深主人翁意识与活动体验；同时，教师要因地制宜、因时制宜、因材施教，创设符合主题的真实情境，让学生在真实情境中经历道德体验、激发道德情感，有效促进学生道德行为的养成。

（二）活化角色，加深教师介入程度

主题班会思政课与一般的班、团队课有区别，教师的介入程度要更深，要偏往思想政治理论课的课程方向走。作为主题班会活动的组织者、指导者、参与者，教师应摆正自己的位置，正确把握教师主导和学生主体的关系，成为活动的“导演”。在活动召开前，班主任要指导各阶段的设计、素材等教育载体的审核；在召开过程中，要根据课的需要活化自身的角色，或以长者形象对学生观点进行点评，进行价值观的引领，或以学生感兴趣的角色参与学生的讨论，对学生的迷惑进行澄清，进行思想灌输与启发；在活动结束后，总结升华，把本节班会课的教育目标进行强调和深化，这样才能起到画龙点睛的作用。

三、以“持续生成”为追求，合理“预设”、注重“生成”

（一）合理“预设”

“凡事预则立，不预则废。”摒弃过度“预设”，但并非对“预设”一味排斥。事实上，只有成功的预设才可能形成可持续的有效生成，因此，教师应注意：一方面，设计时应“事无巨细”精心预计，形成弹性化的方案；另一方面，设计时注意留白的艺术，重视过程的开放，强调师生、生生的互动影响，使设计体现出较大的包容度和自由度，给学生活动留下最大的空间。

（二）注重“生成”

合理的“预设”，是为精彩的“生成”打好基础，因此，教师要找准学生的“最近发展区”，从学生已有的经验出发，创设道德情境问题，挖掘素材中的积极因素以激励其主动探索、建构，最终实现认识上的发展和飞跃，形成新的道德体验和认知。同时，对学生生成的信息及时归纳、整合，发现

其中的“闪光点”，巧引导、巧点拨，将学生的交流、讨论和思考不断引向深入。

思政课不是一般的公共课，是具有意识形态属性的国家课程，其主要功能是“育德”，在人才培养中具有根本地位，被看作“课程中的课程”，对其他课程具有思想引领和价值定向作用。当主题班会课遇上思政课，应该怎么上？应该怎么使班主任工作与思政课课程教学深度融合在一起，在主题班会课中体现道法味？针对以上问题，我们将继续改革创新、主动作为、不断探索。

第四节　教师应关注教学行为的道德性

班华先生说：“良好的教学组织方式、良好的师生关系、课堂气氛等对学生良好品德形成具有熏陶感染作用；教师的人格对学生的发展具有榜样示范作用。”这说明，教学与教育都是道德事业，不仅具有道德的目的，而且必须以道德的方式进行。品德课程的教学更应如此，必须以道德方式进行道德内容的教学。近来有幸听了一节《节约用电》思品公开课，课的设计新颖独特、针对性强，教师教学基本功扎实，语言富有启发性，着实出现了不少值得学习的亮点，然而教师不经意出现的几个细节，让我对“教师的教学行为应合乎道德”的提法有了更为深刻的理解。

片断一：

上课时，任课的教师为了提高学生的参与度，所使用的语言富有鼓励性，且对参与课堂活动的学生，都奖给了一枚“笑脸”。独特的设计，加上小奖品，整节课中学生的参与度高，课堂气氛活跃。下课时，老师不小心把一枚“笑脸”掉在了讲台上，一名小女生捡了起来还给老师，老师笑着说：“课上完了，‘笑脸’老师用不着了，送给你吧，或者丢掉也行。”小女生拿着“笑脸”茫然地看着老师。

【思考】表面看来，教师的这些行为是无可厚非的，用“笑脸”奖励学生，是为了提高学生的参与度；上完课把剩下的奖品送给学生或随意丢掉，这也是大部分教师会采取的行为，但细究之下，教师的教学方式是否合乎道德呢？对于参与课堂活动的学生都给了奖品，首先脱不了“贿赂”学生学习的嫌疑，而且这样对学生的奖励是否太随意了？细推之下，学生的积极参与，是对学习的内容和学习的问题有兴趣，还是仅仅对教师的奖励与得到表扬感兴趣呢？

对于奖品的处理，教师的行为也体现出了道德的因素，值得我们思考和回味。小学中低年级的学生，向师性强，对教师本身充满着敬意与信任，对于老师，他们是极力配合，甚至有时是极力讨好的。对于老师的奖励品，即使廉价也视若珍宝。而当他们尽力配合老师，满心欢喜地获得奖品，并以此为傲时，却发现在老师眼中，这是无足轻重的，甚至是没用的，也许只不过是老师表演的道具而已，学生的失望可想而知，他们可能会觉得委屈、苦恼，对教师的所做所为是否一致也会产生疑惑。

对于课堂教学中能否使用奖励品，仁者见仁，智者见智，我认为，激发学生的兴趣，使用一些小奖章，或一些传递快乐的小“笑脸”，或老师亲手制作的小礼物，也未尝不可，但要注意把握一个“度”，适度地奖励一些表现特别出色的学生，可以起到激励作用。但更重要的，老师要营造平等的、良好的氛围，让学生敢于发言，勇于发表自己的想法；或老师要制定一定的鼓励机制，让学生形成积极参与课堂活动的良好习惯。

片断二：

上课之际，教师努力结合学生的日常生活，在学生课前自主体验的基础上，用视频、图片、文字资料帮助学生了解到电在日常生活中的重大作用，进而使学生的已有经验得到积累；通过讲解电在科技、工业、农业生产等方面的作用，学生能够明白电与我们的生活是密切相关的。进而，又回归到学生的日常生活，让学生反思身边是否存在浪费电的现象。学生热情高涨，纷纷发言。这时一个小男生站起来说：“老师，我认为我们现在就是在浪费电啊！你看，投影机我们用不到，可一直亮着。”“我这是方便你们看呀！”老师不悦地辩解着，男生还想说什么，老师已用手示意他坐下，小男生悻悻地坐下，一脸的不服。

【思考】教学中出现“意外插曲”，这是教师经常会遇到的情况。处理得当，学生的“意外”往往能成就教师的精彩，而“意外”是否能处理得当，取决于教师的素养与机智。在这节课中，教师的教育设计是不错的，通过教师的引导，成功地将学生对浪费电现象的思考回转到对自己的反思与检视，这无疑将学生的认识提高了一个层次。这时，“意外”出现了。从一方面来讲，它的出现说明学生心理上对老师是信任的，因为他敢于质疑老师，但很遗憾，老师对学生的批判思维持鼓励态度，率先启发学生进行反思与批判，而当学生把批判的对象指向教师时，教师却退缩和抗拒了，不仅对自己的行为自我保护式的辩解，且中断了学生的发言，亲自破坏了营造出来的“反思”的氛围。试想，这样的情况次数多了、时间长了，学生潜意识中会不会萌生出一种“说的是一套，做的又是另一套”的想法？他们会不会慢慢变得不发表真实的想法，甚至变得察言观色，只会一味地顺从或者“迎合”呢？事实上，教师的这一言行不一的举动，不仅会弱化甚至消解预设的教育目标，而且会让学生对教师的行为持怀疑的态度，对何谓“真实”也会心生困惑，这完全不利于学生道德意识的确立。

教师的一言一行，对学生起到潜移默化的作用，对学生影响深远。言行一致，勇于正视自身存在的问题，以身作则，作为学生成长指明灯的教师，才能给学生正确的价值观引领。

片断三：

当教师让学生说说自己有哪些节约电源的小窍门时，很多学生都高高举起了手，跃跃欲试。这时，教师指着班长（一个看起来很有灵气的小女孩）说：“我们请班长来说吧，她那么优秀，她的想法肯定会是很棒的。”如果我没有记错，这个班长在这节课中得到展示的机会已不少于四次了。听了老师的话，旁边个别同学一脸沮丧而又不甘心地放下了手……

【思考】老师随口说出的一句话，却耐人寻味。“我们请班长来说吧，她那么优秀，她的想法肯定会是很棒的。”这一句话以及优等生多次得到表现的机会，是否说明了教师对不同学生的态度是有亲疏差异的呢？班长的想法肯定就很棒吗？是否说明了教师本身已把优等生的学业成绩与各方面的素质挂钩了呢？教师是否已在潜意识中把学生分成了好、中、差的等次，并对不同层次的学生在交往方式与期望的态度上是有所不同的呢？这些问题，确实需要作为教师的我们深思。

另外，在一些课堂上，我们经常能看到类似这样的情况发生：为减少课堂意外情况的发生，教师通常会让优秀的学生多次回答问题。这样做是保证了课的进度，也通常能得到教师想要的答案，但这样做是否也就存在着学生参与度严重不平衡的问题呢？优等生得到锻炼，中等生被忽视，后进生也成了课堂学习活动的“旁观者”。

平等对待每一个学生，关注每一个学生，不是口号，这需要我们端正态度，真正从心理上去接纳学生、尊重学生，关注平时的一些细节。任课教师上课时要多关注各层次的学生，均衡学生发言的机会，慎用课堂评语，多给一些鼓励性的评语，多关注每个层次学生的掌握程度，分层布置课后作业……学生自然能感受到教师的关注与尊重，自然能与教师拉近心理上的距离，自然能在教师的带领下，快乐健康地成长！

思想品德课教师是对学生进行思想品德教育的启蒙者、思想上的引路人，教师的言行举止、态度与价值观对学生的一生有着潜移默化的影响。教师的教育、教学行为与人格等方面是否合乎道德，确实会影响到学生对所学道德内容的真正体味和理解。因此，教师须加强自身修养，努力规范自身的行为，力求做到言行一致、平等对待学生，让自己的教学行为与教育行为合乎道德，力求把品德课程的道德追求落到实处。

第六章

“匠心式”课程实施：新课标下的小学道德与法治教学设计与实践

题记：

用富有时代气息的鲜活内容，以学生喜闻乐见的方式，让道德与法治课成为有现实关怀和人文温度的课堂。

理直气壮上好思政课，除了立足课堂主阵地，夯实基础，还要及时丰富和充实教学内容，要密切联系社会生活和学生生活实际，用富有时代气息的鲜活内容，以学生喜闻乐见的方式，让道德与法治课成为有现实关怀和人文温度的课堂；要丰富学生实践体验，促进知行合一；教学要求要与社会实践活动相结合，加强课内课外联结。鼓励学生在社会实践中扩展自己的视野，提升自己的能力。因此，在小学道德与法治课的常规课堂教学中，我们精心设计，匠心实施，不断探索多元化的教学方式与教学内容，创设思政小课堂，补充课堂教学内容，也将课堂教学向课外实践延伸。

第一节　整体设计下小学道德与法治课“主题情境·三阶历学”教学设计

《我爱我家》单元整体教学设计

基本信息

作者：谢壁妆、吴桂丽
学段：小学
展示单元：一年级第三单元

单元教学设计

单元名称：《我爱我家》

单元教学设计说明：依据《义务教育道德与法治课程标准（2022年版）》的要求，简述本单元学习对学生核心素养发展的价值；简要说明教学设计与实践的理论基础。

《义务教育道德与法治课程标准（2022年版）》中指出，本课程要引导和帮助学生达到以下目标：要养成安全、健康、环保的良好生活和行为习惯。本单元主要从引导学生从掌握自身生活必需的基本知识和基本技能出发，让学生感受到劳动创造美创造幸福，同时认识到劳动是自身的责职，也是对家人的爱的一种反馈，从而促进学生“健康生活”“劳动意识”等核心素养的发展。

培养学生良好的生活与行为习惯，既是一个较长远的目标，又是一个长期渐进的过程，需设立一个个的小目标并逐步引导落实。本单元针对一年级学生的特点，从引导学生了解自己的出生给家人带来的喜悦开始，进而了解自己与家人间的血缘关系和法律关系，以及家庭结构，最后，落实到对家庭的爱与责任，引导学生学会主动表达自己对家人的爱，学会自己的事情自己做，学习主动承担力所能及的家务，最终使学生成长为温馨家庭生活的自觉建构者。

本单元共四课，包括《我和我的家》《家人的爱》《让我自己来整理》和《干点家务活》4个子课题，以“我和我的家”“家人的爱”“让我自己来整理”和“干点家务活”构成逻辑结构，形成逐步递进的关系。

1. 单元目标

（1）了解自己与家人之间的血脉联系，能正确地称呼家人。

（2）感受自己与家人的深厚情感，爱自己的父母长辈。

（3）体会家人为自己的健康成长付出的辛劳，体察父母及长辈对自己的爱。

（4）学习用恰当的方式表达对家人的爱。

（5）懂得自己的事要自己做，不会做的事要学着做。

（6）学习整理物品的两种方法。

（7）养成整理自己物品的好习惯，提高生活的自理能力。

（8）懂得做家务是爱父母及长辈的表现。

（9）通过分享、交流和实践体验，掌握基本的家务劳动技能。

（10）感受做家务的乐趣，体会“负责任、有爱心地生活”的美好之处。

2. 单元整体教学思路

介绍单元整体教学实施的思路，包括课时安排、教与学活动规划，以结构图等形式，整体呈现单元内的课时安排及课时之间的关联等。

课时教学设计

课题：《让我自己来整理》

1. 教学内容分析

分析本课时教学内容在单元中的位置，学习教学内容中对发展学生核心素养的功能价值、蕴含的正确价值观念等。

2. 学情分析

由于一年级的学生年龄较小，加之其父母平时比较娇惯孩子，学生在使用完各类生活用品和玩具后没有养成整理的好习惯，依懒性较强，所以教师利用本课帮助学生养成美好的德行。

3. 目标确定

（1）懂得自己的事要自己做，不会做的事要学着做。

（2）学习整理的两种方法。

（3）养成整理自己物品的好习惯，提高生活的自理能力。

4. 学习重点、难点

（1）学习整理物品的两种方法。

（2）养成整理的习惯，提高自理能力。

5. 学习活动设计

教师活动	学生活动
环节一：绘本引入，调动情绪	
教师活动 1. 视频播放 听故事《乱作一团》 2. 引导思考 （听完故事后提问） 师：丽娜和保罗的房间是什么样的？为什么会这样？ 师：大家来看看你喜欢哪个房间？（出示两个房间的图片） 师：你们为什么都喜欢第一个房间呢？ 师：你们的房间是什么样的呢？ 师：你们喜欢自己的房间吗？ 师：平时都是谁帮你们整理的呢？ 师：整洁漂亮的房间大家都喜欢，乱糟糟的房间我们都讨厌。物品乱放，不仅给自己带来麻烦，还会给家人带来额外的负担。小时候家人帮我们整理，现在我们慢慢长大了，要学会自己的事情自己做。今天我们就一起来学习第 11 课。（出示课题）	学生活动 听故事。 生：他们的房间乱七八糟的，没有整理干净。 生：我喜欢第一个房间。 生：我也喜欢第一个房间。 生：因为第一个房间整洁干净。 生：在第一个房间找东西很容易。 生：干净，漂亮。 生：喜欢。 生：（自由回答）爸爸 / 妈妈 / 爷爷 / 奶奶 / 我自己。
设计意图：通过学生喜欢的绘本故事引入，对比“干净”与“整洁”两个场景，让学生从故事中明白拥有一个整洁干净的环境是父母付出辛勤劳动的结果。	

续表

环节二：认识"小伙伴"的家	
教师活动	学生活动
过渡：今天，吴老师给大家带来了这间整洁漂亮的房间的小主人，你们想不想认识他呢?	
师：他就是小雨，小雨有好多小伙伴，我们来听听都有谁?（扮演玩具和文具的同学出来说一说为什么喜欢小雨。）	生：有乐高积木、铅笔。
师：都有谁? 师：他们为什么喜欢小雨?	生：因为小雨平时很爱护他们，每次用完后都会将他们放回原位。
师：你们的小伙伴喜欢你吗?（指名说说）	生：我的小伙伴也很喜欢我，我每次用好之后都有将他们放回原来的地方。
师：小雨还有其他的小伙伴吗?（出示课本的插图）	生：我的小伙伴喜欢我，因为我会帮他们洗干净。
师：乐高积木、玩具熊、皮球，这些是什么?	生：还有玩具熊、皮球、剪刀、橡皮、书包。
师：书包、铅笔、橡皮、剪刀，这些又是什么?	生：玩具（教师根据学生回答进行板书）。
师：除了这些，小雨还有其他的小伙伴，我们一起来猜猜他们是谁?（出示谜语猜谜语） 两个小口袋，天天贴身带，如果带一只，就把人笑坏。（我是　　） 小小船儿一对，坐着客人十位。白天忙着赶路，晚上靠岸休息。（我是　　） 根据谜语出示生活用品。 过渡：小雨的小伙伴真多，每天他都将房间收拾得整整齐齐。周末，表哥到小雨家来做客，"小伙伴"都离家出走了。我们快来看看是怎么回事?	生：学习用品（教师根据学生回答进行板书）。
设计意图：针对低年级学生的心理特点，创设拟人化情景，把整节课串联起来，激发孩子参与的兴趣；同时通过了解同龄人如何保护自己的生活、学习和生活用品，懂得自己应该如何做，用猜谜语的形式激发学生的学习兴趣。	

续表

环节三：“小伙伴”离家出走	
教师活动	学生活动
师：看，小雨的表哥有什么麻烦？（出示书中第 43 页图片）大家看图。（小组讨论） 师：他为什么找不到橡皮呢？ 师：小雨的表哥找不到自己的小伙伴会怎么样呢？ 师：你有遇到过这样的情况吗？ 师：当时你的感受怎样？ 师：那我们快来帮帮他吧！他要怎样做才能一下子就找到橡皮呢？ 师：从哪里拿出来就放回哪里，这是什么行为？橡皮是我们学习中必不可少的用品，是我们的好伙伴。乱扔乱丢，找不到“小伙伴”，真麻烦。 师小结：叮咚，小雨回来了，他一进门就发现表哥找不到橡皮，决定带表哥一起将“小伙伴”送回家。	生：他找不到橡皮了。 小组讨论。 生：因为他的房间很乱，他乱扔东西。 生：他的房间乱七八糟，要找到东西肯定非常困难。 生：他会把家里翻得更加乱七八糟。 生：会给妈妈带来麻烦。 生：会影响学习和生活。 生：会很浪费时间。 生：有。 生：我当时很着急，真想有人能帮帮我。 生：他可以分别将各种物品摆放整齐。他可以将橡皮放在文具盒里。
设计意图：通过讨论书第 43 页的小朋友找不到小伙伴的事情，让学生知道物品要物归原位，才容易找到，并且自己的事情自己做是爱家人的表现。	
环节四：带“小伙伴”回家	
教师活动	学生活动
1. 出示游戏，分类整理 师：大家看这些“小伙伴”，你们能不能将他们分类整理呢？（出示游戏）（请两个同学上台分别用两种方法归类） 师：真棒！你们刚刚在游戏的过程中是按什么整理的？ 师：将相同的物品分在一起，这就是分类摆放，是一种整理的妙招。大家赶紧将课本第 44 页的物品放回原位吧。（连线并投影正确的答案） 过渡：通过大家的帮忙，房间又恢复成原来的样子了。	整理游戏，分类摆放。 生：分类（教师出示板书“分类摆放”）

续表

2. 比赛，整理书本 师：按照刚刚学到的整理妙招，我们来进行比赛，各小组合作，看看哪一组整理得又快又整齐。 师：刚才几堆乱糟糟的文具一下子就被大家齐心协力收拾得整整齐齐的，大家整理得真好。 过渡：这组的同学整理得又快又整齐，我们快来问问他们是如何做到的。（采访）你们还有其他方法吗？每个星期就收拾一次，这是定时整理。 3. 比赛，整理书包 师：你们的书包有没有定时整理呢？我们回家就用这些方法来将我们的书包整理整理。 过渡：看来好多同学都能做到自己的事情自己做。可是有些小朋友不是这样想的，我们来看看他们是怎么想的。	连线整理。 小组合作整理书本和文具盒。 回家整理书包
设计意图：通过分类游戏，学生知道要分类摆放才能保持整洁干净的环境，从全体学生整理到小组整理，最好到自己整理，从教到扶到放，步步递进，养成定时整理的好习惯。同时，体会到劳动创新美的愉悦感受。	
环节五：学习照顾“小伙伴”	
教师活动 1. 判断对错，提升情感 师：下面这两个同学有这样的想法，你们来评一评对不对？大家请看书第 45 页。 师：第一幅图的同学在做什么？ 师：第二幅图呢？ 师：他们这样做对吗？为什么？	学生活动 生：不对。 生：这个同学玩完玩具，弄得地上都是玩具。他还说“反正妈妈会整理的”。 生：第二幅图的三个同学在讨论，有一个同学说：“等长大了我再自己整理。” 生：他们这样做不对。妈妈每天工作已经很累了，回家后还有好多事情要做，我们玩完玩具后，自己能收拾的就要自己整理，不能总让妈妈做。

续表

<table>
<tr><td>师小结：我们长大了，自己的事情应该尽量自己做，自己的物品也应该自己整理，不会的可以学着做。作为家庭的小主人，不能什么事都让爸爸妈妈来做。我们自己整理也是爱家人的表现。
2. 出示相关规定
师：2020 年 7 月 15 日，教育部印发的《大中小学劳动教育指导纲要》强调，小学 1 至 2 年级每周课外活动和家庭生活中的劳动时间不少于 2 小时。
师：有这样的规定，我们就应该执行，我们要用我们的实际行动为家人创造更美好的生活环境，真正成为家庭的小主人。大家想不想知道绘本故事《乱作一团》的结尾是怎样的？
师：（播放结尾）回家后就与爸爸妈妈一起制作家务分配器吧，下节课我们来讨论讨论。</td><td>生：如果现在不学着做，长大了再做就太晚了，很多事情是要从小养成习惯的。
生：齐读规定。

生：想。

（观看视频，课后讨论。）</td></tr>
<tr><td colspan="2">设计意图：通过书中两个同学的对话，引导学生进行辨析，澄清价值观的同时，对学生进行引导。让学生明白，要从现在就养成自己能做的事自己做的习惯，并激发学生懂得感恩的心。</td></tr>
<tr><td colspan="2">环节六：拓展提升，评价提高</td></tr>
<tr><td>教师活动
师：今天你学会了什么？
师：从今天开始，我们就要帮助妈妈分担整理任务了，整理是一种很好的生活习惯。让我们一起来争做整理小能手吧！你整理了，就可以送给自己一个“笑脸”。坚持整理的同学，期末的时候就能荣获“整理小能手”的称号。我们来开展“你追我赶”的比赛，看看谁能坚持做下去。大家将自己收拾完之后的样子拍成照片，同学评一评谁做得最好。</td><td>学生活动
生：今天我学会了自己整理物品。

设计评价表。
展开“整理小能手”比赛。</td></tr>
<tr><td colspan="2">设计意图：家长评、自评、同学评，帮助学生养成持久整理物品的习惯，使之成为生活中必不可少的事情。</td></tr>
</table>

6. 板书设计

11．让我自己来整理

玩具　　　物归原位

学习用品　　分类摆放

生活用品　　定时整理

7. 作业与拓展学习设计

制作"整理小能手"表格，养成整理好习惯，进行评价。

8. 特色学习资源分析、技术手段应用说明（结合教学特色和实际撰写）

在本单元的教学中，渗透了《大中小学劳动教育指导纲要》的规定中的劳动教育及学校道法课程生活化研究的理念，根据学生的年级特点知识结构，运用现代教育技术，激发学生学习兴趣，联系生活实际，唤醒学生已有的生活经验，从方法的获得到指导行为，层层递进，促进学生认知的提升和行为的指导。整个过程以学生为主体，以教师为主导，彰显时代性、自主性和体验性。

9. 教学反思与改进

《让我自己来整理》教学反思

一、重视生活化情景的创设。本节课的设计从学生的生活实际出发，针对孩子乱拿乱放这一问题，从教孩子整理书包入手，让孩子养成分类整理自己书包及其他用品的习惯，从中感受自己整理学习用品及生活用品的好处。本节课总体教学效果良好，学生发言积极，课堂气氛活跃。学生在活动中得到情感体验，感悟内化，从而落实了教学目标。下面，我结合学情及教学成效对本节课进行反思。

由于一年级的学生年龄较小，依懒性较强，生活自理能力较差，没有养成及时整理的习惯，所以在教授本课时，我精心设计教学环节，在情境创设中培养他们动手整理的习惯和能力，激发学生关爱父母、主动为家长分担的情感，引导、帮助学生形成良好的德行。

在课前，我合理地利用多媒体技术，通过让学生观看视频，听绘本故事，让学生从故事中明白拥有一个整洁干净的环境是父母付出辛勤的劳动得来的。

二、重视游戏化体验生成。课堂中，我采用了小组合作学习的方式，以学生为主体，以教师为主导，彰显自主性和体验性。通过看图、猜谜语的形式，学生能够认识生活、学习用品，激发了参与学习的兴趣。同时，我注重与学生的交流互动，引导学生了解同龄人如何保护自己的生活、学习用品，懂得自己应该如何做。我利用课件中的分类游戏，让学生边上台玩游戏边解说，学生在游戏中知道物品分类摆放的方法，从而提高他们的认知能力。小组比赛整理书包的环节，将整节课的学习气氛推向高潮，学生在动手实践中锻炼了协作能力和分类整理的能力。我采用学生乐于和易于接受的生动活泼的方式，帮助他们认识和解决现实生活中的问题，使教学成为学生体验生活、道德成长的有效过程。

三、重视家校合育理念的渗透。在制作家务分配器环节的设计中，将课堂所学延伸到课外生活，让学生动手实践，从明白要从现在就养成自己能做的事自己做的习惯，并激发学生懂得感恩的心情。整个教学过程从全体学生学习整理到小组合作整理，最后到自己学会动手整理，从教到扶到放，步步递进。课堂中注重落实课标理念，点面结合、课上课下相结合、学校与家庭相结合，在活动中引领学生走向更广阔的空间。

四、重视道与法结合理念的落实。2020 年 7 月 15 日，教育部印发的《大中小学劳动教育指导纲要（试行）》强调，小学 1 至 2 年级每周课外活动和家庭生活中的劳动时间不少于 2 小时。

五、重视发挥评价的指导与引导作用。在授课过程中，我注意及时关注孩子的动态生成，用积极的语言及时评价；在拓展延伸部分，采用评价表对学生长期的行为养成既作评价亦作指导。

当然，我在本节课的设计及授课过程中也存在一些需要改进的地方。

（1）教学评价语言还不够丰富，不够精练。

（2）教学环节设计不够紧凑。

（3）要多注意管控好课堂纪律，调节学生学习的情绪，提高学生学习的专注力。

10. 学习评价设计

评价项目	评价标准	等级及分数				自评	小组评	教师评
		优秀	良好	一般	较差			
知识获得	学习整理的两种方法	20	16	12	8			
	体会家人为自己的健康成长付出的辛劳	10	8	6	4			
	懂得做家务是爱父母及长辈的表现	10	8	6	4			
能力提升	提高生活的自理能力	10	8	6	4			
	负责任、有爱心地生活	10	8	6	4			
学习态度	课堂上积极参与，积极发言，勇于开口、动脑，发言次数多	20	16	12	8			
	小组合作情况	10	8	6	4			
	对本节课内容兴趣浓厚	10	8	6	4			
自我评价：								
小组评价：								
老师赠语：								

《面对成长中的新问题》单元整体教学设计

基本信息

作者：谢璧妆、吴怀扬

学段：小学

展示单元：五年级第一单元《面对成长中的新问题》

单元教学设计

单元名称：《面对成长中的新问题》

1. 单元主题内容概要

本单元共三课，包括《自主选择课余生活》《学会交流沟通》《主动拒绝烟酒与毒品》三个子课题，以“学会自主选择”“学会沟通交流”“主动拒绝烟酒与毒品”构成逻辑主线，三课内容为并列关系。随着学生进入小学高年级阶段的学习，五年级孩子的知识和生活经验增多了、自主性增强了，孩子们对许多问题都有了自己的看法，希望在班级、学校、社区生活中，得到他人和群体的认同。但在实际交往中，他们缺乏一些交流的技巧，且随着社会生活范围的不断扩大，容易受到不良影响。针对五年级学生的特点、学习实际和生长需求，教材中设置了学生在成长中面对的新问题的单元，旨在着眼于个体健康教育，帮助学生解决发展中的问题，发展学生健全的人格。

2. 对应课程标准要求和学生核心素养价值分析

《义务教育道德与法治课程标准（2022 年版）》明确指出：“学生能够初步了解中国的基本国情、中华优秀传统文化的代表性成果，了解社会主义发展史中蕴含的精神力量，热爱伟大祖国、中华民族、中华文化、中国特色社会主义；能够理解社会主义核心价值观的内涵及其重要意义，并在社会生活中自觉践行；学生能够关心集体、社会和国家，能敬畏自然、保护环境，形成人与自然生命共同体的意识。”本单元对应的核心素养目标如下：

（1）正确认识自己，自信乐观，与他人平等交流与合作，建立良好的同伴关系。

（2）能够清楚表达自己的感受和见解，乐于倾听他人的意见，体会他人的心情和需要。

本单元的教学设计坚持以课程标准为指导，实现核心素养与铸魂育人的有机结合。本单元的教学，旨在培育学生五个方面的课程核心素养，具体包括以下目标。

（1）政治认同：掌握正确的沟通方法和技巧，学会表达和倾听。

（2）道德修养：懂得与人沟通，学会准确表达自己的观点。学会倾听，理解、领会对方的想法。

（3）法治观念：培养学生健康发展的观念，学会与人沟通的方法，使自己在解决问题的过程中获得成长，收获友谊。

（4）健全人格：在与他人交流沟通时，学会理解和接受他人的观点。

（5）责任意识：要勇于表达自己的观点，学会倾听，也要给对方解释的机会。

本单元的设计以“八个统一”思政课建设的改革创新方向为指导，落实学生“爱国”“和谐”“友善”“法治”的核心价值观的培养，融合学校道法课程生活化研究的理念，根据学生的年级特点和知识结构，把单元内容进行有机的、模块式的重构，创设“主题情景”，结合案例及学生的生活，唤醒学生已有的生活经验，引导学生发现问题，从发现问题、分析问题、解决问题到指导行为层层递进，促进学生认知能力的提升。

3. 单元目标与重、难点

单元目标：

（1）提高自主选择业余生活的能力，合理安排课余生活。

（2）懂得课余生活的意义，进行课余生活时，遵守一定的活动准则。

（3）在与他人沟通时能主动换位思考，学会正面看待和接纳他人的观点。

（4）懂得沟通时，态度真诚坦率才能有效地化解矛盾，促进和谐。

（5）学习与人沟通的技巧，学会恰当地表达、耐心地倾听。

（6）懂得好奇心强、自制力不强、交友不慎等是未成年人遭受毒品危害的原因。

（7）知道吸毒是违法行为。懂得远离烟酒，拒绝毒品，提高防范意识。

重、难点：

（1）懂得自主选择课余生活是一种权利，也是一种能力。

（2）体会课余生活的意义时，会合理安排课余生活。

（3）学会正确对待不同的看法。

（4）学会真诚坦率地沟通及与人沟通的技巧。

（5）明白烟酒和毒品的危害。

（6）掌握拒绝烟酒和毒品危害的方法，提高自护能力。

4. 单元整体教学思路

（1）教学思路

《自主选择课余生活》包括 3 个小课题：“课余生活”“我选择课余生活助我成长”“过好我们的课余生活”。第 1 个小课题：自主选择课余生活既是权利，也是成长过程中需要具备的能力。第 2 个小课题：从校内课余生活和校外课余生活两个方面来启发学生反思课余生活的意义。第 3 个小课题：自主选择课余生活时，既要注重兴趣和爱好，合理安排好课余生活，又要注重活动的意义和价值，遵守活动准则。

《学会沟通交流》包含 3 个小课题：“正确对待不同看法”“真诚坦率很重要”“与人沟通讲方法”。第 1 个课题：着重讨论不同的人有不同看法的原因。当与他人有不同看法时，要理性对待分歧。第 2 个小课题：真诚坦率地沟通，才能有效化解矛盾，促进和谐，同时要尊重他人表达自己观念的权利。第 3 个小课题：掌握与人沟通的方法，勇于表达自己的意见，学会倾听。

《主动拒绝烟酒与毒品》包括 3 个小课题：“烟酒有危害”“毒品更危险”“拒绝危害有方法”。第 1、2 个小课题主要讲述烟酒及毒品的危害，应当正确对待好奇心，远离损友。第 3 个小课题在于传授学生方法，远离烟酒，远离危险场所，拒绝毒品，提高防范意识及自护能力，注意要将法制教育与德育结合。

（2）教与学活动规划

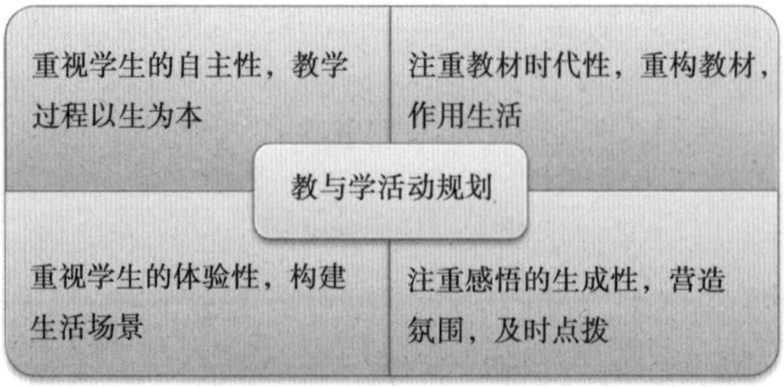

（3）课时关联

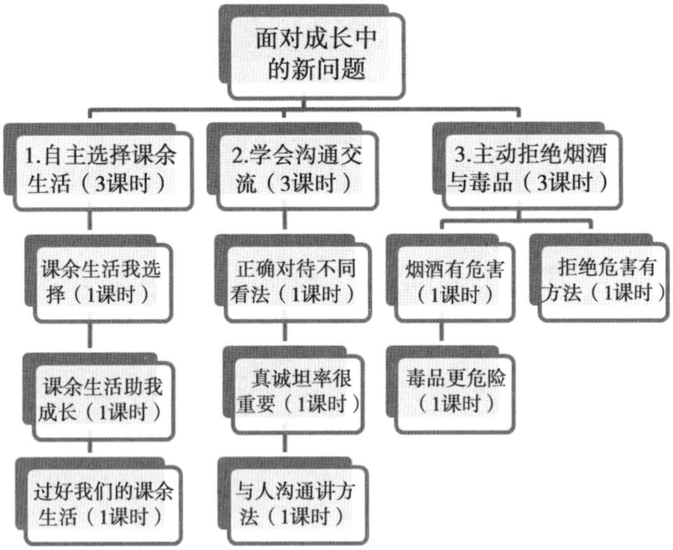

课时教学设计

课题：《真诚坦率很重要》

1. 教学内容分析

《学会沟通交流》是第一单元"面对成长中的新问题"的第2课。本课由3个子课题组成，第1个子课题是"正确对待不同看法"，第2个子课题是"真诚坦率很重要"，第3个子课题是"与人沟通讲方法。3个子课题之间存在先后顺序的逻辑关系：先学习如何正确对待不同看法，理性对待分歧，再认识真诚坦率对于有效化解矛盾的重要性，最后学习一些与人沟通的方法和技巧。

《真诚坦率很重要》是《学会沟通交流》的第二课时。该内容以教材为支点，通过案例呈现，引导学生进行辨析，学会真诚坦率地交流、准确地表达及与人交流的技巧。

2. 学情分析

五年级的孩子正处于心理发展及人生观、价值观形成的关键期。随着生活领域的不断拓展，此时的学生在班级、学校、社区中，希望得到群体和他人的认同和接纳，但又缺乏一些交往的技巧和方法。通过上节课的学习，学生了解在交往中要正面看待并接纳他人的不同观点，积极进行沟通交流，为这节课奠定了认知与情感的基础。

3. 目标确定

（1）在与他人交流沟通时能够主动换位思考，学会理解和接受他人的观点。

（2）懂得沟通时，态度真诚坦率才能有效化解矛盾，促进和谐。

（3）学习与人沟通交流的技巧，学会恰当地表达、耐心地倾听。当与人沟通未能达成共识时，能够理性对待并采取恰当的处理方法。

4. 学习重点、难点

教学重点：

学会换位思考及真诚坦率地沟通。

教学难点：

学会与人沟通的技巧。

5. 学习活动设计

教师活动	学生活动
环节一：图片激趣，导入新课	
教师活动  师：同学们，老师想挑战一下大家的观察能力，敢不敢接受挑战？ 1. 出示图片，猜数字 师：你们看到了什么数字？ 预设： 生 1：我看到数字 6。 生 2：我看到数字 9。 生 3：我看到数字 6 和 9	学生活动 学生观察图片，思考并回答问题。

续表

师：究竟是 6 还是 9？ 师：为什么？ 教师总结：对待同一个事物，看问题的角度不同，也会产生不同的看法、误会，甚至冲突。 2. 提问：“当意见不同时，我们应该用什么样的态度进行沟通呢？”引出课题。 （板书课题：真诚坦率很重要）	
设计意图：本环节，利用图片激趣引入，既进行了复习，也导入新课，提出了新的问题，为本节课的学习奠定基础。	
环节二：换位思考，同理共情	
教师活动 1. 创设场景 1 教师利用多媒体，创设班级确定研学活动地址的场景。 师：同学们，今年是建党 100 周年。我们班响应学校大队委号召，决定前往西湖烈士纪念碑进行研学活动。大家觉得如何？ 2. 引发冲突 师：老师之前已经征求了一些同学的意见，选取了一些较典型的看法，大家一起看看吧！（PPT 展示） 3. 问题导向 师：结合这些说法，我们来讨论以下两个问题。 （1）听了这些意见，你有什么想法呢？ （2）你觉得能解决这件事情吗？ 教师提问，适时进行点评。 师：那怎么办？我们能不能从这些说法中，得到一些启示，或者说，同学们有哪些诉求？ 师：我们来看 C 同学，他有什么诉求？ 师：D 同学呢？ （板书：换位思考） 师：综合大家的诉求，你觉得哪个地方符合我们的要求？ 引导学生从 C 同学、D 同学的角度出发，学会换位思考，利用换位“三部曲”，综合大家的合理点，选择合适的地点。（离家较近且富含地方特色的地方） 小结：通过刚才的探讨，我们知道像 A 同学、C 同学这样一味接受或简单拒绝，都不能解决问题。真诚坦率地沟通才可以有效化解矛盾，促进和谐。而我们刚刚这种站在别人位置想事情的方法叫作换位思考，换位思考是真诚坦率进行沟通的基础。	学生活动 学生小组讨论，交流 PPT 中出现的 4 种说法，评价并说出自己的理由，根据问题，尝试着站在别人的角度思考问题。 A 同学：这件事我说了也不算，我就不发表意见了，听大家的就行。 B 同学：我不想参加，西湖公园烈士纪念碑离我们有点远，不安全。 C 同学：我说去就去。我是班长，听我的。 D 同学：大家都到那里去，不能突出我们学校的特点，没新意。 预设一： 生：从 C 同学、D 同学的说法中可以看出，我们要找一个比较安全、不远，有新意、有特色的地方。 预设二： 生：（无法回答） 学生根据问题，尝试着站在别人的角度思考问题，然后全班交流。 学生综合大家的合理点，选择合适的地点。

续表

<table>
<tr><td colspan="2">设计意图：本环节，结合时代背景，融合学生熟悉的活动创设情景，让学生身临其境，直面问题，在自主讨论中感悟、内化，引领学生学会换位思考，从而掌握本节课的重点。</td></tr>
<tr><td colspan="2">环节三：锻炼能力，准确表达</td></tr>
<tr><td>教师活动
1. 创设场景 2，表达心声
师：同学们，换位“三部曲”告诉我们，应该站在别人的角度看问题，刚才同学们的意见不一，我们来听听他们的心声，对比两次表达。
A 同学：这件事我说了也不算，所以我就不说了。
B 同学：我觉得自己是班长，我希望大家能够一起去。
C 同学：我觉得安全很重要，我希望研学地点能更近一点。
D 同学：去了西湖很多次，没有地方特色。
PPT 展示第一次学生发言的内容。
2. 随机总结，技巧指导
教师出示课件，让学生对比同学们的心声及学生在场景 1 时对这些意见发表的议论，提问：“听了大家的想法，你有什么感受？”
教师对各种看法进行归类，出示沟通小技巧 2 及课本中提供锻炼表达的方法，让学生默读，及时总结。
（板书：准确表达）
3. 总结引导</td><td>学生活动
学生对比心声及意见，发表感受。
学生默读课本中提供锻炼表达的方法，回忆自己表达中出现的问题，进行自我反思。</td></tr>
<tr><td colspan="2">设计意图：本环节通过创设的第二个场景，让学生吐露心声，立体化呈现问题，引发思考，引导学生明白完整准确地表达对沟通的重要性，对学生进行能力锻炼指导，从而突破本节课的难点。</td></tr>
<tr><td colspan="2">环节四：态度真诚、坦率沟通</td></tr>
<tr><td>教师活动
1. 出示场景 3（PPT 展示）：
刘涛：号外号外，吴老师说“这次参加研学活动需要写心得报告”。
江小丽：那怎么办呢，我不会写呀！
刘涛：你怎么这么笨，连心得都不会写。
李小华：没关系，我到时帮你讲解一下我的写作思路。如果你仍不懂，我们就一起来写思维导图。</td><td>学生活动</td></tr>
</table>

续表

<table>
<tr><td>
<table>
<tr><th>态度</th><th>可能造成的后果</th></tr>
<tr><td>刘涛：你怎么这么笨，连心得都不会写。</td><td>体验痛苦，破坏友谊</td></tr>
<tr><td>李小华：没关系，我到时帮你讲解一下我的写作思路。如果你仍不懂，我们就一起来写思维导图。</td><td>体验愉悦，
收获友谊，
加深对知识的理解</td></tr>
</table>
2. 表格对比
教师出示表格，提问：“这两种态度你更喜欢哪一种？可能会造成什么样的后果呢？”
小结：与人沟通时，不同的态度会产生不同的结果。真诚坦率的态度能使人愉悦，在解决问题的过程中会获得成长，收获友谊。
（板书：态度真诚　坦率沟通）
</td><td>学生进行讨论，填写表格。</td></tr>
<tr><td colspan="2">设计意图：通过表格对比，活用教材内容，学生能够换位思考、畅谈感受，在深度剖析中体会真诚坦率的沟通态度是一切沟通的基础。</td></tr>
<tr><td colspan="2">环节五：总结提升，内化主题</td></tr>
<tr><td>教师活动
师：同学们，刚刚我们都了解到当我们意见不同而沟通不畅时，容易和同学产生误会，甚至冲突。当国与国之间沟通不畅时也容易产生矛盾。
（出示时政述评）。</td><td>学生活动

学生观看时政述评，接受爱国主义教育。</td></tr>
<tr><td colspan="2">设计意图：教师通过时政评述，带领学生尝试运用本课内容分析、理解生活中的事物，同时实现了主题升华及爱国主义教育，坚定了学生的信念。</td></tr>
</table>

6. 板书设计

2. 真诚坦率很重要

换位思考

准确表达

态度真诚

坦率沟通

7. 作业与拓展学习设计

延伸活动：学校即将举办运动会，每个班级需要展示一个活动，请同学们设计一个方案，并用本节课学到的内容，在表格中记录确定方案中出现的问题及解决的方法。

项目	内容
进场口号	
班服	
进场方式	

<table>
<tr><td rowspan="4">冲突方</td><td></td><td rowspan="4">冲突点</td><td></td><td rowspan="4">解决方法</td><td></td><td rowspan="4">效果</td><td></td></tr>
<tr><td></td><td></td><td></td><td></td></tr>
<tr><td></td><td></td><td></td><td></td></tr>
<tr><td></td><td></td><td></td><td></td></tr>
</table>

8. 特色学习资源分析，技术手段应用说明

在本单元的教学中，结合建党 100 周年及学校道法课程生活化研究的理念，根据学生的年级特点和知识结构，把学校“传承红色基因”的研学活动融入其中，对单元内容重构，利用 PPT 重现案例及学生的生活，唤醒学生已有的生活经验，引导学生发现问题，从发现问题、分析问题、解决问题到指导行为层层递进，促进学生认知的提升，指导其行为。整个过程以生为主体，以师为主导，彰显时代性、自主性、生成性和体验性。

9. 教学反思与改进

《真诚坦率很重要》教学反思

本次授课，总体效果较好。在教学中，我采用“体验—讨论—感悟”的模式，创设情境开展活动，学生们发言积极、课堂气氛活跃，在活动中得到情感体验，感悟内化，从而落实教学目标及对“和谐”“友善”的核心价值观的培养。

一、重构教材，紧贴生活

在设计本课时，基于建党 100 周年时代因素，融合学校道法课程生活化研究的理念，我对原本较零碎的教材内容进行了重构，主要以开展研学活动作为主线，融合学生熟悉的活动创设 3 个场景开展活动，使教材贴近学生实际生活，体现了教学的创新和个性化，做到了课堂教学活动化、活动交际化、交际情景化、内容任务化。

教学中，这样的沉浸式教学让学生更能身临其境，直面问题，提高学生的学习兴趣，激发学生的情感，在宽松的学习氛围中思考、实践。

二、感悟活动，作用生活

在教学中，我采用“体验—讨论—感悟”的模式，多次安排学生就案例或话题展开讨论交流，充分调动学生参与到活动中，而讨论交流本身的过程也是一种交流沟通的实践。鼓励学生各抒己见，通过情境体验、自主探究学会换位思考，通过合作交流、相互评价，学习与人沟通的方法，学生才能真正成为课堂的主体。教师在课堂上调动学生已有生活经验，使学生在讨论中产生思想碰撞，及时运用课堂所学内容去尝试解决问题，从而不断地自我反思、自我调整，以达到成长的目的。

三、升华主题，坚定信念

本课的最后，我引入讲述美国制造“孟晚舟事件”背后的真相，让学生了解美国提出的普世价值观的虚伪性，知道孟晚舟的回国是中国在外交史上的一个重大胜利；知道“人类共同价值”和“社会主义核心价值观”才更符合我国国情和经济社会发展的需要。不管是国家还是个人，当交流产生分歧时，都要真诚坦率地沟通。尊重他人，求同存异，以实现双方的共赢。最后呼吁孩子们为中国的崛起而奋斗！

这一环节的设计既带领学生尝试运用本课内容分析、理解生活中的事物，进行知识迁移，同时实现了整节课主题的升华及对学生进行了一次爱国主义教育，坚定学生的信念。

但此次的开课仍让我发现自己课堂教学存在着一些不足，如处理课堂生成不敏捷等。接下来的教学过程中，我将不断努力改进。

10. 学习评价设计

本评价表围绕课程标准及素质教育要求，将重点针对学生学习过程的表现来进行评价，让评价表具有客观性和可操作性，便于掌握和应用。

课堂学习成果评价表

班别：________ 姓名：__________ 得分：_______

评价项目	评价标准	等级及分数				自评	小组评	教师评
		优秀	良好	一般	较差			
知识与技能	懂得沟通时态度要真诚坦率	10	8	5	3			
	能够主动换位思考	10	8	5	3			
	能理解和接受他人的观点	10	8	5	3			
	能清晰表达自己的态度、观点和意见	8	6	4	2			
操作技能	熟悉运用与人沟通交流的技巧	10	8	5	3			
	积极参与小组合作与交流	10	8	5	3			
	能用所学内容处理朋友之间发生的问题	8	6	4	2			
情感态度	课堂上积极参与，积极发言，勇于开口、动脑	8	6	4	2			
	小组协作交流情况	10	8	5	3			
	对本节课内容兴趣浓厚	8	6	4	2			
课堂调查：书面写出你在本节课上遇到的困难，向教师提出较合理的教学建议		8	6	4	2			
自我评价：								
小组评价：								
老师赠语：								

课时教学设计

作者：谢壁妆

学段：小学

课题：《与人沟通讲方法》

1. 教学内容分析

《学会沟通交流》是第一单元“面对成长中的新问题”的第3课。本课由3个板块组成。第一个板块的话题是“正确对待不同看法”，目的是让学生了解不同的成长环境使人们在行为习惯、生活方式、看待问题的立场等方面有不同的看法，当产生矛盾和冲突时，要理性对待分歧；第二个板块的话题是“真诚坦率很重要”，目的是引导学生认识到只有真诚坦率地沟通才可能有效化解矛盾、促进和谐。第三个板块的话题是“与人沟通讲方法”，目的是引导学生掌握一定的与人沟通的方法和技巧，既要表达自己的意见，又要倾听他人的想法，还要给对方充分解释的机会。

三个板块之间有以下逻辑关系：先学习如何正确对待不同看法，理性对待分歧，再认识真诚坦率对于有效化解矛盾的重要性，最后学习一些与人沟通的方法和技巧。

《与人沟通讲方法》是《学会沟通交流》的第三课时。该内容以教材为支点，通过情境呈现，引导学生进行辨析，掌握一定的与人沟通的方法与技巧。

2. 学情分析

五年级学生随着年龄的增长、生活经验和知识的积累，自主意识逐渐变强，对很多问题都有了自己较独立的看法，希望得到他人和群体的认同，但又因缺乏良好的沟通技巧，很多时候因坚持自己的看法、不考虑别人的感受而导致与他人产生矛盾或冲突，或者同伴之间产生隔阂。因此，教师应该帮助孩子掌握一些有效的与人沟通的方法，有助于化解矛盾，促进班级和谐，助力孩子养成健全人格。

3. 核心素养目标

（1）政治认同：懂得与人沟通，学会准确表达自己的观点。

（2）道德修养：学会倾听，理解并领会对方的想法。

（3）法治观念：掌握一些沟通方法和技巧，培养学生健康发展的观念。

（4）健全人格：懂得未能达成共识可展开争论，并给对方解释的机会。

（5）责任意识：要勇于表达自己的观点，学会倾听，也要给对方解释的机会。

4. 学习重点、难点

教学重点：掌握一些沟通方法和技巧。

教学难点：懂得与人沟通，学会准确表达自己的观点，学会耐心倾听。当意见未达成一致时，也不要相互指责。

5. 教法、学法

教法：创设情境法、引导法。

学法：情境学习法、讨论交流法。

<table>
<tr><td colspan="2" align="center">一阶：导学
问卷入境，整合素材</td></tr>
<tr><td align="center">教师活动</td><td align="center">学生活动</td></tr>
<tr><td>1. 问卷调查
同学沟通能力问卷调查
（1）你的沟通能力如何？
强（　　）较强（　　）一般（　　）
较弱（　　）弱（　　）
（2）你知道的与人沟通的好方法有哪些？
（3）你在沟通中存在什么问题？
2.“沟通交流寻帮助”写一个需要帮助的困惑
（姓名、何时、和谁、何事、结果、心情）
例：周日，小明约我踢足球，我不想去，小明不理我了，我心里很不舒服。
我的困惑：________________</td><td>学生分小组进行调查，统计数据，整理资料，进行小组汇报。</td></tr>
<tr><td colspan="2">设计意图：通过设计课前学习任务单，教师让学生收集资料，这既能让学生提前参与到课中，激发学生的参与度；也可使学生在自学中了解学情，收集授课素材。</td></tr>
<tr><td colspan="2" align="center">二阶：助学
聚焦“四境”创设，个性实施助学</td></tr>
<tr><td colspan="2">环节一：情境导入，引出主题</td></tr>
<tr><td>教师活动
（一）故事激趣
有个人请客，4 个客人有 3 个先来了，主人心里很焦急，说：“怎么该来的还不来！”一个敏感的客人听到了，想：“那我是不该来的？”便告辞走了。
主人越发着急了，说：“啊，怎么不该走的却走了呢？”又一个客人一听，想：“那我是该走的？”于是又走了。
主人大叫冤枉，急忙解释说：“我并不是叫他们走啊！”</td><td>学生活动</td></tr>
</table>

续表

<table>
<tr><td>最后一位客人听后大为恼火，说："那就是叫我走了！"说完，头也不回地离开了。
问：主人想请客，结果发生了什么事情？原因是什么？
（二）问卷反馈
引导学生对统计结果进行汇报，总结班级中学生沟通能力总体情况，引入沟通主题，进而引入新课。
（板书课题：与人沟通讲技巧）</td><td>学生代表针对调查到的情况进行汇报：
生 1：我对我们班同学的沟通能力进行了统计，情况如下：
强（ ）较强（ ）一般（ ）
较弱（ ）弱（ ）
生 2：我统计到的与人沟通的好方法有这些：
生 3：在沟通中存在的问题有：</td></tr>
<tr><td colspan="2">设计意图：本环节，利用故事激趣引入，激发了学生的兴趣，同时，让学生对问卷情况进行统计汇报，渗透了"班本化"的设计，实用性和针对性更强，更有利于唤醒学生的生活经验，既让学生初步感受到沟通讲技巧的重要性，同时也提升了学生综合信息的能力。</td></tr>
<tr><td colspan="2">环节二：境中探究，感悟新知</td></tr>
<tr><td>教师活动</td><td>学生活动</td></tr>
<tr><td>出示学校运动会开幕式的一些照片，以班级学生参加学校运动会设计情境，导入话题。
（一）表达有方法——我该怎么说？
情境一：班长失约了
情景内容：为了弘扬冬奥精神，学校即将举行运动会，班长和小文、小丽、小陈约好周六要一起到学校商量同学们报名各项比赛事项，当小文、小丽来到班长家时，却发生了意想不到的事情：
班长：同学们，对不起啊，家里临时说有事，我不能跟大家一起去了。
小文：你真不守信用！
小丽：我真的很失望！
小陈：（不说话）……
1. 提出问题
问题 1：同学们，发生什么事了？
问题 2：当班长说不能一起去时，其他人分别是怎么说的？对此，你怎么看？
2. 对比表达句式
<table><tr><td>表达句式</td><td>可能的表达</td><td>可能的结果</td></tr><tr><td>"你"句式</td><td>你真不守信！</td><td>二人争吵起来</td></tr><tr><td>"我"句式</td><td>我有点失望！</td><td>允许对方解释，并使友谊不受破坏</td></tr><tr><td>不说话</td><td></td><td>失去沟通的机会</td></tr></table></td><td>学生陈述事件，分享感受
生 1："你真不守信用"是指责别人，听起来很不舒服。
生 2："我真的很失望"表达的是自己的感受。
生 3：沉默不语，不表达可能会产生更大的隔阂，破坏友谊。</td></tr>
</table>

续表

<table>
<tr><td>引导解读：
以“我”为主语的句式：我有点失望！ 允许对方解释，并使友谊不受破坏；以“你”为主语的句式：你真不守信！ 二人争吵起来。
3. 教师小结：
“我”句式表达出自己内心的感受；“你”句式倾向于对对方的批评指责；沉默不语或不表达可能会产生更大的隔阂，破坏友谊。多用“我”句式才能更好地维护友谊。
师：大家能不能用我们学到的知识来解决下面的问题？</td><td></td></tr>
<tr><td colspan="2">设计意图：让学生通过具体的情境，了解沟通的第一步——要做到“勇敢地说”。</td></tr>
<tr><td>情境二：运动会报名事件
准备报名了！你和体育委员小明因为运动会项目报名的事情发生了争吵，本来你的强项是短跑，他却让你报跳远。你会怎么跟小明说？
1. 引导表达
<table><tr><td>表达句式</td><td>可能的表达</td><td>可能的结果</td></tr><tr><td>“我”句式</td><td></td><td></td></tr><tr><td>“你”句式</td><td></td><td></td></tr></table>2. 引导现场即兴表演
3. 对比总结
提问：
你喜欢什么样的说话方式？你不喜欢什么样的说话方式？
如何把自己的观点清楚地表达出来呢？
总结：
我们不仅要能够说出自己的感受，还要有更好的建设性的意见和建议。
心理：每个人都有发表自己意见的权利，表达时要自信。（学生练习）
技能：说话前要准备，明确观点，充分说理。——准确表达
礼仪：表达是为了让对方理解和接受自己的意见，说话要态度诚恳，语气平和，音量适中，有理有据，可以适当辅以手势。</td><td>学生根据表格，结合情境，讨论、填写，然后全班交流。

针对不同的表达方式，进行现场即兴表演。

学生讨论，总结：
不喜欢说话方式：
指责式的表达：
不礼貌
声音太大或太小
……

喜欢说话方式：
有礼貌的
声音适中
表达清晰
……</td></tr>
<tr><td colspan="2">设计意图：在“勇敢表达”的基础上，通过讨论明确表达要讲究方式方法，自己和大家不喜欢的方式不利于沟通；通过视频感受，不认真倾听会影响人与人之间的沟通效果，并通过情景再现，让学生亲身体验，从而明确认真倾听的重要性。</td></tr>
</table>

续表

过渡： 如果大家能掌握好说话的方法，相信很多问题都能迎刃而解，甚至减少很多问题，而聪明的人不仅会说，更要会听。	
放松体验游戏 游戏规则：老师发出指令，学生听指令做动作。 听到“老师说”即做出相应的动作，没有“老师说”不能动。 师：聪明的人，不仅要会说，还要会听。	学生做出相应的动作。 示例： 老师说，拍拍手 老师说，跺跺脚
（二）表达有方法——我该怎么听？ 1. 情境三：情景剧《倾听》 一位同学正在分享自己在运动会上的精彩表现，一位同学左顾右盼，在座位上拧来拧去，一会看窗外，一会弯腰找东西；一位同学面无表情；一位同学不断地插话、打断；还有一部分同学目光专注，还不时地点头，听到精彩部分时还鼓掌。	学生拍摄视频，作运动会参赛情况分享。
问题：在大家的努力下，运动会顺利举行了（出示视频）。看，小 A 同学正在分享运动会参赛情况，周围的同学有什么反应呢？ 小结：倾听的确是一门艺术，倾听不仅需要用耳朵，更需要用心。有时，我们不经意间的一个肢体动作、一个眼神，都可能会给对方带来不同的感受，甚至会产生意想不到的效果。	学生交流。
2. 解析“听”的繁体字  “耳听为王” “十目一心” 小结：学会耐心倾听能够帮助我们更好地了解彼此，从而让沟通更加顺畅，使问题得到更好地解决，使关系更加融洽。	学生探讨“听”繁体字所包含的意义。
（三）表达有方法——我该怎么辩？ 过渡： 勇敢说、认真听可以使沟通氛围更融洽。然而，与人沟通中，有时也会无法达成共识。	

续表

<table>
<tr><td>情境四：课间活动安排
运动会后，同学们热情高涨，老师趁机让大家商量安排一些课间有益的活动。同这们纷纷提出自己的想法。有的说……有的说……
1. 辩一辩
提出问题：请你辩一辩，你同意哪种做法？
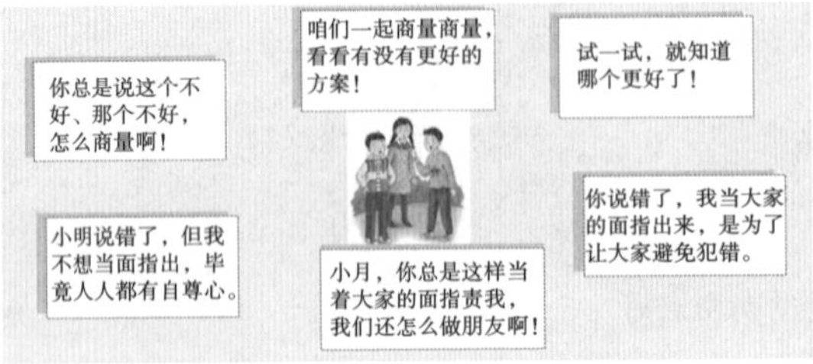

2. 小组讨论
3. 小结：与人沟通，即使未能达成共识，也不要相互指责。我们可以结合具体问题再进行讨论，让大家充分解释，这样才有利于问题解决，并不伤害彼此，快乐成长。</td><td>生 1：我同意这个做法。

学生对比心声及意见，发表感受。

学生默读课本，总结内容。</td></tr>
<tr><td colspan="2">设计意图：通过交流讨论，学生能够了解沟通如果出现分歧，应该怎样解决，明确即使没有达成共识，也不要互相指责，要给对方充分解释的机会。</td></tr>
<tr><td colspan="2">环节三：应境内化（层层设境），育情导行</td></tr>
<tr><td>教师活动
“沟通交流寻帮助”，写一个需要帮助的困惑。
（姓名、何时、和谁、何事、结果、心情）
例：周日，小明约我踢足球，我不想去，小明不理我了，我心里很不舒服。</td><td>学生活动

1. 学生抽签拿问题
2. 提供帮助</td></tr>
<tr><td colspan="2">设计意图：指导学生用上本节课所学内容解决课前的困惑，“学”与“用”形成闭环，学生在实践中提升核心素养。</td></tr>
<tr><td colspan="2">环节四：总结提升，内化主题</td></tr>
<tr><td>1. 通过这节课的学习，有什么深入的思考？
2. 总结：成长过程中我们总会遇到一些新问题，这是长大的标志。与他人交往，我们要正确表达自己的感受和见解，倾听他人的意见，体会他人的心情和需要，用理性平和、积极向上的态度去解决问题，这样我们才能健康、快乐地成长。</td><td>学生活动

学生进行讨论，填写表格。</td></tr>
</table>

6. 板书设计

2. 与人沟通讲方法

勇敢表达

表达有方法

倾听要耐心

相互理解

7. 作业与拓展学习设计

（1）请以小组为单位，探讨抽到的问题，得出沟通帮助的方案，对同学进行帮助，简要记录沟通过程。

（2）制作沟通技巧小报或撰写有关的作文。

8. 特色学习资源分析、技术手段应用说明

（1）结构化创设活动情境。在本节课设计中，基于儿童视角，聚焦“四境”创设，个性实施助学，环节之间通过串联多个关键情境，使得本课一线贯穿。

（2）实例视频教学。在课堂教学中，采用情景剧的方式呈现主题情景，录制情景视频，充分利用学校现有多媒体教学资源，助推知识呈现创新，充分调动学生参与学习的多种感官，拓宽信息渠道，提升教学效果。

（3）重视评价机制的构建。课堂教学过程中，重视学生学习成效与成果的评价，形成“教—学—思—评—悟”教学闭环。

9. 教学反思与改进

自新课标落地以来，我们一直在研究如何将新课标中的理念和思想在小学道法课堂教学中加以实施，如何以学生喜闻乐见的形式将新课标中对学生的学业要求进行呈现，从而达到落实学生核心素养的效果。在本节课设计中，我们围绕以上思想与理念进行设计尝试。一是基于儿童视角，以情境为依托，结构化创设活动情境。在本节课设计中，基于儿童视角，我们创设了“运动会”主题情景，聚焦“四境”创设，个性实施助学，让学生在熟悉的生活场景中设置真实情境和真实问题，引导学生亲身参与其中，环节之间通过串联多个关键情境，使得本课一线贯穿，在“面对问题—解决问题—提升技能”中落实核心素养。

二是主要体现于在整个课例的“三阶历学”的设计，主要包括：前期的“聚焦学情调研、精准设计教学”，中期的主题情景中引导学生学习、探究、思辩、提升，后期聚焦境外作业，形成学习成果。这一过程保证了学生整个学习过程的完整性与层次性。

三是真正把学生摆在课堂的中心位置，从教学目标开始，着手于学生的实际生活，通过调查问卷，切实感知学生的困惑和需要。在各环节中创设实际生活情景问题，落脚在解决生活问题上，创设多样化情境，深化情感体验，融思辨、活动实践、合作探究为一体。同时从学生的实际问题出发，进行了教学“班本化”的参透，激发了学生的热情，也实现了“学与用”的双向促进。

四是多元评价的体现。在整个过程中，从教师评到学生评，从学习任务单到过程性学习评价表，不仅保障了教学设计、教学实施与作业评价之间的系统设计和整体实施，还促使“教—学—评”形成闭环，保障单元精准教学的可持续发展。

10. 学习评价设计

本评价表围绕课程标准及素质教育的要求，将重点针对学生学习过程的表现来进行评价，让评价表具有客观性和可操作性，便于掌握和应用。

《学会沟通交流》课堂过程性学习评价

（☆级评价：优为 4 星；良为 3 星；合格为 2 星；不合格 0 星）

学校			班级		姓名	
评价项目	课前探究完成情况	课堂参与评价	知识获得与技能提升	学习态度与方法	情感激发与价值观培育	达成等次评价
自评						
他评						
教师总评						
教师表现						
学习困惑						

《多样文明　多彩生活》单元整体教学设计

单元设计

单元名称：多样文明 多彩生活

单元：六年级下册第三单元

设计者：谢璧妆、谢平发

1. 单元教学设计说明

单元主题："多样文明 多彩生活"是统编教材道德与法治六年级下册第三单元的主题。本单元以历史和文化为学习主题，引导学生感受和了解人类共同创造的丰富多彩的文明。该单元的学习进一步引导学生形成正确的历史观、文化观，认识到不同文明、不同文化虽然在形成和发展中具有特殊性，但仍具有一些共同性，都为人类文明做出了重要贡献。

教材编写：本单元编写依据为《义务教育品德与社会课程标准（2011 年版）》中主题六"我们共同的世界"第二条"比较不同国家、地区、民族的生活习俗、传统节日、服饰、建筑、饮食等状况，从不同的角度，尝试探究差异产生的原因，尊重文化的多样性"，第三条"初步了解一些人类的文化遗产，激发对世界历史文化的兴趣"。

核心素养：

《义务教育道德与法治课程标准（2022 年版）》中，本单元对应的核心素养目标包括以下三个方面：

（1）政治认同目标：了解中华优秀传统文化的主要代表成果及其意义，为中华民族创造的文明成就感到自豪；

（2）法治观念：了解每个人都有维护国家利益与安全的责任；

（3）责任意识：树立维护国家统一和民族团结的责任意识。

《义务教育道德与法治课程标准（2022 年版）》学业要求"中华优秀传统文化与革命传统教育"版块中指出，5~6 年段的学生，要培养及落实"了解中华民族对人类文明的贡献，为中华民族创造的文明成就感到自豪，坚定文化自信"的目标。

本单元通过开展有趣的考古、探索环境等社会探究活动，促进学生形成尊重文化多样性、差异性，平等对待不同文化的价值观，增强历史、文化素养。

2. 单元目标与重点、难点

总目标：

让学生了解人类早期文明的成就，形成尊重、欣赏人类文明的思想态度，培养保护文化遗产的意识。同时，本单元也要让学生感受人们生活自然环境的千差万别，了解不同地区人们生活方式的多样性，进而认识世界文化的多样性、差异性。在此基础上，引导学生形成尊重差异的观念。

阶段目标：

（1）知道人类早期文明发祥地的分布，探究人类共同创造的早期文明成就及重要意义。

（2）知道文化遗产是人类文明的结晶，激发对世界历史文化遗产的兴趣，增强保护人类文化遗产的意识和责任感。

（3）了解地球上各不相同的自然环境，感受各种自然环境的美。

（4）了解世界各地文化的多样性，初步理解文化差异与自然环境之间的关系，理解全球化时代文化交流和交融的趋势。

（5）初步理解尊重文化多样性的意义，形成尊重文化差异的观念与态度。

重点：

（1）让学生了解人类早期文明的重大成就及其对人类文明的重要意义；了解留存于世的其他重要早期文明成就，培养保护文化遗产的意识和责任感，坚定历史自信。

（2）引导学生认识自然环境对文化的影响，感受世界文化的多样性，让学生懂得尊重不同的文化，学会以包容、开放的态度对待不同于我们的文化。

难点：

进一步帮助学生形成尊重文化多样性、差异性，平等对待不同文化的价值观。

3. 单元整体教学思路

[教学策略] 自主学习法、列表整理法、合作探究法、评价促进法。

[课前准备] 教师：《自主探究〈探访古代文明〉学习表》《研究计划卡》、PPT 课件；学生：组成学习小组，收集、整理资料，完成学习表和计划卡的填写。

[课的类型] 新授课。

[单元课时安排] 5 课时。

[本课题课时安排] 1 课时。

[教学思路演进路径]

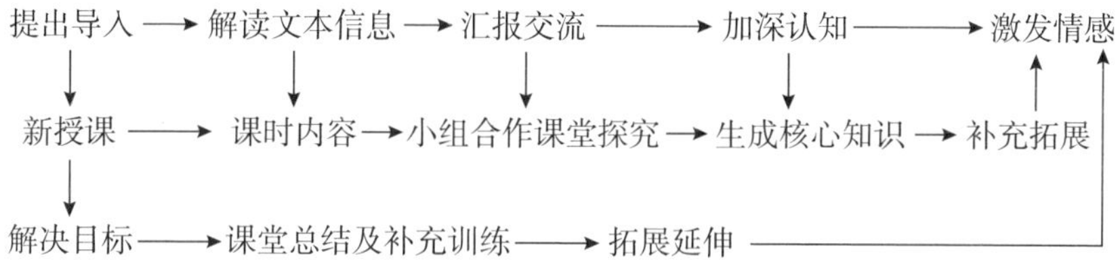

（1）课时关联

第 6 课《探访古代文明》聚焦人类早期文明成就，体现文化的历史性；第 7 课《多元文化　多样魅力》聚焦当今世界多样的文化，体现文化的多元性。本单元这两课的内容是并列的关系。

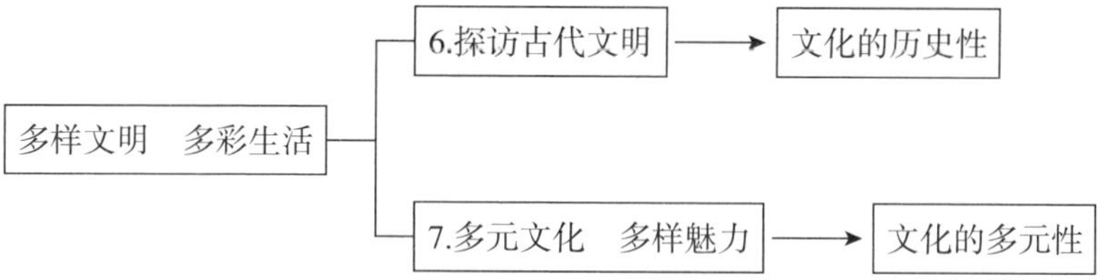

（2）教学思路

本单元通过自主学习法、列表整理法、合作探究法、评价促进法等教学策略，以"课前探究—课前热身—课堂教学—课后延伸"为基本的教学流程，注重活动化的学习方式，以学生的探究性学习为主，把"减负、提质、增效"的指导思想落实到"课前准备""课堂教学""课后拓展"每一个环节中，激发学生的道德情感，使学生坚定历史自信，懂得尊重文化差异。

（3）课时安排

6. 探访古代文明（2 课时）	早期文明发祥地	第 1 课时
	闻名世界的文化遗产	第 2 课时
7. 多元文化 多样魅力（3 课时）	各不相同的生活环境	第 1 课时
	多彩的世界文化	第 2 课时
	尊重文化多样性	第 3 课时

课时教学设计

课题:《早期文明发祥地》

1. 教学内容分析

（分析本课时教学内容在单元中的位置，学习内容对发展学生核心素养的功能价值，以及蕴含的正确价值观念等。）

本单元围绕“共同的世界——历史与文化”这一学习主题，设计了《探访古代文明》《多元文化 多样魅力》两课内容。前一课引导学生了解人类早期文明区域的四大文明成就。探究以半坡文化和河姆渡文化为代表的中华早期文明；在此基础上，引导学生用探究中华早期文明的方式去探究古埃及文明、两河流域文明、古印度文明，帮助学生了解其他早期文明区域创造的灿烂文化及其对人类文明的重大影响。对人类文明发展形成初步的认识有助于学生树立正确的历史观。了解古代中华文明的巨大成就及其在世界文明发展中的地位，有助于激发学生的民族自豪感和自觉珍爱文化遗产的历史使命感。探究人类早期创造的文明成就，可以让学生懂得人类文明是由世界人民共同创造的并对世界产生了重大影响。激发学生对世界历史文化的兴趣，增强保护世界文化遗产的意识和责任感。对中华早期文明发祥地的学习，体现了核心素养培养学生对中华民族、中华文化的政治认同的要求。在教学过程中，对中华传统文化的弘扬有利于培养学生的道德修养的核心素养。

以任务驱动的探究式学习方式，有助于学生正确认识自我，学会学习，学会合作，养成积极的心理品质，体现了核心素养的健全人格要求。进行课程内容总结的时候，培养学生具有担当责任的认知，体现了核心素养责任意识的要求。

2. 学情分析

（分析学生与本课时学习相关的学习经验、知识储备、学科能力水平、学生兴趣与发展需求、发展路径等。）

六年级学生尚处于人生观、世界观形成的初级阶段，他们求知欲强，兴趣广泛。学生对人类文明、世界文化已有一些粗浅的认识，但是在内容上并不系统，在思想观念上也没有形成明确的价值判断。因此，需要通过教育进一步引导学生形成正确的历史观、人生观，认识到不同文明、不同文化虽然形成、发展具有特殊性，但仍有一些共同性，都为人类文明做出了重要贡献。同时，学生不仅需要对人类文明和世界文化有初步的系统认识，还需要进一步了解多元文化产生的背景。在此基础上，帮助学生形成理解文化多样性、差异性，平等对待不同文化的价值观。

3. 目标确定

（根据课程标准和学生实际，指向学科核心内容、学科思想方法，描述学生经历学习过程后达成的目标。）

根据新课程标准中培养学生政治认同、道德修养、健全人格、责任意识等核心素养的基本要求，结合教材内容和学生的实际情况，这节课预设达到以下教学目标：

（1）了解早期文明发祥地，感受中华文明对人类文明的独特贡献，增强文化自信。

（2）懂得人类文明史是人类共同创造的，形成开放的国际视野。

（3）初步掌握收集、整理和运用信息的能力，培养学生自主学习能力。

4. 教学重点、难点

教学重点：

（1）中华早期文明为人类发展做出了重大贡献。

（2）人类文明史是由世界人民共同创造的。

教学难点：

感受人类早期文明对整个人类文明的重要意义。

5. 学习活动设计

<table>
<tr><th>教师活动</th><th>学生活动</th></tr>
<tr><td colspan="2">课前探究活动</td></tr>
<tr><td>教师活动
（教学环节中呈现学习情境，提出驱动性问题、学习任务类型等）
教师提供一张“探访古代文明”学习表，要求学生通过各种途径搜集和整理早期中华文明的资料。
<table>
<tr><th colspan="3">考古小分队《探访古代文明》学习表</th></tr>
<tr><td rowspan="9">探访古代文明</td><td>小组名称</td><td></td></tr>
<tr><td colspan="2">我们的问题</td></tr>
<tr><td colspan="2"></td></tr>
<tr><td colspan="2">解决问题的方法</td></tr>
<tr><td colspan="2"></td></tr>
<tr><td colspan="2">我们的成果（图片、资料、PPT 等形式）</td></tr>
<tr><td colspan="2"></td></tr>
<tr><td colspan="2">探究的结果</td></tr>
<tr><td colspan="2"></td></tr>
</table>
</td><td>学生活动
（学生在真实问题情境中展开学习活动，与教学环节对应）
学生根据“探访古代文明”学习表，通过各种途径搜集和整理资料，获取相关信息。</td></tr>
<tr><td colspan="2">设计意图：学生根据“探访古代文明”学习表，通过各种途径搜集和整理资料，让学生在解决问题的过程中学会学习、学会收集资料、学会团队合作、学会创新、学会责任担当，以任务驱动的方式落实核心素养的培养。</td></tr>
<tr><td colspan="2">课前热身活动</td></tr>
<tr><td>教师活动
1. 猜一猜。（出示图片）
同学们，我们知道古人创造了许多伟大的奇迹，比如世界八大奇迹，你们知道有哪些呢？猜一猜，这些是什么？
2. 观看视频，了解世界八大奇迹。
从视频中我们知道了世界八大奇迹。我们可以感受到每个文明都有自己独特之处。放眼世界，人类的许多文明成就都可以追本溯源。现在就让我们探访古代早期文明发祥地吧。</td><td>学生活动
欣赏图片，回答问题。
观看视频，谈感受。</td></tr>
</table>

续表

<table>
<tr><td colspan="2">设计意图：出示图片，观看视频，激发学生学习兴趣，导入新课。</td></tr>
<tr><td colspan="2">课堂教学活动</td></tr>
<tr><td colspan="2">环节一：慧眼识图，感知四大文明发祥地</td></tr>
<tr><td>教师活动</td><td>学生活动</td></tr>
<tr><td>师：这是一幅人类早期文明发祥地的示意图，请大家仔细观察，你能发现什么信息呢？
（出示课件：教材第 44 页地图）
师：大家知不知道，在这四个地区诞生了什么伟大的文明？
师：同学们再想一下，四个名称有什么区别？知道为什么吗？
师：在这些文明中，我们中华文明是唯一一个不用在前面加一个"古"字的，因为我们中华文明源远流长，历经了五千年的风雨，从古至今没有断绝，作为一个中国人，你有什么样的感受？
师：是啊，此生无悔入华夏。而且我们坚信，在中国共产党的领导下，我们必将实现民族的伟大复兴。大家再想一想，这四个文明为什么都出现在大河流域呢？
师：大河流域水源充足、地势平坦、土地肥沃、气候温和，有利于农作物的生长和人类的生存。
师：大河流域是人类早期文明的发祥地，那么，早期文明区域的出现有什么意义呢？请大家仔细阅读课本 44 页内容。</td><td>学生观察教材中地图，回答问题。
预设：我发现地图上介绍了四个地区。
预设：我发现地图上介绍了四条河流。
预设：我发现人类的早期文明都在大河流域。
预设：古埃及文明、古巴比伦文明、古印度文明、中华文明。
预设：只有我们中华文明没有在前面加一个"古"字。
预设：我为我们悠久的历史和我们的民族感到自豪。
预设：水源充足、地势平坦、土地肥沃、气候温和。
预设：早期文明区域的出现，表明人类开始跨入文明时代的门槛。</td></tr>
<tr><td colspan="2">设计意图：教师通过分析人类早期文明发祥地的示意图，培养学生观察地图的能力；通过引导学生思考、回答问题，培养学生的语言表达能力、综合分析能力；通过讲述四大文明古国，只有中华文明传承至今、延绵不绝，培养学生的民族自尊心和自豪感，对中化华传统文化的自信。</td></tr>
<tr><td colspan="2">环节二：分队考古，探访中华早期文明</td></tr>
<tr><td>师：现在，请把目光聚集到课本地图上橙色区域，这是我们中华文明的早期发祥地。它在哪里？
师：课前，我要求大家借用这张探究表，通过自主学习，并组成考古小分队，去探索各自感兴趣的人类早期文明。现在，各个考古小分队自由交流，向大家展示自己的成果。（教师提醒：同学们，在分享的过程中，重要的内容要进行标记，补充完善探究表的内容。）</td><td>预设：长江、黄河流域。
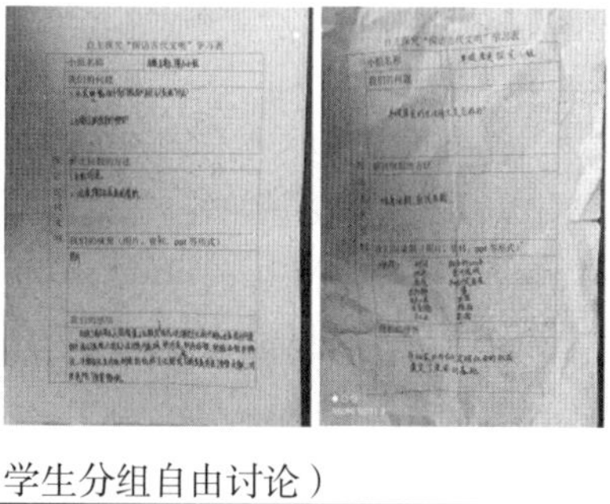
（学生分组自由讨论）</td></tr>
</table>

续表

师：有哪些考古小分队是探究半坡居民的？我们请其中的一队来分享一下自己的成果。	（学生上台分享）
总结：视频轻松有趣，同学们的展示很精彩，让大家在愉悦的氛围中收获更多的知识，希望接下来大家继续发扬优良的学风。接下来，我们请另一组同学来分享河姆渡文明。	（学生上台分享）
师：这组同学表现得怎么样？	学生对同学的表现进行评价。
师：通过这两位同学的讲解，我们知道了我们的先人了解南北气候的差异，土壤、地质的不同，造了不同的房子，做了不同的工具，种了不同的粮食，从中我们可以感受到我们祖先怎么样？	预设：聪明。
师：对，我们的先人充满了智慧，能顺应、尊重、利用自然。第二考古小分队告诉我们，我们中国是世界上最早种植水稻的国家，多少年前我们已经学会种植水稻？	预设：七千年前。
师：是啊，我们中华民族的文化真是历史悠久，源远流长！这从未断绝的中华文明给我们带来了什么？请看课件。	（学生感悟中华文明的伟大，为自己身为中国人而感到自豪。）
师：2021 年 3 月 22 日，习近平爷爷在朱熹园考察时指出：“没有中华五千年文明，哪有我们今天的成功道路。”	学生齐读：历史长河为民族的生生不息、长盛不衰提供了文化滋养，为实现中华民族伟大复兴的中国梦提供了精神力量。 学生通过习言习语的学习，进一步增强文化自信。
师：半坡遗址、河姆渡遗址的考古发现，表现了原始农业兴起和发展的过程，这是中华早期文明为人类发展做出的重大贡献。大家再想一想，原始农业的兴起和发展，又有什么作用？	预设：原始农业的兴起和发展为古代文明社会的形成奠定了重要基础。
设计意图：以任务驱动的探究式学习方式落实培养学生政治认同、道德修养、健全人格、责任意识等核心素养的培养。学生主动深度参与课堂教学活动，体现学生的教学主体地位。学生在解决问题的过程中学会学习、学会合作、学会分享、学会担当。教师评价和学生评价中，学生能够学会正确评价他人。	

续表

环节三：放眼世界，了解他国古代文明	
师：国内考察完了，现在我们将目光放向全世界。为了更好地了解早期文明，考古小分队还查找到不同的资料。	预设：我发现古埃及人已经会使用灌溉工具，说明当时他们已经有了农业，也会使用工具。
师：请大家翻开教材第 46 页，读一读，选择感兴趣的古文明，圈出有价值的线索，并想想它的价值体现在哪里。	预设：我发现古印度人会饲养牲畜，说明他们过上了定居生活。
师：在大河流域，早期人类发展农业，驯养动物，繁衍生息，各自在人类文明史中发挥着自己的作用。可以这样说，人类文明史是由世界人民共同创造的。因此，习近平爷爷告诉我们，我们要构建人类命运共同体。	
师：早期文明种植农作物，驯养动物，使用工具，那他们种植的农作物、驯养的动物、使用的工具一样吗？	预设：不一样。
师：对，每个文明都有自己的独特之处。文明只有姹紫嫣红之别，但绝无高低优劣之分。正是因为有了不同的文明，才有了我们今天灿烂多样的人类文明。	
师：人类文明是世界人民共同创造的。我们要保护好这些文明遗迹。	感受习言习语，培养国际视野。
师：老师也积极参加了大家这一次考古！老师把考古的目光放到了文明出现的重要标志——文字。现在我们一起来看一下老师为大家收集的资料。  	学生思考、讨论。
师：除文字之外，你能说说这些文明古国还创造了哪些灿烂文化吗？大家一起来分享一下。 （出示课件：早期文明发祥地创造的灿烂文化还有医学、数学、建筑学、文学、艺术……它们都对人类文明发展做出了重要贡献，对世界产生了重要影响。）	

续表

设计意图：培养学生从材料中和图片中获取信息的能力；培养学生对材料进行整理和综合分析，以及表达能力；通过对习言习语的学习和运用，提高学生的政治思想觉悟；以趣味的甲骨文猜字游戏吸引学生的课堂注意力，激发学生的学习兴趣。	
环节四：总结展望，增强文化自信	
师：同学们，古代劳动人民用勤劳的双手奠定了人类文明大厦的基础，就像无数条支流，汇聚成一条文明的大河，奔腾数千年，我们后人才有幸站在巨人的肩膀，站得高，望得远。我们要继承和发扬中华民族的传统文化，增强文化自信，为中国梦的实现贡献自己的一份力量。	学生集体讨论，思考回答。 预设：医学、数学、建筑学、文学、艺术等。
设计意图：对本课内容进行总结升华，增强学生的文化自信，鼓励学生勇担时代使命，为中国梦的实现贡献自己的一份力量。	
环节五：课后拓展，承上启下系统衔接	
师：同学们，下课后就早期文明发祥地创造的灿烂文化成就或者文化遗产，仔细搜集各种资料，下节课做一次分享。	学生讨论
设计意图：对于课后作业的设计，学生既可以选择本节课的内容进行深入拓展，也可以选择下节课内容进行预习，承上启下系统衔接，这有利于创设提质增效的高效课堂。	

6. 板书设计

（板书完整呈现教与学活动的过程，最好能呈现建构知识结构与思维发展的路径与关键点。）

6. 人类文明早期发祥地

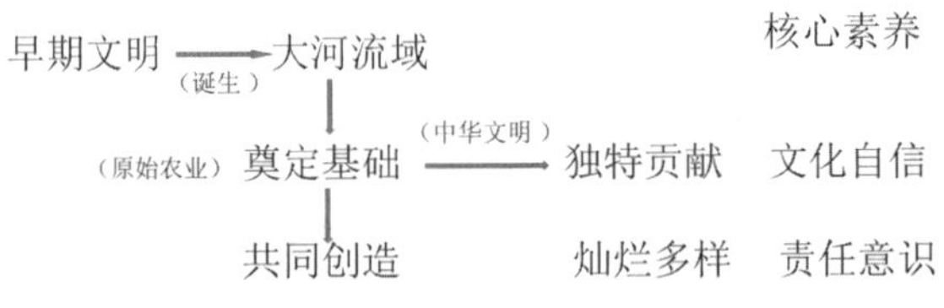

7. 作业与拓展学习设计

（关注作业的针对性、预计完成时间，发挥作业对复习巩固、引导学生深入学习的作用。）

教师让学生选择早期文明发祥地创造的灿烂文化成就或者文化遗产，仔细搜集各种资料，在下节课为全班同学做一次分享。

8. 特色学习资源分析、技术手段应用说明（结合教学特色和实际撰写）

（1）充分利用学校现有多媒体教学资源，使用希沃白板、投影仪等现代化教学系统、教学工具。

（2）多媒体课件的使用起到生动形象的传播效果，而且有利于用形象的方式帮助学生厘清知识脉络。

（3）图片和视频的使用能够使学生通过视觉和听觉，以更加直观的感受进行学习。

（4）在课堂教学过程中，形成了一个“教—学—思—评—悟”的教学闭环。

9. 教学反思与改进

（1）“项目化”探究，问题导向引导学生持续探究，培养学生合作探究的能力。

整个课的设计包含课前探究、课前热身、课堂教学、课后延伸四个环节，学生课前根据课本内容提出“驱动性问题”，小组合作，借助探究表进行探究，形成作品，如图片集、PPT、视频等，在课堂上进行展示，教师再设计具有衔接性的作业，持续引导学生进行有价值的探究，既注重学生的全体参与，又培养学生合作探究、自主学习的能力。

（2）创设“主题情境”，任务驱动加强学生认识真实世界、解决真实问题能力。

在落实本节课的重点“理解中华早期文明为人类发展做出了重大贡献”时，创设“考古”情境，学生分小组进行考古，以“探究以半坡文化和河姆渡文化为代表的中华早期文明”为任务驱动，融合课前收集的资料，互相分享、互相补充。课堂上让“文物”说话，借“文物”还原生活，引导学生探究文物背后的历史信息。并在此基础上，引导学生探究古埃及文明、两河流域文明、古印度文明，从而帮助学生了解其他早期文明区域创造的灿烂文化及其对人类文明的重大影响。

（3）凸显道法课思想导向，在深度学习中培育文化自信，引领形成正确的价值观。

设计中通过学生自主探究、解读课本内容、创设情境考究文物等方法，让学生在深度学习中充分感受中华文明对人类文明的独特贡献，感受中华民族文化的渊远流长，激发民族自豪感，增强文化自信。设计中也多次引用习近平总书记的金句名言，在培育文化自信同时，进一步引导学生形成正确的历史观、人生观，帮助学生形成理解文化多样性、差异性，平等对待不同文化的价值观，进而培养学生正确的政治信仰。

（4）渗透“减负提质”思想，承上启下设计作业，加强单元设计整体性及系统性。

在作业设计方面，本节课选择早期文明发祥地创造的灿烂文化成就或者文化遗产，让学生仔细搜集各种资料，借助探究表整理资料，形成作品，在下节课为全班同学做一次分享。承上启下的设计作业，加强了该单元内容设计的整体性及系统性。

（5）过程性与总结性评价相结合，发挥评价引导与反馈作用，力求“教学评”一体化。

在授课过程中，教师注意及时关注孩子的动态生成，用积极的语言及时评价；在拓展延伸部分，教师采用评价表对学生总体表现进行反馈，引导学生进步，也可根据评价表进行课的调整修正。教师通过将过程性评价与总结性评价相结合，力求“教学评”一体化。

由于学生对本节课的内容比较陌生，因此，在调动学生的参与性方面，教师需下大的功夫，特别是课前要充分引导学生提前预习新课内容，充分收集资料，学生只有足够的知识储备，才能充分参与到课堂活动中来。

10. 学习评价设计

过程性学习评价

（自评、他评、总评分为：优、良、合格、不合格）

评价项目	课前探究完成情况	课堂参与评价	知识获得与技能提升	学习态度与方法	情感激发与价值观培育	作业质量	达成等次评价
自评							
他评							
教师总评							
学习困惑	（陈述性表达）						
备注							

第二节　小学道法课 "主题情境·三阶历学"课堂教学实践

《公民的基本义务》课堂教学实践

潮安区枫溪镇枫溪小学　谢壁妆

课程标准

本节课是依据《义务教育道德与法治课程标准（2022年版）》高年级段要求进行编写，初步了解公民的基本权利和义务，初步理解权利行使规则，树立依法维权意识，树立有权利就有义务的观念。懂得公民权利的依法行使和我国公民权利与义务的一致性，知道国家尊重和保障人权，有助于增强学生国家观念与法律意识。

教材分析

《公民的基本义务》是部编版道德与法治六年级上册第二单元第四课第二课时的内容。本课3个板块逻辑架构十分明显，先讲权利再讲义务，后讲人权。本课以《青少年法治教育大纲》中的"初步了解公民的基本权利和义务，初步理解权利行使规则，树立依法维权意识，树立有权利就有义务的观念"为依据。本课时主要介绍了中国公民应承担的基本义务，以及权利和义务的一致性。

学情分析

六年级的学生对于法和公民的权利有了认知，具有一定的生活经验和社会经历，具有一定辨别是非、搜集资料、自主探究的能力。这些都为本节课的学习奠定了基础。

素养目标

1. 知道公民应履行的基本义务，了解权利和义务的一致性。

2. 通过活动探究、情境体验、交流讨论等形式，培养学生具有法治、爱国的社会主义道德素养。

3. 深化感知，引导学生知行合一，自觉履行公民的基本义务，增强社会责任感，增强国家观念和法律意识。

教学重难点

重点：让学生了解公民应尽的基本义务，培养学生依法履行义务的意识。

难点：理解权利和义务的一致性，自觉履行公民的基本义务，培养学生具有法治和爱国的社会主义道德素养。

教学准备

教师搜集资料、查宪法及制作 PPT 课件，学生课前搜集和整理参加活动的资料。

教学过程

<table>
<tr><td colspan="4">《公民的基本义务》导学案</td></tr>
<tr><td>班级</td><td></td><td>小组成员</td><td></td></tr>
<tr><td>一、学习目标</td><td colspan="3">1. 知道公民应履行的基本义务，了解权利和义务的一致性。
2. 通过活动探究、情境体验、交流讨论等形式，培养学生具有法治、爱国的社会主义道德素养。
3. 深化感知，引导学生知行合一，自觉履行公民的基本义务，增强社会责任感，增强国家观念和法律意识。</td></tr>
<tr><td>二、学习重难点</td><td colspan="3">重点：让学生了解公民应尽的基本义务，培养学生依法履行义务的意识。
难点：理解权利和义务的一致性，自觉履行公民的基本义务，培养学生具有法治和爱国的社会义道德素养。</td></tr>
</table>

续表

<table>
<tr><td rowspan="4">三、导学过程</td><td>探究一</td><td colspan="2">什么是公民的基本义务？
观察漫画，结合所学宪法知识，说一说：漫画有什么喻意？什么是公民的基本义务？</td></tr>
<tr><td>探究二</td><td colspan="2">公民的基本义务包括哪些内容？</td></tr>
<tr><td rowspan="2">探究三</td><td colspan="2">生活中的义务：</td></tr>
<tr><td>照片素材</td><td></td></tr>
<tr><td>四、我的收获</td><td colspan="3"></td></tr>
</table>

一、视频导入，引出主题

（1）教师活动：播放视频，提出问题——维护国家安全，我们能做什么？

（2）学生活动：列举学习到的知识点。

（3）总结：维护国家安全，这是每个公民的基本义务。

（4）提问：你们知道什么是基本义务吗？

（宪法规定的公民的基本义务，也称宪法义务，是指由宪法规定的公民必须遵守应尽的基本责任。）

【设计意图：以视频导入，目的是激发及唤醒学生已有的生活经验和法治常识。】

二、合作学习，感知激情

宪法除了保障公民的基本权利，还规定了公民的基本义务，这体现了国家利益、集体利益和个人利益相结合的原则。

1. 明确公务应担的义务

（1）结合课本内容明义务：教师向学生展示课本第 35 页的活动园，让学生讨论交流下列情景对应公民的哪项义务。

（2）结合课前收集资料明义务：小组讨论交流公民还有哪些应尽的义务并进行如下汇报。

家庭的：抚养子女的义务。

社会的：爱护公共财产的义务、遵守公共秩序的义务。

国家的：服兵役的义务，纳税的义务，维护国家利益的义务，维护祖国安全的义务。

教师出示：

《宪法》第五十三条：中华人民共和国公民必须遵守宪法和法律，保守国家秘密，爱护公共财产，遵守劳动纪律，遵守公共秩序，尊重社会公德。

《宪法》第五十四条：中华人民共和国公民有维护祖国的安全、荣誉和利益的义务，不得有危害祖国的安全、荣誉和利益的行为。

（3）结合生活实际明确义务：作为小学生，我们首先要遵守国家颁布的《小学生日常行为规范》，现在请同学们结合自己带来的照片来谈谈在不同场景中，你应尽到哪些义务。

场景一：家庭（做家务、尊敬长辈、孝敬父母……）

场景二：学校（读书、认真完成作业、扫地、爱护学校的花草树木……）

场景三：社会（遵守公共秩序，遵守交通规则——红灯停、绿灯行，到公园不践踏草坪，爱护公物……）

小结：是呀！法无处不在，我们在不同场景中，要自觉履行不同的义务。

【设计意图：本环节结合教材内容，整合教学资源，通过创设情景，充分引导学生观察、讨论，让学生了解公民应履行的基本义务。】

2. 明确权利与义务是一致的

（1）看了上面两幅漫画，你有什么想说的？

（2）"只享受权利，不履行义务""多享受权利，少履行义务"这些观点正确吗？

（3）出示《陆飞爸爸的基本权利和义务》

下面我们一起来看看陆飞爸爸在成长过程中享受哪些基本权利和履行哪些基本义务？

（4）生交流汇报

小结：是呀！权利和义务是一致的，我们不仅要增强权利观念，也要增强义务观念，自觉履行法律规定的义务。

【设计意图：以学生喜闻乐见的漫画呈现问题，让学生通过合作交流与探讨，启发学生发现问题、思考问题、分析问题，培养学生的辩证思维，明白权利和义务的一致性。】

三、深化感知，行为导向

1. 情境模拟（餐厅拒开发票，各种诱惑）

同学们，平时爸爸妈妈带你们出去吃饭有向餐厅索要发票的习惯吗？请看表演。

（1）观看学生表演

（表演内容：小杨出去吃饭，饭店工作人员不开发票。小杨坚持要开发票，饭店工作人员各种说服："不要发票，送水杯""不要发票，餐费打个折，给最大的优惠"。小杨不知如何是好。）

（2）辩一辩：饭店不开发票，这样的做法正确吗？

（3）如果你是小杨，你该怎么做？

PPT 出示：12366 热线的介绍和《中华人民共和国税收征收管理法》的规定。

小结：公民有依法纳税的义务，同时有监督和举报的权利。

2. 情境问答

义务就在我们身边。谈一谈：以后遇到这样的问题我们该怎么做？

（1）如果你要到广济桥游玩，买门票的人排成一条长龙，在队头有你熟悉的人，你打算怎么做？

（2）今天轮到你扫地，你着急回家，可没有同学愿意跟你调换，你打算怎么做？

小结：在特殊情况下，我们依然要履行义务。

3. 出示国内某地暴动事件相关图片，提问：你有什么话想对这些发动暴动的人说？

总结：公民要知法守法，要维护祖国的安全、荣誉和利益，做法律规定我们必须做的事，履行公民的基本义务，不做法律禁止我们做的事。

【设计意图：创造性活用教材，综合运用情境模拟、角色扮演、价值辨析等多种教学方法，紧密联系生活，结合时事、热点话题，使法治教育显得鲜活有趣，进一步增强学生依法履行义务的意识，做到知行统一。同时激发学生的爱国情怀，体现统一性和多样性相统一的原则。】

四、课后拓展，内化升华

（1）同学们，通过这节课的学习，你有什么收获？有什么感受？

（2）课后拓展：小调查。

长辈们成长经历中享受的权利和履行的义务

调查人	享受的权利	履行的义务

（3）提出希望：希望同学们在下课后能将本课所学践行到日常生活中，认真履行公民的基本义务，做法律规定我们必须做的事情，不做法律禁止做的事情。

【设计意图：该环节的设置，促使学生自我反思、自我完善、自我提升，使整节课的内容得到升华，体现理论性和实践性相统一的原则。】

板书设计

公民的基本义务

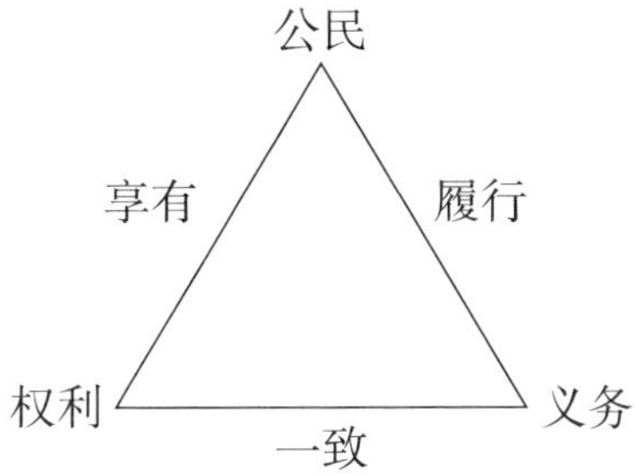

部编版小学道德与法治一年级上册《别伤着自己》课堂教学实践

潮安区枫溪镇枫溪小学　吴少云

教材分析

《别伤着自己》选自道德与法治一年级上册第三单元《家中的安全与健康》中的主题之三。本课主要让学生了解家居生活中常见的健康安全问题，初步培养学生的安全意识。同时，引导学生学习防范和处理意外伤害的方法，提高自我保护的意识和能力。

学情分析

在日常家居生活中，因为安全防范意识不足以及儿童自我保护能力不强，一年级的学生容易发生意外伤害。因此，我们要让他们认识到在家居生活中哪些是有危险的，该怎么防范和处理意外伤害，以提高自我保护的意识和能力。

教学目标

（1）了解家庭生活中易发生的意外伤害，提高识别危险的能力。

（2）知道危险是怎么发生的，知道避免和处理伤害的方法。

（3）懂得我们要注意安全、别伤着自己。

教学重点

（1）了解家庭生活中常见的安全问题，形成基本的安全意识。

（2）学习防范和处理意外伤害的方法，提高自我保护的意识和能力。

教学难点

懂得防范和处理意外伤害的方法。

教学准备

课件

学生课前准备

学生课外搜集资料，识别家中的行为是否危险。

教学流程

1. 观看视频、激趣导入

2. 闯关游戏，激情导行

第 1 关：图图、小美走迷宫，识别辨析图家中行为是否危险 。

第 2 关：图图、小美来汇报，识别课外搜集的行为是否危险。

第 3 关：图图、小美有危险，知道危险是怎么发生的。

第 4 关：图图、小美有方法，了解受伤的处理办法。

3. 拓展作业、深化主题

4. 读儿歌、强化行为

5. 课堂总结、做好评价

教学过程

一、观看视频、激趣导入

同学们，喜欢看动画片吗？今天，老师给大家带来一段动画片，是什么？《大耳朵图图——小小监督员》。请同学们一边看一边想：图图制止了家中什么危险行为的发生？（危险行为：茶杯放在边边上，碰倒了很危险；玩插头会触电的。）

你喜欢图图、小美吗？我们来玩角色扮演，男生扮演图图，女生扮演小美。

【设计意图：本环节中，通过观看动画片《大耳朵图图——小小监督员》，初步感知家庭生活存在的危险。角色扮演激发学生的学习兴趣，使学生更加容易融入课堂学习中。】

二、创设情境、激情导行

这是什么地方？（课件出示：智慧王国的图片）你们想摘智慧果吗？智慧爷爷说了，我们要闯过四关才能摘到智慧果。我们一起来闯关，一起去摘智慧果，好吗？请大家先做好闯关准备，打开课本，看11课。（板书：11 别伤着自己）

图图、小美，准备好了吗？闯关开始！我们的闯关口号是：图图、小美冲冲冲！（出示课件：闯关口号）

（一）第1关：图图、小美走迷宫（学习课本P44—45）

第1关：图图小美走迷宫 。我们的闯关口号是：图图、小美冲冲冲！（出示课件：第1关名称及闯关口号）

在家会有危险吗？我们走进迷宫看看吧。

1. 教师指导走迷宫的第一步。

师：小朋友们，这样做危险吗？为什么？（小孩子涂口红是危险的。口红等化妆品含有防腐剂、香料等成分，对人有害，小孩子更不适合涂口红。）

过渡：其他的呢？哪些行为是安全？哪些行为是危险？

2. 小组交流

（1）同桌二人，合作学习第 44 页—45 页。

（2）课件出示学习要求。

第 1：看图，跟你的同桌说说每一幅图的行为是否危险？为什么？

第 2：安全的行为打“√”，危险的行为打“×”。

3. 全班交流 .

（1）图 1（小朋友用圆头剪刀剪纸。）

师：你给这种行为打“√”，还是打“×”？为什么？

生：我给这种行为打“√”。小孩子剪纸时使用圆头小剪刀的做法是对的。圆头剪刀可以预防手被剪到。

（2）图 2（小朋友乱吃妈妈的药。）

师：小朋友这样做，对不对？为什么？

生：小朋友这样做是错的，因为小朋友想吃妈妈的药。乱吃药会伤害身体。

师：你认识哪种药？什么情况下可以用？（出示课件：万金油、万花油、退热贴的图片）

小结：我们要正确用药，必要时还要去看医生。

（3）图 3

师：你给这种行为打“√”，还是打“×”。为什么？

生：湿手不能接触电源。用湿手接触电源容易发生触电事故。

（4）图 4

师：给这种行为打“√”的请举手。为什么？

生：小朋友在捉迷藏，把自己藏在衣柜里，这是危险的行为。人藏在衣柜，容易被憋坏的。

（5）图 5

师：给这种行为打“√”的请举手。为什么？

生：小朋友让爸爸帮忙拿高处的书。这种行为是安全的，我们打个“√”。

师：危险的事，或者自己不会做的事，可以请大人来帮忙。

（6）图1—图6，这里有4个小朋友做错了。图图、小美，老师想请你们来当小老师，说说你们要教谁怎么样做才行？

（7）看看图1—图6，我们一起走迷宫。安全的路才可以走。起点在这里，接着迷宫的路该怎么走？谁上台指路？

【设计意图：本环节是第一关：图图、小美走迷宫。课文共有6幅辨析图，教师指导学生学习第一幅图，放手让学生学习其他5幅图，最后再全班交流汇报学习情况。通过向小朋友提问"这样做危险吗？为什么？"为主线，贯穿这个环节的教学，从而引导学生识别在家居生活中一些行为是否有危险，同时学习了安全知识。】

（二）第二关：图图、小美来汇报

闯过第一关，接着我们来闯第二关：图图、小美来汇报。我们的闯关口号是：图图、小美冲冲冲！（出示课件：第二关名称及闯关口号）

老师已布置大家在课外搜集资料，识别家中的行为是否危险。请拿出你搜集的图片，汇报一下。

（1）跟你的同桌说说你搜集的是安全的行为，还是危险的行为？同桌评一评，他说得对不对。

（2）老师想跟你们借几张图片来贴一贴。危险行为的图片，贴在打"×"的圆圈里，谁来贴？安全行为的图片，贴在打"√"的圆圈里，谁来贴？我们来判断他们贴对了吗？

小结：生活中，处处都有危险。有些危险是因为我们不当的行为造成的。我们要提高危险识别能力，注意安全。（板书：注意安全）

【设计意图：本环节是第二关：图图、小美来汇报。学生汇报自己课外搜集的是安全的行为，还是危险的行为，将课堂与生活联系，提高学生识别危险的能力。】

（三）第三关：图图、小美有危险（课本第46页）

我们一起闯第三关：图图、小美有危险。图图、小美，我们一起冲冲冲！（出示课件：第三关名称及闯关口号）

1. 故事《危险是怎么发生的》

大家看看，明明发生了什么事情？为什么会这样？（出示课件：课本P46图片，图片内容是明明把小狗吵醒、拉小狗的尾巴，结果被小狗咬伤。）

小结：小狗本来是在睡觉，明明是安全的，但是明明却把小狗吵醒，拉小狗的尾巴，结果才会被狗咬了。明明不当的行为才导致危险的发生。

2. 拓展：你家里或者周围有什么小动物？有什么花草树木？当我们和他们接触的时候，有什么需要注意的地方吗？

小结：危险就在我们身边，我们要避免伤害。（板书：避免伤害）

【设计意图：本环节是第三关：图图、小美有危险。通过故事分析，拓展这两步的教学，教师让学生体会危险就在我们身边，我们要避免伤害。】

（四）图图、小美有方法：受伤了怎么办？（第47页）

万一受伤了我们该怎么办？我们一起来闯第四关：图图、小美有方法。我们的闯关口号是：图图、小美冲冲冲！（出示课件：第四关名称及闯关口号）

1. 如果你是明明，被狗咬伤了，你会怎么办？

（对，遇到危险，我们应该告诉爸爸妈妈，不能因为怕被批评就隐瞒。）

2. 被狗咬伤了，应该怎么处理伤口呢？

A. 学生说；B. 老师介绍危险及处理方法。

（出示课件：被狗咬伤的处理方法及医学小知识。）

3. 烫伤了怎么办？割伤、划伤，该怎么办？

小结：小伤口可以自己包扎。受伤了，我们应该告诉爸爸妈妈，如果严重的话，还应该去看医生。我们要正确处理已经发生的伤害。（板书：正确处理）

【设计意图：本环节是第四关：图图、小美有方法。本环节的目的在于让学生学习伤害的处理方法，在遇到伤害时能自己处理，学习医学小知识。】

（五）闯关成功，摘智慧果

我们已经成功闯过四关了。智慧爷爷打开大门，欢迎我们进入智慧园摘智慧果。我们请组长来摘智慧果，发给同学们吧！（出示课件：智慧王国图片）

小结：无论在什么地方，都有很多不安全的因素。伤害无论大小，都会给我们带来痛苦。因此，我们要注意安全，避免伤害，别伤着自己。万一受伤了，我们要正确处理已经发生的问题，让伤害降到最小。

【设计意图：本环节，闯关成功了，组长摘智慧果奖给同学们，激发同学们的学习积极性。最后，教师做小结，对闯关环节的学习进行归纳。】

三、读儿歌、强化行为（儿歌：《安全歌》）

【设计意图：本环节，目的是读儿歌、强化行为，使学生将安全牢记于心，努力增强自我防范能力，做到警钟长鸣。】

四、拓展作业、深化主题

1. 画一画安全警示牌，如：小心地滑！水深危险！

2. 请你做一个安全小标兵，发现校园生活中的安全问题，避免伤害。

【设计意图：本环节设计了两项拓展作业：画一画安全警示牌、做一个安全小标兵。这样，才能将课堂知识延伸到学生的生活中，学以致用，深化主题。】

五、课堂总结、做好评价

本节课，我们学习的主要内容是：识别家中行为是否危险、说出危险的原因、了解避免危险和如何处理伤害。每学会一项可以得一颗星，根据表现，你为自己这节课的学习评几星？

《别伤着自己》课堂学习评价表

能识别家中行为是否危险	能说出家中行为存在危险的原因	知道如何避免危险和如何处理伤害
★	★	★

【设计意图：本环节，教师对这节课的学习内容进行梳理总结，并引导学生对课堂学习进行评价。《别伤着自己》课堂评价表主要评价这节课三个主要学习内容，学生自我评价课堂学习情况，以评促学。】

六、板书设计

11 别伤着自己

注意安全

避免伤害

正确处理

第三节　创设多元教学方式，创设思政小课堂

《义务教育道德与法治课程标准（2022 年版）》中，“教学建议”中指出：“要及时丰富和充实教学内容，要密切联系社会生活和学生生活实际，用富有时代气息的鲜活内容，以学生喜闻乐见的方式，增强道德与法治教育的时效性、生动性、新颖性，让道德与法治课成为有现实关怀和人文温度的课堂。”“要丰富学生实践体验，促进知行合一；教学要求与社会实践活动相结合，加强课内课外联结，通过参观访问、现场观摩、志愿服务、生产劳动、研学旅行等方式走向社会，增进学生对国情、社情、民情的了解，增强爱国情感。鼓励学生在社会实践中扩展自己的视野，提升自己的能力，学以致用，知行合一。”因此，在小学道德与法治课的常规课堂教学中，我们不断探索多元化的教学方式与教学内容，创设思政小课堂，补充课堂教学内容，也将课堂教学向课外实践延伸。

思政小课堂《在磨难中成长，在磨难中奋起》教学实践

潮安区枫溪镇枫溪小学　吴胤希　谢壁妆

一、活动背景

2020 年初，一场突如其来的新型冠状病毒席卷中国，给全中国带来了严峻的挑战。在这场无声的战“疫”中，涌现出许多感人的事迹，各行各业工作者挺身而出，冲锋在疫情防控第一线，谱写着感天动地的生命赞歌。在这样的一个特殊时期，面对磨难，作为祖国美好未来的少先队员们，也应该用自己的实际行动对抗疫情。小学阶段的学生有了一定的责任与爱国情怀，但因为自我管理能力有限，行动缺乏有效的方法。本次活动课意在引导学生与时代同频共振，懂得感恩前行、厚植爱国情怀、担当时代责任。

二、课程标准

《义务教育道德与法治课程标准（2022年版）》中，对第三学段（5~6年级）学生“生命安全与健康教育”要求如下：

学习内容	内容要求	教学提示
生命安全与健康教育	①珍爱生命，远离烟酒，拒绝毒品，形成良好的生活方式和健康的生活习惯。 ②了解和识别性侵害、欺凌行为的危害，学会自我保护和寻求帮助，预防和远离性侵害、欺凌和拐骗。 ③了解公共卫生事件、社会管控措施和个人行为要求，初步树立社会安全意识和遵守公共卫生规则的意识。 ④了解突发公共卫生事件、地震、洪水等抗疫抗灾的伟大实践，认识“把人民群众的生命安全与身体健康放在第一位”的价值理念。	①通过案例分析，学生能够认识烟酒对健康的消极影响，毒品对生命、家庭及社会的危害，宣传并践行健康的生活方式。 ②通过情境演练，学生能够了解如何正确把握与异性同学交往的分寸，如何对待同学之间的欺凌；通过分析典型案例，学生能够识别可能发生性侵害和拐骗的情境，学会预防性侵害、欺凌和拐骗的自我保护方法与寻求帮助的基本途径。 ③结合近年来重大突发公共卫生事件或者其他重大突发事件，了解在不同级别下的社会管控措施和个人行为要求，遵守政府的规定，做好自我防护，维护社会安全。 ④选取典型案例，体会、感受党和政府怎样践行“把人民群众的生命安全与身体健康放在第一位”的理念，认识“人民至上、生命至上”的意义，感受社会主义制度的优越性。

学业要求明确指出：做到遵守公共秩序、遵纪守法、担当责任，养成亲社会的行为和品格，提升道德和人格修养；能够增强对伟大祖国、中华民族、中华文化、中国共产党、中国特色社会主义的认同，关心国家大事，为实现中华民族伟大复兴而努力学习。

三、活动对象

小学5~6年级学生。

四、活动目标

（1）活动让学生了解“逆行”的含义，感知“逆行者”的勇气和“逆行”

的不易。

（2）一系列的活动激发学生对“逆行者”的敬意，在活动中明责任、培养爱国主义精神。

（3）图片、视频互动交流等活动，让学生了解英雄事迹，在表敬意的同时，发挥自己的力量，积极配合做好抗疫行动，用自己的实际行动为这场战“疫”做贡献。

五、活动准备

课件、学生作品、抗疫视频。

六、活动过程

课前引入：

亲爱的同学们，欢迎来到我们的网络课堂，我是枫溪小学的谢壁妆老师，我是枫溪小学的吴胤希老师，这一节主题班会，我们要和大家交流的是《在磨难中成长，在磨难中奋起——致敬逆行英雄》。大家准备好了吗？

（一）今昔比，明现状

1. 对比导入

师：先问大家一个问题：你期望中的过年是什么样的呢？是不是这样？

那今年过年呢？是不是和你期望中的一样？今年过年是什么样的呢？

2. 明现状

师：2020 的春节已经到来，但往日热闹的街景不复存在，大街上几乎空无一人，入眼之处，是戴着口罩匆匆行走的行人，是小区、学校、市场等门口挂着的“疫情就是命令，防控就是责任”的横批！这一切，都是因为一位“不速之客”的入侵，它到底是谁呢？我们一起来看看

视频：

它是谁？它就是——新型冠状病毒。

师：新型冠状病毒入侵武汉，疯狂传播，这让人们陷入了前所未有的恐慌！1 月 23 日，武汉封城了！面对这样的疫情，也许我们每一个人都有过害

怕，都愿意“宅”在家里，可是，有这样的一群人，他们明知前方有危险，却毅然“逆向”地冲向了武汉，我们把这一群人叫作“逆行者”。同学们知道“逆行者”是什么意思吗？

（二）识英雄，明大爱

1. 了解逆行者的含义

逆行，指朝着与规定方向相反的方向行进。逆行者，我们一般是指对英雄的称呼，他们默默无闻，为城市、为人们无私奉献，不求回报，值得获得每一个人的钦佩。

2. 聆听“逆行英雄”的故事

（1）观看图片

师：同学们，当武汉封城后，是哪些逆行者来了呢？你知道他们是谁吗？（钟南山爷爷）你们猜猜，他多大年龄了？（84）是的，疫情暴发后，84 岁的钟南山爷爷义无反顾地再次投入抗疫战场，为防控疫情冲锋陷阵、辛勤奔波。

看，这又是谁？李兰娟院士，她今年 73 岁，但每天几乎只睡 3 个小时，每天都在跟死神赛跑。

这又是谁？这是即将结婚却因为救助病人，自己感染去世的彭银华医生；这是年仅 34 岁在抗击疫情中不幸感染而献身的李文亮医生……

这些都是我们叫得出名字的英雄，还有许许多多我们叫不出名字的英雄，也在前仆后继，他们又是谁呢？

（2）观看视频

“逆行英雄”，还有不计其数的不知道姓名、来自全国各地的医护人员、解放军战士、工作人员。在众人避之不及的时候，他们来了，为武汉人民打开了绿色的保护伞！

3. 走近身边的逆行英雄

其实，在我们身边，也有许多的默默付出的“逆行者”，看，这是潮州支援武汉治疗队，为了方便穿防化生衣，他们把头发都剃光了；这是潮州市教育局的伯伯阿姨们，为了保护我们，让我们能停课不停学，他们从年初一至现在都一直在工作；这是谁？你们认识吗？这是枫溪小学的黄任雄副主任，已经在一线工作了近一个月；这是……，他自愿当志愿者，不分日夜在潮州高速公路帮忙设关卡，测体温，做防范；这是……；还有怡霖爸爸……

同学们，面对疫情，难道他们不怕吗？难道他们不知道远离病毒才是最好的自我保护吗？究竟是什么力量让他们不顾自己的安危，把希望留给了其他人？

我想，陆军军医大学西南医院感染所所长，曾经参加过抗击非典、埃博拉病毒的毛青教授的一句话：“这个时候，我们不上，谁上？”可以很好地回答这个问题。（播放视频）

危险重重，行动造就英雄，前赴后继、一往无前！我们平安在家，是因为有他们在为我们负重前行。

（三）颂英雄，明责任

1. 聚焦品质

同学们，不管是远在一线的逆行者，还是我们身边的这些英雄，身上都有哪些值得我们学习的品质？

这些逆行者，没有轰轰烈烈的壮举，有的只是默默无闻、不忘初心的坚守、付出，甚至连牺牲都是那么的“波澜不惊”。他们，用最美的逆行告诉我们什么是爱国、什么是担当、什么是危难中的守望相助、什么是磨难中的奋起。

2. 致敬英雄

前方的英雄们前仆后继，后方的优秀少先队员们，也汇聚出一股青春力量，给予最美逆行英雄最崇高的敬意与最大的鼓励。

看，枫溪小学的 ×× 同学，用原创的手语歌致敬英雄。

还有许许多多的同学，用书画讴歌英雄，用作文歌颂英雄。

孩子们的书法、画作、信件等作品无时无刻不在温暖着我们的心。

（四）学英雄，勇担当

疫情是可怕的，但是所有中华儿女团结起来的力量是无穷的。同学们，作为少先队员，你们是否也能为国家做点力所能及的事情呢？

我倡议大家，首先，争当一名抗疫小卫士，养成良好的卫生习惯，掌握预防……，只有保护好自己，才能更好地保护家人、保护他人。

1. 我是抗疫小先锋

2. 我是小小宣讲员

同时，还可以争当一名小小的宣讲员，用自己喜欢的方式，向身边人宣传抗疫小知识。

3. “宅”家悦学有担当

（1）停课不停学，在家安心学。制订学习计划，与经典同行，拓宽自己的知识面，提升自身的素养。

（2）强健身体，养成好习惯。居家是最好的保护，规律作息，合理休息，积极在家进行室内体育锻炼，增强体质和免疫力。

（3）整理内务，做好家务事。整理内务。古人云“一屋不扫，何以扫天下”，整理自身内务，协助家人做好家务事，提升自己的劳动技能与生活自理能力。

（五）作展望，寄希望

“多难兴邦”，同学们，每一场危难，我们都可以将其当成一次成长的契机。通过这场突如其来的重大疫情，老师希望大家能够静思几个问题：我们应该如何尊重生命？如何树立公民意识、学会感恩？今天，你们致敬最美逆行者，争做抗疫小先锋；明天，你们将成为祖国的建设者，当好接班人。老师希望你们能在磨难中成长，在磨难中奋起。

思政小课堂《万里长城永不倒》教学实践

潮安区枫溪镇枫溪小学　谢壁妆

一、活动新景

我国是一个多民族的国家，每个民族都犹如一颗璀璨的明珠向世界绽放出耀眼的光芒。为共同维护民族团结和国家稳定，深化民族团结进步教育，筑牢各族学生共同团结奋斗、共同繁荣发展的思想基础，筑牢中华民族共同体意识，特设计了以下思政小课堂内容。

二、核心素养

《义务教育道德与法治课程标准（2022 年版）》中，本单元对应的核心素养目标包括以下几个方面：

（1）政治认同目标：初步了解国情，具有维护国家利益和祖国尊严的意识与行动，形成中国人的身份认同感；了解中国共产党带领人民彻底摆脱了被欺负、被压迫、被奴役的命运，成为国家、社会和自己命运的主人；热爱中国共产党。

（2）法治观念：了解每个人都有维护国家利益和安全的职责。

（3）健全人格：不怕困难，具有一定的抗挫折能力。

（4）责任意识：树立维护国家统一和民族团结的责任意识。

新课程标准在“国情教育”版块中指出，5-6 年段的学生，要培养及落实“初步理解社会主义核心价值观的内涵，并在日常学习和生活中践行和弘扬社会主义核心价值观”的目标。

三、活动目的

（1）通过视频和图片激发同学团结一致、守望相助的情感。

（2）通过看视频和谈感受，学生学习到在困难面前大爱无疆、团结一致、守望相助的爱国情怀。

四、活动年级

五年级

五、活动准备

课件

六、活动过程

（一）唱歌品词，心连心

播放歌曲《国歌》

师：同学们，今天邱老师给大家带来一首耳熟能详的歌曲。听听，是哪首歌？

生：《国歌》。

师：全体起立，行队礼，齐唱国歌。

师：唱这首歌的时候，你有什么感受？

生：我感受到自己热血沸腾。

生：我感受到激情澎湃。

生：我感受到大家团结一致，众志成城。

师：你是从哪句歌词感受到的？

生：“我们万众一心，冒着敌人的炮火前进！”

师：说得真好。（出示歌词）来看看歌词。

师：谁来说说哪句歌词让你感触最深？

生：“把我们的血肉筑成我们新的长城”这句歌词让我感受到中华民族的团结和勇敢。

生：“中华民族到了最危险的时候，每个人被迫着发出最后的吼声！”我感受到国难当前，各民族团结一致，统一战线去打败敌人。

师：老师也有同样的感受。当时的国家积贫积弱，人民饱受欺凌。西方国家认为中国必然分裂为无数单一民族的国家，但中华民族不仅没有分裂，反而“用我们的血肉筑成我们新的长城”“万众一心，冒着敌人的炮火前进！”打败了侵略者，赢得了民族独立、自由和统一。中华民族之所以取得胜利，一个重要的原因在于——（生：团结）

师：是啊！长城，是守的象征，我们总能守望相助、团结一致，筑起一道道守护生命的长城，创造了一个又一个的神话。今天让我们一起走进“万里长城永不倒”主题班会。

（二）古今经典，铭在心

师：同学们，中国有 960 万平方千米的陆地面积，56 个民族，虽各民族有不同的文化、不同的生活习性，但它们守望相助、团结一致，这是中华民族的传统美德，也是中华五千年文明能一直绵延至今的重要原因。中国历史上有许多感人的例子，老师在课前已布置同学们去搜集资料。

1. 抗日战争

（课件展示近代抗日图片）

生：抗日战争是中华民族历史上最伟大的战争，是一场民族性的全面战争。比如：第二次国共合作、东北抗日联军、平型关大捷和忻口战役等都体现出面对国难，各民族团结一致、万众一心、并肩作战的精神。

小结：古代有文成公主，近代有抗日英雄。正因为团结，才促进文化、经济的发展。正因为团结，统一战线，才赢得最后的胜利。

师：第三组的同学给我们带来了什么？请看！

2. 特大洪水

（课件展示汶川大地震视频）

生：从雪灾到汶川地震，再从云南旱灾到玉树地震，我国遭受的“重大创伤”实在是太多太多……但在一次次灾难面前，我们中华儿女总是身先士卒，争先恐后，用自己的力量，筑起一道道守护生命的长城。

师：是呀，正是这样的精神让我们战胜了一个又一个困难。在大灾大难前面，更体现出中华民族是伟大的民族、团结的民族。

3. 厉害了我的国

师：老师跟同学们一样，也收集到了一些资料，请看！

（课件展示军人遇水架桥视频）

师：这是咱们军队遇水架桥的视频，大家各司其职、团结协作，展现出军队团结精神。

过渡：2020 年，一个不平凡的年份，新冠病毒肆虐，在抗疫斗争的伟大实践中，我们面临很多前所未有的挑战，遭遇很多难以想象的磨难，但在以习近平同志为核心的党中央坚强领导下，举国上下团结一致、众志成城，完成了很多看似不可能完成的任务，疫情防控阻击战取得重大战略成果。请看视频。

（三）抗击疫情，暖人心

（课件展示抗疫视频）

1. 观看视频，谈感受

师：看完视频，你有什么感受？

生：我想说“厉害了我的国！”。

生：全国各地都派最好的医疗队伍赶赴武汉，这不仅仅让我感受到中华儿女的大爱，更感受到一方有难八方支援。）

师：一方有难八方支援就是团结一致、守望相助。

生：疫情期间，为了保证武汉人民正常生活，全国各地给武汉捐赠蔬菜、水果、医疗物资等等。

师：大爱无疆，众志成城。

师：是啊！抗疫能够取得这样的成效，是党和政府的正确领导，是各民族同舟共济、众志成城的力量，也是各行各业各司其职的功劳。请看视频。

2. 各行各业各司其职

（课件展示开学第一课内容）

师：视频中，你听到了什么关键词？

生：担当。

生：团结。

生：胜利。

师：真棒！危险面前，各行各业各司其职、冲锋陷阵，就像 ×× 说的：“为病人、为民族、为国家，筑起……”

3. 每一个人的努力

师：在这场战疫，你又做出了什么样的贡献？

生：疫情期间，我们一家人都“宅”在家里，没有聚集也没有出去，我想这也是抗疫。

生：……

生：……

师：抗疫能取得今天这样的成效，是我们共同努力的结果。在这危难时刻体现出民族间的守望相助。

师：在这场没有硝烟的战争中，各行各业也涌现出了许许多多动人的事迹。如：钟南山爷爷、张定宇院长、张伯礼校长……

师：这一切的一切都体现出咱们中华民族的——（生：团结）

小结：这场艰难的鏖战也再次深刻昭示了一个朴素的道理：团结就力量。

（四）聚焦品质，谈收获

学生谈收获。

（五）传承团结，记于心

课件出示歌曲《出征》，学生齐唱。

师在歌声中总结：团结的力量，曾经擂响了各民族团结救亡、打败日本侵略者的铿锵战鼓，吹响了各民族团结建国、建设社会主义的激越号角，时至今日，它仍然激励着中华儿女用自己的力量，筑起一道道守护生命、守护国家的长城。万里长城永不倒，守望相助、团结一致的精神永传承！

思政小课堂《传承伟大建党精神 逐梦奋进新征程》教学实践

陈妙伶

一、走进大会，了解精神

同学们，2022 年 10 月 16 日至 10 月 22 日，中国共产党第二十次全国代表大会在北京举行。这是一次高举旗帜、凝聚力量、团结奋进的大会。现在跟老师一起走进“党的二十大”吧。

1. 观看视频《大会主题》

大会的主题是大会的灵魂，是贯穿会议全过程的主线、总纲。党的二十大将“弘扬伟大建党精神”写入主题，意义深远。那么同学们知道什么是伟大建党精神吗？我们一起来了解一下。

2. 观看视频《伟大建党精神是中国共产党的精神之源 1》

“坚持真理、坚守理想，践行初心、担当使命，不怕牺牲、英勇斗争，对党忠诚、不负人民”，这伟大建党精神是中国共产党的精神之源。

二、感悟精神，凝聚力量

同学们，中国共产党坚持的是什么真理，坚守的是怎样的理想，践行的初心又是什么呢？跟老师一起到视频资料中寻找答案吧！

1. 从人物事迹中悟精神

观看视频《汲取精神之源 凝聚奋进力量》。从视频中我们可以感受到伟大建党精神的磅礴力量。同学们，刚刚老师提的问题，你们找到答案了吗？

坚持真理、坚守理想——坚持马克思主义科学真理，坚守共产主义远大理想和中国特色社会主义共同理想。

践行初心、担当使命——坚持为中国人民谋幸福、为中华民族谋复兴的初心和使命。

伟大建党精神是党团结带领中国人民进行一切奋斗、一切创造的精神动力。一代代共产党人汲取着这精神之源 ，凝聚着奋进力量，谱写出一首首壮歌。同学们，你们还知道哪些人也是这样坚定不移地践行着这伟大建党精神的呢？

2. 从辉煌成就中悟精神

百年历程，百年辉煌，伟大建党精神蕴含着中国共产党成功的密钥。

（1）百年历程，百年辉煌

从 1921 年到 2021 年，中国共产党经历了百年的风雨，一路披荆斩棘，创造了灿烂的辉煌。新中国成立前，我们党带领中国人民进行长期浴血奋战，完成新民主主义革命，中华民族从此站起来了。新中国成立后，党继续带领中国人民创造了一个又一个奇迹，我们的国家也越来越强大。其根本动力就是伟大建党精神。

（2）新时代成就

习近平总书记在党的二十大报告中指出，十年来，我们经历了对党和人民事业具有重大现实意义和深远历史意义的三件大事：一是迎来中国共产党成立一百周年，二是中国特色社会主义进入新时代，三是完成脱贫攻坚、全面建成小康社会的历史任务，实现第一个百年奋斗目标。”伟大建党精神正是取得这历史性胜利的基因密码。

观看视频《辉煌的十年》。新时代的伟大成就就是中国共产党团结带领人民践行伟大建党精神结出的硕果，就是党和人民一道拼出来、干出来、奋斗出来的！

三、传承精神，逐梦奋进

1. 弘扬建党精神，赓续红色基因

观看视频《伟大建党精神是中国共产党的精神之源 2》。

同学们，我们是幸运的一代人，是生在红旗下、长在春风里的一代人，我们有幸被照亮，我们也要去发光。我们要听从习近平总书记的号召，弘扬伟大建党精神，赓续红色基因。

2. 筑梦逐梦，奋进新征程

习近平总书记在党的二十大报告中指出：“从现在起，中国共产党的中心任务就是团结带领全国各族人民全面建成社会主义现代化强国、实现第二个百年奋斗目标，以中国式现代化全面推进中华民族伟大复兴。”“全面建成社会主义现代化强国，总的战略安排是分两步走：从二〇二〇年到二〇三五年基本实现社会主义现代化；从二〇三五年到本世纪中叶把我国建成富强民主文明和谐美丽的社会主义现代化强国。”

同学们，到 2035 年，我们正是全面建成社会主义现代化强国的生力军。希望大家现在怀揣梦想的种子，播种希望。党的二十大代表在不同场合谈到了梦想：

“为党冲锋，为国出征，飞得更高，飞得更远”，这是航天员王亚平的梦想；

“把论文写在祖国大地上，为乡村振兴做出更多的科技创新”，这是中国工程院院士、云南农业大学名誉校长朱有勇的梦想；

“对于我们运动员而言，使命就是为国争光”，这是铅球运动员巩立姣的梦想；

“以匠心逐梦想，为祖国加油”，这是大庆油田第二采油厂第六作业区采油工班长刘丽的梦想……

同学们，新时代，新使命，在全面建成社会主义现代化强国的新征程中，大家又怀着怎样的梦想呢？

新时代成就少年，新使命召唤少年。让我们听党话、感党恩、跟党走，在向第二个百年奋斗目标的进程中，坚定不移地传承、弘扬伟大建党精神，逐梦奋进，勇做时代的奋进者、开拓者、奉献者，让少年之花在中华民族伟大复兴的新征程上绚丽绽放。

第四节　融合区域资源，构建"行走的思政课"

为贯彻落实教育部等十部门《全面推进"大思政课"建设的工作方案》精神，深入贯彻落实习近平总书记关于思政课建设的重要讲话精神，推进中小学思政工作一体化建设，积极探索具有区域特色的中小学思政课体系，我带领学校思政中心组成员积极探索，以"行走的思政课"为突破口，以实践性为切口，深化新时代思政课改革创新，在课程构建、资源融合、创新实效等方面下功夫，善用社会大课堂、搭建大资源平台，构建"行走的思政课"课程，为学生成长创设更为宽阔的育人场域，让思政课"实"起来、"动"起来、"活"起来，将学生发展核心素养的培育落在实处，进一步推动全方位育人、全课程育人，推动思政课实现理论性和实践性相统一。

如何更好利用区域思政教育资源？思政中心组召开"行走的思政课"课程设计及对接研讨会，对接思政教师和思政课程主题，精心研发课程，围绕"寻访家乡文化，感受家乡辉煌成就""赏家乡非遗文化，做新时代传承人""追寻红色足迹，感受红色情怀""爱我家乡，护我家乡"主题设计方案，开展活动，把思政课直接"搬进"文博场馆、革命旧址、热门景区、街头巷尾，让思政教育进一步本土化、接地气、冒热气。

此外，课程根据不同年龄段学生的认知水平，融通式、螺旋式地明确不同学段的培育重点，同时形成行走思政课堂的设计文本。

一、"行走的思政课"活动设计与构思

【活动目的】

通过不同主题的"行走的思政课"课程开展，为学生成长创设更为宽阔的育人场域，让思政课"实"起来、"动"起来、"活"起来，将"政治认同、道德修养、法治观念、健全人格、责任意识"等学生发展核心素养的培育落在实处，进一步推动全方位育人、全课程育人，推动思政课实现理论性和实

践性相统一。

【活动流程】

【活动方案】

根据活动目的，确定学习路线，设计详细活动方案。参与人员包括班科任教师、学生、家长，体现“校家社”三位一体的育人理念。

【探究学习】

（主题）			
活动时间		活动人员	
活动地点			
探究问题			
探究结果			
素材照片			
学习体会			

二、“行走的思政课”设计范例

（一）赏家乡非遗文化，做新时代传承人

【活动主题】

童心向党，继往开来，赏瓷都珍宝，做传承新人。

【活动目的】

观赏陶瓷精品，感受精益求精的工匠精神；了解枫溪在新中国成立后，特别是改革开放之后，迅猛发展，成为中国瓷都的龙头，为潮州发展成为中国瓷都做出重大贡献的历史，让新一代的枫溪人，直观感受到：在党的领导下，枫溪人民意气风发、开拓进取，事业兴旺发达，生活越来越红火！

为弘扬中国优秀传统文化，传承陶瓷非遗技艺，做新时代传承人，我们开展“赏家乡非遗文化，做新时代传承人”行走的思政课，以传统文化工匠

精神为核心，以陶瓷教育为基本内容，结合学生在校阶段性学习特征，将课程体系进行延伸和拓展，围绕大国工匠、非遗文化进行深度讲解，让学生在接受传统文化教育的过程中增强对潮州非遗文化的认识和感知，感受高度发达的非遗技艺和历史，激发学生爱祖国、爱家乡的积极情感，培育文化自信。

【活动内容】

参观中国瓷都陈列馆。

【活动人员】

班主任、15 位学生及其家长。

【活动流程】

根据活动目的，确定学习路线，设计详细活动方案。参与人员包括班科任教师、学生、家长，体现"校家社"三位一体的育人理念。

【活动方案】

1.14：50—15：00各自到达，在瓷都陈列馆广场集合。

2.15：00—15：15参观前仪式。

①班主任致辞。

②陈祈乐、何彦融、谢欣晔中英发言（资料附后）。

3.15：15—16：30参观，听讲解。

①曾熙讲解《清明上河图》，镒华讲解《友谊通花瓶》，楷涵讲解"手拉壶"。（学生和家长自行上网搜集讲解资料，在家里练习，能够熟练讲解。）

②听讲解员讲解。

4.16：30—17：00自由参观、拍照，亲子合影，大合影。

5.17：00离馆回家。

温馨提示：

安全第一。各家长务必保障孩子的安全。

相关资料一：

致辞

大家好，今天我们来到中国瓷都陈列馆，不仅要参观陶瓷精品，更要真切地感受，在中国共产党的领导下，枫溪经济迅猛发展的历史，从而激励我们发奋读书，优秀成长，以后更好地报效祖国与家乡。

从改革开放到现在，枫溪的陶瓷产业、潮州的陶瓷产业，一路向前，在继承传统制作工艺的基础上，不断创新引领，蓬勃发展。如今，潮州已成为“中国瓷都”，也是全国最大的陶瓷生产基地之一，产品远销全世界！

我们要延续祖辈、父辈的光荣传统，我们更要发奋读书、开拓创新，再创佳绩！现在就让我们进去参观吧！

相关资料二：

友谊通花瓶

美术瓷器。广东省陶瓷研究所高级工艺美术师陈钟鸣、郑才守、叶竹青等 3 人于 1978 年合作创制。1978 年 10 月该花瓶作为礼物被赠予朝鲜金日成主席，博得盛誉。“友谊”通花瓶，高 130 厘米，重 100 千克，通体镂空，玲珑剔透，分内中外三层结构。最外层是镂空瓷瓶，上面点缀梅花，含笑盛放，傲立枝头；中层是瓷制的百花花篮，花篮里盛满牡丹、芍药、玫瑰等，百花盛放，春意正浓；内层是瓷制镂空蝴蝶，纤细轻盈，翩翩起舞。整个通花瓶集瓷花、通花技艺于一体，工艺精细，瑰丽壮观，是潮安县的枫溪镇陶瓷艺术的一件代表作。

【探究学习】

<table>
<tr><td colspan="4">赏瓷都珍宝 做传承新人</td></tr>
<tr><td>活动时间</td><td></td><td>活动人员</td><td></td></tr>
<tr><td>活动地点</td><td colspan="3"></td></tr>
<tr><td>探究问题</td><td colspan="3"></td></tr>
<tr><td>探究结果</td><td colspan="3"></td></tr>
<tr><td>素材照片</td><td colspan="3"></td></tr>
<tr><td>学习体会</td><td colspan="3"></td></tr>
</table>

【成果展示】

赏瓷都珍宝 做传承新人

活动时间：2021 年 4 月 11 日

参加活动人员：班科任老师、510 班 15 个亲子家庭

活动景点：枫溪陶瓷城

研学问题：

1. 枫溪陶瓷有哪些类型？

2. 潮州枫溪有哪些陶艺大师？

3. 陶瓷制作需要哪些工序？

景点介绍：

枫溪陶瓷城位于潮州市安揭路，占地面积 30000 平方米，是一座 6 层建筑，面积为 15000 平方米的枫溪陶瓷展览中心。一楼大厅展出的是大型浮雕陶瓷壁画《清明上河图》。三楼为常设展厅，固定展出枫溪历年来创作的陶瓷精品 5000 多件。在这个展览中心你能看到琳琅满目、形态各异的陶瓷珍品，这里真正是"陶瓷的世界"。

家长的话：通过此次研学活动，孩子们感受到了改革开放以来，在党的领导下，枫溪陶瓷产业的传承与创新以及枫溪经济的迅猛发展，更进一步激

发了孩子们传承祖辈精神、发奋读书、开拓创新的斗志。

研学心得：今天，我们班在枫溪陶瓷城开展了“赏瓷都珍宝，做传承新人”的研学活动。

在这里，我们参观了一楼的陶瓷壁画《清明上河图》，在三楼的展厅里，我们看到了非常多的展览品：有餐具、茶具、咖啡具、仿古瓷、礼品瓷、陈列瓷、圣诞瓷、装饰瓷、园林瓷、建筑卫生瓷等十多个门类，让人目不暇接；这里还有获得国际博览会金奖系列的通花瓶，有“双龙戏珠”的通花屏风，有人物瓷塑，有通花瓷品，有古陶瓷……真的是“陶瓷的世界”。

而令我最感兴趣的是一楼的《清明上河图》巨幅陶瓷浮雕壁画，它将张择端的绢本传世名画放大100倍，长达62米，宽2.9米，由1352块瓷板拼成。这一壁画于1998年获“吉尼斯世界之最”的称号，被誉为“陶瓷世界的一颗明珠”，是陈列馆的镇馆之宝。它是由潮州本土陶艺大师邱树江主创，由40多名工人经历3年的时间完成的。

《清明上河图》细致地描绘了北宋首都汴京清明时节以汴河为中心的繁荣的社会生活景象，塑造了数量众多的各色人物，画面中的动植物也被塑造得惟妙惟肖、活灵活现。站在它的面前，我顿感自己的渺小，一千多片陶瓷，一幅巨画，难道不正体现着瓷都人的匠心精神！

参加本次活动，我了解到了枫溪作为“中国瓷都”的辉煌历史，也领会到了瓷都人的匠心精神。作为青少年的我们，要传承枫溪人制作瓷器的工匠精神，脚踏实地，勇于创新，精益求精，成为“精品”！

"陶瓷城"研学之旅

510 班　欣晔

在春光明媚的四月，我们踏上了春季研学的旅程。

来到陶瓷城，我和另外两位同学致辞后，解说员就带领同学们进入大厅。

一进入大厅，一幅做工精细的《清明上河图》浮雕就映入眼帘。解说员姐姐讲解道："我们眼前的这幅《清明上河图》浮雕长 6200 厘米，宽 290 厘米，由 1352 块瓷板拼成，是由潮州本土陶艺大师邱树江主创的，由 40 多名工人经 3 年制成的，在 1998 年 8 月获"吉尼斯世界之最"，是本馆的镇馆之宝。"壁画从城郊那片刚在萌发幼芽的丛林及山道上的景色着笔，一开始就点出清明的气象，慢慢一直推进到最热闹的市区街衢，塑造的建筑物有酒肆、茶楼、城楼、民居等，风格各异、布局精致，街道两旁招牌林立，一派繁荣。画面中的动植物被塑造得惟妙惟肖，充满生机和活力。浮雕中塑造的人物有 700 多个，想一想，一千多片陶瓷这样细致地被烧制出来，我瞬间觉得中国人的匠心精神真的是不容小觑啊！

接着，我跟随着人群，来到了手拉壶展示柜前。潮州人爱茶懂茶，喝茶是潮汕人日常生活中一件最平常的事了，饭后，或者客人来访，或者好友相见，都是以一壶茶来陪衬。潮州的工夫茶具也是精致，在这里，我们可以看到一个质量只有 55 克的小茶壶，有些茶壶上还刻有花纹，可真是细微处见真功夫啊！

然后解说员姐姐又带我们参观了《红釉大瓷缸》《友谊通花瓶》《盛世滋生图》等让人惊叹的作品，最后大家拍了一张大合照，便结束了研学活动……

40 多年来，在改革开放滚滚向前的历史浪潮里，潮州人不忘初心、砥砺前行。如今的潮州，是全国历史文化名城、中国瓷都、中国工艺美术之都。这里的江海美丽，山河灿烂，每天都在迎接新变化；这里的人们辛勤劳作，安居乐业，每天都在拥抱新生活。

这次的研学活动不仅让我认识到了我们中国人的匠心精神，也让同学们的友谊更加深厚。

（二）寻访家乡文化，感受家乡辉煌成就

【活动目的】

为深入贯彻落实习近平新时代中国特色社会主义思想和党的二十大精神，加强学生政治认同及责任意识培养，促进学生践行社会主义核心价值观，形成正确的世界观、人生观、价值观，激发学生对党、对国家、对人民、对家乡的热爱之情，特开展“寻访家乡文化，感受家乡辉煌成就”行走的思政课，组织学生走出校门，贴近社会，亲近自然，培养审美情趣和家国情怀，养成良好习惯，促进其全面发展，使其成为建设家乡、建设祖国的合格人才。同时培养学生学会动手动脑、学会生存生活、学会做人做事、学会与人合作相处，促进其身心健康、意志坚强，培养学生成为德智体美劳全面发展的社会主义建设者和接班人。

【活动流程】

根据活动目的，确定学习路线，设计详细活动方案。参与人员包括班科任教师、学生、家长，体现“校家社”三位一体的育人理念。

【活动方案】

“寻访家乡文化，感受家乡辉煌成就”行走的思政课方案

广东，改革开放的排头兵，历史绵长、人文荟萃。2020 年 10 月 12 日，习近平总书记来这里开始了今年的第 12 次地方考察，这也是党的十八大以来他第 3 次赴广东考察。“在全面建设社会主义现代化国家新征程中走在全国前列、创造新的辉煌”，这是总书记对广东的殷切期望。“以更大魄力、在更高起点上推进改革开放”，是这次考察的鲜明主题。在此次考察过程中，习近平对潮州历史文化传承和文物遗产保护给予高度关注。在考察时，习近平为潮州人民鼓劲加油，表达殷切期望。“希望潮州广大干部群众抓住机遇，乘势而上，起而行之，把潮州建设得更加美丽！”

在这“春风吹绿千枝柳，时雨润红万树花”的季节里，为了培养学生的爱国主义情操，把爱国的种子埋入学生的心灵深处，为了让学生了解家乡特色文化，感受家乡辉煌成就，培养热爱家乡的情感，枫溪小学602中队各家庭开展以“寻访家乡文化，感受家乡辉煌成就”为主题的研学活动。

一、研学路线

本次研学时长为1天。

研学地点为：潮州市枫溪区陶瓷展览中心—枫溪陶瓷城；百师园；饶宗颐学术馆；牌坊街；韩文公祠；广济桥。

枫溪陶瓷城

百师园

饶宗颐学术馆

牌坊街

韩文公祠

广济桥

研学路线可根据实际情况进行微调，由于时间有限，可自选一个地点进行研学。

二、研学准备

1. 研学前先做好资料收集。

2. 做好研学问题的设置。

3. 准备好记录用品（笔、纸、相机）。

三、温馨提示

1. 少先队员统一穿夏运动服，佩戴红领巾。

2. 要遵守公共秩序，不喧哗，注意文明礼仪。

3. 严格遵守防疫要求，各自佩戴好口罩，避免人群聚集。

4. 户外活动中，无论任何时候，都必须将安全放在第一位。请家长们往返路上要遵守交通秩序，注意交通安全。

四、研学成果展示

1. 学生撰写研学心得（字数要在400字以上），提交内容要求原创，鼓励创新，拒绝抄袭。

2. 利用多媒体展示这次研学的过程，注意做到图文并茂。

【探究学习】

寻访家乡文化，感受家乡辉煌成就			
活动时间		活动人员	
活动地点			
探究问题			
探究结果			
素材照片			
学习体会			

【成果展示】

学习体会

游广济桥

602　林键帆

周末，我和爸爸妈妈要进行研学之旅，要去的地方是潮州八景之一的广济桥。

一大早，我们便装好了午餐要吃的食品，就向广济桥进发。广济桥位于广东省潮州市古城东门外，全长约518米，东边梁桥长约283.35米，有桥墩12个和桥台1座，桥孔12个；西边梁桥长约137.3米，有桥墩8个、桥孔7个，石梁宽5米。中间浮桥长约97.3米，由18艘木船连接而成。好了，说了这么多，我们也到达目的地了。

首先，映入眼帘的是一头牛，我怀着好奇心问爸爸："爸爸，这头牛有什么寓意吗？为什么要在这里啊？"爸爸说："这是鉎牛，原本是有两头，它们是由知府张处谦令人铸造，牛头上铸有'镇桥御水'四字。两头鉎牛分别在桥之东西，意在镇水。可是，1842 年，韩江水暴涨，鉎牛没能镇住洪峰，桥东的那只还被冲走，才有‘廿四楼台廿四样，两只鉎牛一只溜’这首民谣……”

走着走着，我们来到了 18 艘梭船这里 ，好奇心不由得蹦了出来，问爸爸：“为什么桥头都是梁桥，偏偏中间是船呢？”爸爸说：“传说唐代韩愈来到潮州后，为了沟通两岸，请他的侄孙韩湘子等八仙与潮州的广济和尚分东西斗法造桥，但由于中途法力失效，致中间一段未能连接，由广济和尚用禅杖与八仙之何仙姑用莲花化作巨缆和 18 艘梭船连接起来……”

这一次研学旅行，让我体会到古代人民无穷的智慧和毅力，他们的精神值得我们学习，我们要把这种精神一代一代地传递下去！

走进韩文公祠

602 班　蔡国杰

今天是五一劳动节，我和我的家人一起来到韩文公祠游玩，想了解一下韩文公祠的历史。

潮州韩文公祠是第六批全国重点文物保护单位，古建筑类。潮州韩文公祠位于潮州市区桥东韩山（笔架山），是为纪念唐宋八大家之一韩愈而修建的祠宇。祠始建于南宋淳熙十六年（1189 年），元、明、清历代均有维修。现主体建筑基本为明清遗构。

北宋咸平二年（999 年），潮州通判陈尧佐即于金山麓夫子庙正室东厢辟建“韩吏部祠”；元佑五年（1090 年），将公祠迁至城南；南宋淳熙十六年（1189 年），太守丁允元将祠迁于今址。韩文公祠是我国现存历史最久远、保存最完好的韩愈祠宇，是历代潮州士庶祭祀凭仰韩愈的处所。北宋文学家苏轼于元祐七年（1092 年）撰写《潮州昌黎伯韩文公庙碑》一文。韩文公祠前临韩江，后依韩山。祠分为前后两进，后进比前进高 2.5 米，两侧由通廊连接。该祠融合了潮式、广式的建筑风格。

这就是我们潮州的韩文公祠，当我了解到这些历史的时候，我真为我是一名潮州人而感到骄傲！

线下交流分享

（三）追寻红色足迹，感受红色情怀

【活动指导思想】

为深入贯彻落实习近平新时代中国特色社会主义思想和党的十九大精神，认真学习贯彻习近平总书记出席深圳经济特区建立40周年庆祝大会和视察广东重要讲话和重要指示批示精神，庆祝建党100周年，深入开展扣好人生第一粒扣子系列活动，积极培育和践行社会主义核心价值观，让队员们充分感悟新时代赋予我们的新使命，培养队员听党话、跟党走，传承红色基因，争当红孩子。

【活动主题】

追寻红色足迹，感受红色情怀。

【活动目的】

以中队为单位，开展亲子研学活动。通过活动，增强亲子感情，加强同学情谊，促进家校和悦共育；通过活动，探秘家乡红色基地，追寻家乡的红色足迹，致敬先烈，传承革命理想；通过活动，探秘家乡的特色文化，培养学生对家乡的情感，牢记红领巾使命，把红色基因一代一代传承下去，争当党的红孩子。

【活动地点】

抗日游击队员王炳荣家大院——英塘村紫凝轩。

【参观人员】

404 班 21 位少先队员及家长。

【活动流程】

根据活动目的，确定学习路线，设计详细活动方案。参与人员包括班科任教师、学生、家长，体现“校家社”三位一体的育人理念。

【活动方案】

1. 活动时间：2021 年 4 月 17 日（星期六）下午 3：00。

2. 活动路线：参观革命根据地，观看“紫凝轩书斋”革命史展览，听红军故事，接受党的革命传统教育，感受革命先烈百折不挠、英勇顽强的英雄主义气概。

3. 注意事项

（1）每人自备口罩一个。

（2）学生统一着穿，佩戴校章、红领巾，穿小白鞋，自备笔记本和笔。

（3）请自行保管好手机及相机，如有丢失，概不负责。

（4）研学活动由家长自行接送，必须准时到达，到场后要有序参观，服从工作人员及老师安排，过程中不得擅自离开团队。

4. 活动延伸

（1）每个学生写一篇 300 字左右的研学心得，周一上交。

（2）请每位家长制作一份电子版的研学成果报告。

5. 活动寄望

耿耿丹心、悠悠青史，峥嵘岁月、光辉足迹。重温红军路，童心跟党走。

通过本次活动，同学们感悟到积极向上、永不放弃、阳光自信是我们这一代年轻人需要具备的精神品格。

【探究学习】

追寻红色足迹，感受红色情怀			
活动时间		活动人员	
活动地点			
探究问题			
探究结果			
素材照片			
学习体会			

【学习成果】

【学习体会】

听紫凝轩抗日的故事

404 班　陈楷博

2021 年 4 月 17 日，周六下午。学校开展了红色革命基地研学活动，我们 404 班中队的队员在老师、父母的带领下，怀着崇敬的心情参观了革命战士王炳荣爷爷家的大院——紫凝轩。

紫凝轩位于枫溪区英塘村，建于明末清初，占地约 1150 平方米，结构呈灰瓦平房，是英高厦游击和地下民兵的秘密基地。

王炳荣的孙子——王武平爷爷给我们讲述了紫凝轩抗日的故事，讲述了游击队员在艰苦的环境下怎样跟日军斗智斗勇。

通过这次活动，我了解到革命战士的英勇不屈，对革命的始终如一。我明白了我们今天幸福的生活都是老一辈用鲜血换来的。我们要好好学习，学习革命前辈的优良品质和革命精神，争做新时代的好少年。

研学心得

404 班　佘雅涵

2021 年 4 月 17 日周六下午，学校开展了研学活动，我们 404 班中队的队员们怀着好奇心，参观了潮州红色基地——紫凝轩，它地处英塘村。

通过参观，我知道了王炳荣的壮举。1939 年 10 月，汕青游击队根据英塘情报组提供的情报，决定在云步市活捉日军。7 日清晨，在汕青游击队副队长黄玉屏的带领下，侦查班陈忠心、李朝道、王炳荣假装成入云步市赶集，林克清、许英各带一分队在村外接应。早上，日军队长加藤始助到云步市吃霸王餐。李朝道把加藤始助夹住。懂得拳术的王炳荣勇敢地冲向前，往加藤始助的鼻孔用力一戳，他即晕死过去。游击队成功地活捉了日军，王炳荣在这次任务行动中立了一等功。

许许多多的红色革命故事，让我心灵受到了洗礼，正是革命先辈用鲜血和生命换来了我们今天的美好生活，我们要好好珍惜，要继承和发扬革命先辈的爱国精神和革命精神，增强本领，并用实际行动，争做时代先锋，做祖国新一代的栋梁！

【线下交流分享】

（四）“爱我家乡，护我家乡”行走的思政课范例

追寻红色足迹，感受红色情怀

【活动指导思想】

坚持以习近平新时代中国特色社会主义思想为指导，全面贯彻党的十九大、二十大会议精神，开展“爱我家乡”行走的思政课，助力落实“政治认同和责任意识”的核心素养，培育和践行社会主义核心价值观，帮助广大学生了解国情、热爱祖国、热爱家乡、开阔眼界、增长知识，弘扬热爱劳动、崇尚劳动、尊重劳动的精神，促进青少年形成正确的世界观、人生观、价值观，着力提高他们的社会责任感、创新精神和实践能力，培养德智体美劳全面发展的社会主义建设者和接班人。

【活动主题】

爱我潮州 护我韩江

【活动目的】

让学生走出课堂，亲近社会，用双眼认识家乡，用双手触摸家乡，用双足走过家乡，用心灵感受家乡。通过实践活动，学生可以了解家乡、学习知识、开阔眼界，提高自身的综合素质，增强学习意识和吃苦耐劳的精神，培养实践体验能力和团队协作精神，让学生在学习中成长、在实践中历练。

【参加对象】

101 班全体同学及家长（自愿参加）

【活动内容】

清理韩江北堤段沿岸垃圾

【活动流程】

根据活动目的，确定学习路线，设计详细活动方案。参与人员包括班科任教师、学生、家长，体现“校家社”三位一体的育人理念。

【活动方案】

1. 活动时间

2021 年 4 月 17 日（星期六）下午 3：00。

2. 活动程序

8：30 各自出发到韩江北堤鳄鱼亭集合、签到。

8：40 全体队员集合拍照留念。

8：50 分队清理沿岸垃圾。

9：30 集合，分享心得，拍照。

3. 温馨提示

（1）一名孩子至少由一名家长带领，家长全程负责孩子的安全问题。孩子应全程服从家长的安排，不得擅自单独行动，因急事需离开的应由自己家长陪同。

（2）要遵守公共秩序，不喧哗，注意文明礼仪。

（3）清理过程中，应注意如碎玻璃、锋利的植物等，避免受伤。

（4）统一穿夏季运动服，各自准备好口罩和手套。准备好水壶及防蚊物品。

对于户外活动，无论任何时候大家都必须将安全放在第一位。请家长们往返路上要遵守交通秩序，注意交通安全。

【探究学习】

爱我潮州 护我韩江			
活动时间		活动人员	
活动地点			
探究问题			
探究结果			
素材照片			
学习体会			

【学习成果】

【学习体会】

保护母亲河　争当河小清

——研学之旅小日记

101 班　邱泓然

4 月 17 日上午，在家长们和我们的林老师、谢老师的带领下，101 班来到韩江边进行“我是河小青——红色情、志愿行”的志愿服务研学活动。

从小妈妈就告诉我，韩江是我们的母亲河。母亲河的北堤，集城市绿化、观景效果以及堤防安全为一体，是潮州一道亮丽的风景线。北堤临江迎水坡一侧，修筑草皮护坡及绿化带、木栈道，保护着我们的母亲河。今天能来参加保护母亲河的活动，我内心激动万分。

一到目的地，我们就马上忙活起来，戴上手套，拿起扫帚和垃圾袋，三俩一组，分头行动，有的捡拾地面上、草丛里的烟头、纸屑等，有的打扫凉亭走廊里的垃圾杂物，个个热情洋溢、干劲十足，到处都是认真忙碌的身影。

虽然我们都很累，但看着干净、整洁的地面和一片绿油油的草地，我们大家都笑开了花。

今天的研学虽然结束了，但我却收获满满。在回家的路上，我想：韩江——我们的母亲河，她真美！我要从自己做起，爱护环境，保护母亲河不受污染。妈妈还告诉我：“爱护韩江，保护我们的母亲河，我们义不容辞。今后，我们要继续为保护环境贡献自己的一份力量。"

这真是难忘的一天！

【线下交流分享】

善用社会大课堂，搭建大资源平台，构建"行走的思政课"课程，我们为学生成长创设更为宽阔的育人场域，如："爱绿护绿"活动，到红山森林公园开展亲子植树活动，学生与家长一起种下一棵小树，自觉植绿爱绿护绿，践行"绿水青山就是金山银山"的理念；"我是河小青"志愿服务活动，亲子共游滨江，一边亲近大自然，一边捡拾垃圾，用实际行动发扬雷锋精神，践行环保理念；到潮州西湖人民英雄纪念碑，开展"缅怀先烈、致敬英雄"活动，祭奠英烈，寄托哀思，表达对英雄的深切追悼之情；"我爱我的家乡——潮州"活动，到广济桥、饶宗颐学术馆、牌坊街等参观，感受古城文化……通过活动，参观潮州市中国瓷都陈列馆，观赏种类众多、琳琅满目的陶瓷精品；参观陶瓷教育基地，了解瓷器的制作过程；走进工厂、小作坊，进行陶艺制作，体验制作的乐趣。孩子们在家长的陪伴下，感悟地域文化，感受枫溪人民的勤劳聪明，激发对家乡的热爱之情，树立长大后为家乡服务的责任感和使命感。